Das Deutschbuch

Basistraining Berufsvorbereitung DaZ

Arbeitsheft mit Sprachförderung

Sprache üben – Wortschatz erweitern

Dein **Online-Angebot enthält:**
Audios, Videos.

Dein Zugangscode auf
go.cornelsen.de | **Code: pidage**

Erarbeitet von
Kirsten-Alexandra Geißler, Iris Grutzeck, Martina Schulz-Hamann, Barbara Siebert, Thorsten Strübe, Cornelia Trentl, Nicole Winkler, Stefanie Winklhofer

In Zusammenarbeit mit der Verlagsredaktion

Cornelsen

Projektleitung und Redaktion: Uta Kural
Gesamtgestaltung: LemmeDESIGN, Berlin
Foto (Cover): Shutterstock.com/Radachynskyi Serhii
Technische Umsetzung: graphitecture book & edition

www.cornelsen.de

1. Auflage, 2.Druck 2026

Druck: H. Heenemann, Berlin

ISBN 978-3-06-452401-9

PEFC
PEFC/04-31-1156
PEFC-zertifiziert
Dieses Produkt stammt aus nachhaltig bewirtschafteten Wäldern
www.pefc.de

Dieses Arbeitsheft gehört

____________________ (mein Name)

____________________ (meine Klasse/mein Kurs)

____________________ (Schule/Institution)

Meine Sprachen

________________ ○ spreche ich gut ○ lese ich gut ○ schreibe ich gut

________________ ○ spreche ich gut ○ lese ich gut ○ schreibe ich gut

________________ ○ spreche ich gut ○ lese ich gut ○ schreibe ich gut

Mein Stundenplan für das Fach Deutsch

	Montag	Dienstag	Mittwoch	Donnerstag	Freitag

Wichtige Termine für das Fach Deutsch

- ____________________
- ____________________
- ____________________
- ____________________
- ____________________

INHALT

Lernen · Sprache/Kommunikation · Pragm. Texte · Literatur · Bewerbung

Lernen · Sprache/Kommunikation · Pragm. Texte · Literatur · Bewerbung

Hinweise zur Arbeit mit diesem Arbeitsheft

Dieses Arbeitsheft enthält 7 Bereiche mit insgesamt 50 kurzen Modulen.
Jeder Bereich beginnt mit einer Startseite **LOS!**
und endet mit einer Abschlussseite **ALLES KLAR?**.
Auf den Startseiten befinden sich Gruppenaufgaben, die Sie auf den Themenbereich neugierig machen.
Außerdem gibt es eine Übersicht zu den Modulen in diesem Bereich. Hier können Sie eintragen, wann Sie etwas bearbeitet haben.

Tragen Sie das Datum ein, wenn Sie die Seiten bearbeitet haben. ○ ●

			○	●
Gedichte und Romane	**31**	Ein Gedicht kennenlernen	19.02.XX	21.02.XX
	32	Ein Gedicht verstehen		
	33	Einen Romananfang lesen		
	34	Einen Romananfang zusammenfassen		

Auf den Abschlussseiten gibt es Rätsel rund um die Fachwörter des Bereichs. Auch Ihre Kompetenzen können Sie einschätzen.

Schätzen Sie sich ein, wenn Sie die Seiten bearbeitet haben.

			Das kann ich gut	Das kann ich	Das kann ich teilweise	Das trainiere ich noch einmal
Gedichte und Romane	**31**	Ein Gedicht kennenlernen	✓			
	32	Ein Gedicht verstehen		✓		
	33	Einen Romananfang lesen			✓	
	34	Einen Romananfang zusammenfassen			✓	

○ Jedes Modul beginnt mit Basisseiten. Man erkennt sie an diesem Symbol.

DAZ Dann folgt eine Seite zur Sprachförderung, die man an diesem Symbol erkennt (DaZ).

Aufgaben mit diesem Symbol sollen im eigenen Schreibheft gelöst werden.

So sind Aufgaben gekennzeichnet, die in einer Gruppe bearbeitet werden.

Hier gibt es Texte zu hören, manchmal auch zu lesen. Die Hörtexte können über den Webcode (siehe Seite 1) auf www.Cornelsen.de/codes/ abgerufen werden.
Dort gibt es auch kurze Videos mit Erklärungen zu Rechtschreibung und Grammatik.

Auf den Lösungsseiten sind neben den Lösungen für die Aufgaben auch die Hörtexte abgedruckt.

In diesem Arbeitsheft wurde auf geschlechtergerechte Sprache geachtet. Wenn nur eine grammatische Form verwendet wird, dient das der besseren Lesbarkeit.

WEGE ZUM LERNERFOLG: LOS!

„Hätte ich damals nur verstanden,
wie wichtig die schulische Ausbildung für meine Zukunft ist!"

Diesen Satz hört man oft von Erwachsenen, die in ihrem Beruf nicht vollkommen zufrieden sind.

Auch wenn Lernen durchaus manchmal mühsam ist: Machen Sie sich bewusst, dass Sie jetzt die Grundlage für Ihr Arbeitsleben legen.

1 **Sehen Sie sich Bild und Zeitstrahl an. Was verdeutlichen sie?**

bei durchschnittlicher Lebenserwartung von 80 Jahren

2 **Miteinander lernen und allein lernen: Tauschen Sie sich über die Vorteile und Nachteile aus.**

Mit diesen Inhalten beschäftigen Sie sich auf den folgenden Seiten.

Tragen Sie das Datum ein, wenn Sie die Seiten bearbeitet haben.

			○	●
Miteinander lernen	**1**	Klassenregeln für ein gutes Miteinander		
	2	Sich gut auf den Unterricht vorbereiten		
	3	Aktiv am Unterricht teilnehmen		
Allein lernen	**4**	Meinen Arbeitsplatz gestalten		
	5	Meine Lernzeit gut organisieren		
	6	Lernstrategien entwickeln		

Schätzen Sie Ihre Kompetenzen auf Seite 26 ein.

1 KLASSENREGELN FÜR EIN GUTES MITEINANDER

GUT ZU WISSEN

Regeln sind wichtig für das menschliche Zusammenleben. Auch in der Klasse sind sie nötig, um einen **geordneten** und **sicheren Rahmen** für alle herzustellen. Nur wenn sie eingehalten werden, können alle Schülerinnen und Schüler **störungsfrei lernen** und **gute Erfolge erzielen.**

1 Finden Sie sieben versteckte Begriffe, die für ein gutes Lernklima wichtig sind.

Die Wörter sind von links nach rechts und von oben nach unten versteckt. Umlaute sind mit zwei Buchstaben geschrieben.

P	F	L	I	C	H	T	B	E	W	U	S	S	T	S	E	I	N
G	O	O	Y	D	Z	C	H	R	D	R	P	K	A	A	T	I	M
D	R	M	S	T	O	L	E	R	A	N	Z	Y	H	U	X	S	V
T	D	G	Y	C	K	B	O	D	L	T	M	T	C	B	K	N	O
G	N	E	U	E	Y	X	P	P	K	H	I	K	A	E	L	L	C
Z	U	S	A	M	M	E	N	A	R	B	E	I	T	R	L	R	T
K	N	G	J	R	Y	R	I	C	M	K	G	X	Y	K	Z	F	X
A	G	J	P	U	E	N	K	T	L	I	C	H	K	E	I	T	Y
R	A	Q	M	F	T	I	A	M	E	H	F	P	T	I	J	Z	H
R	Z	D	V	W	C	R	E	R	K	E	K	F	S	T	A	J	Y
U	N	F	I	Z	A	M	O	T	I	V	A	T	I	O	N	M	C

2 Ergänzen Sie die folgenden Sätze mit den Begriffen aus Aufgabe 1.

1 ______________________ ist wichtig, damit man keine Unterrichtszeit verpasst.

2 Ohne ______________________ ist es schwierig, die benötigten Unterrichtsmaterialien zu finden.

3 Wenn alle die ______________________ haben, etwas zu lernen, erzielen sie bessere Erfolge.

4 Jeder muss auf ______________________ achten und seinen Müll entsorgen.

5 Die Klassendienste müssen mit ______________________ erledigt werden.

6 Das Miteinander ist wichtig. Die ______________________ mit anderen kann uns beim Lösen so mancher Aufgabe helfen.

7 Wir müssen der Meinung von Mitschülern mit ______________________ begegnen.

3 Schreiben Sie die folgenden Verbote in positiv formulierte Regeln um.

Beispiel Ich darf das Eigentum der Schule oder meiner Mitschüler nicht beschädigen.

Ich gehe sorgfältig mit dem Eigentum der Schule und meiner Mitschüler um.

1 Sobald die Lehrkraft das Klassenzimmer betritt, darf ich mich nicht mehr privat unterhalten.

2 Ich darf andere auch bei falschen Antworten nicht respektlos auslachen.

3 Ich darf nicht sprechen, wenn mich die Lehrkraft nicht aufgerufen hat.

4 Ich darf während des Unterrichts nicht unaufmerksam sein oder herumlaufen.

5 Ich darf nicht zu spät kommen.

6 Ich darf meine Hausaufgaben und mein benötigtes Material nicht vergessen.

DAZ

1 MODALVERBEN

1 **Markieren Sie in den folgenden Sätzen alle Formen von Modalverben *(können, müssen, dürfen, wollen, sollen, „möchten")* rot und alle übrigen Verben grün.**

1 Du sollst pünktlich in den Unterricht kommen.

2 Alle müssen sich respektvoll zueinander verhalten.

3 Wir dürfen unsere Handys nur in den Pausen benutzen.

4 Die Lehrkräfte wollen ohne Störungen unterrichten.

2 **Ergänzen Sie die Verbformen.**

ich *muss*	wir ______
du ______	ihr ______
er/sie/es ______	sie/Sie ______

ich ______	wir ______
du ______	ihr *könnt*
er/sie/es ______	sie/Sie ______

3 **Bringen Sie die Wörter in die richtige Reihenfolge.**

1 möchten – aufpassen – Wir – im Unterricht

______ ______ ______ ______

Verbklammer

2 Ihr – gegenseitig – helfen – euch – könnt

______ ______ ______ ______ ______

Verbklammer

4 **Ergänzen Sie die REGEL ZU DEN MODALVERBEN.**

Verbklammer • *können* • *sollen* • zweiten • *müssen* • Infinitiv • *wollen* • letzten • *dürfen* • Verb

Zu den Modalverben gehören ______ [1], ______ [2], ______ [3], ______ [4], ______ [5] und *möchten*. Sie stehen immer an der ______ [6] Position im Aussagesatz. Meistens werden sie mit einem anderen ______ [7] im Satz verwendet. Dieses steht im ______ [8] an der ______ [9] Stelle des Satzes. Zusammen bilden sie eine ______ [10].

5 **Formulieren Sie drei Klassenregeln mit Modalverben.**

Beispiel Du sollst während des Unterrichts leise sein.

GUT ZU WISSEN

Eine **gewissenhafte Vorbereitung** auf den Unterricht ist wichtig, um gute Lernerfolge zu erzielen. Dazu gehört sowohl eine **ordentliche Ordnerführung** als auch das Erledigen der **Hausaufgaben** und das Einpacken aller **benötigten Unterlagen und Materialien** für den nächsten Schultag. Schließlich muss auch der **Wecker** rechtzeitig gestellt, die **Kleidung** bereitgelegt, das **Pausenbrot** vorbereitet und der **Schulweg** geplant werden, damit man pünktlich in den Unterricht kommt. Um aufmerksam am Unterricht teilnehmen zu können, ist es auch wichtig, nicht zu spät ins **Bett** zu gehen.

1 Füllen Sie das Kreuzworträtsel mit den passenden Begriffen aus.

Umlaute werden mit zwei Buchstaben geschrieben. Die Buchstaben in den gelben Feldern ergeben das Lösungswort.

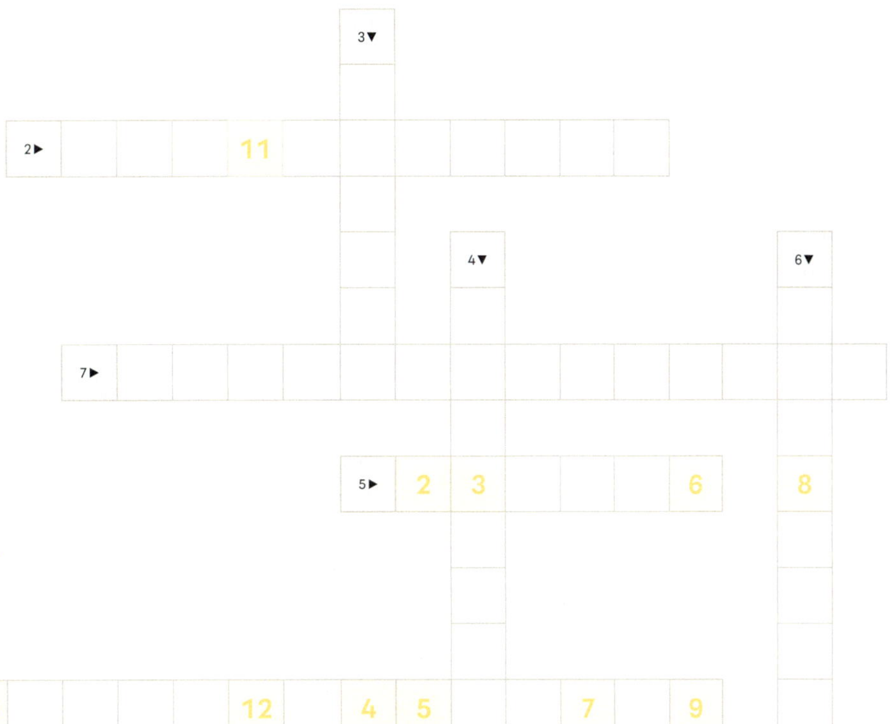

V	2	3	4	5	6	7	8	9	10	11	12

1 Was hilft Ihnen dabei, keine Hausaufgaben zu vergessen?
2 Worauf sehen Sie, welche Fächer Sie morgen in der Schule haben?
3 Was ist nützlich, um rechtzeitig aufzustehen?
4 Wovon kann man die passenden Bus- oder Zugverbindungen ablesen?
5 Worin heften Sie alle Ihre Unterlagen ab?
6 Was hilft Ihnen bei der Einteilung des Ordners?
7 Worin transportiert man die benötigten Stifte?

2 A Lesen Sie den Text.

Ein Tag im Leben von Leonie

Leonie ist gerade von der Schule nach Hause gekommen. Sie stellt ihre Schultasche in die Ecke und bereitet sich ein Mittagessen zu. Nach dem Essen legt sie sich auf die Couch und schaltet den Fernseher ein. Kurz darauf ist sie eingeschlafen. Ein paar Stunden später wird sie vom Anruf ihrer Freundin geweckt. Sie verabredet sich mit ihr zu einem Spaziergang in der Stadt. Um ihre Hausaufgaben könne sie sich auch später kümmern, denkt sie. Sie treffen ein paar Freunde und es wird ein lustiger Nachmittag. Um 20 Uhr kommt sie nach Hause zurück. Sie isst zu Abend und checkt nebenbei ihre sozialen Netzwerke am Handy. Dabei stolpert sie über ein Handyspiel und versucht, den Highscore zu knacken. Dazu legt sie sich wieder auf die Couch und schläft gegen 24 Uhr ein.

Als sie wach wird, ist es draußen schon hell. Sie erschrickt, als sie auf die Uhr sieht: 7:55 ist dort zu lesen. Gleich geht die Schule los! Frühstück fällt heute also aus. Nachdem sie nach längerer Suche in ihrem Kleiderschrank endlich etwas Passendes zum Anziehen gefunden hat, nimmt sie ihre Schultasche und läuft zur Bushaltestelle. Als sie nachschauen will, wann der nächste Bus kommt, bemerkt sie, dass ihr Handy-Akku leer ist.

Kurz vor der Pause kommt sie schließlich in der Schule an. Ihr Lehrer ist verärgert, weil sie schon wieder zu spät kommt. Sie hat Hunger, aber weder Pausenbrot noch Geld dabei. Nach der Pause hat ihre Klasse Deutsch. Leonies Arbeitsbuch liegt zu Hause, die Hausaufgaben hat sie nicht erledigt, da sie gestern keine Zeit hatte und außerdem gar nicht mehr weiß, was sie aufhatten. Nach der zweiten Ermahnung fühlt sich Leonie unwohl und hat gar keine Lust mehr auf Schule.

B Unterstreichen Sie alles, was Leonie falsch macht und was dazu führt, dass sie am nächsten Tag unvorbereitet in den Unterricht kommt.

C Besprechen Sie gemeinsam Ihre Ergebnisse. Wie könnte Leonie ihren Tagesablauf besser gestalten?

2 AUFFORDERUNGEN (IMPERATIV)

1 **Ordnen Sie die Imperative in die Tabelle ein.**

Gib mir den Stift! • Macht eure Hausaufgaben! • Hilf mir bitte! • Schließen Sie die Tür! • Seid leise! • Wiederholen Sie das noch einmal! • Bringt morgen einen Taschenrechner mit! • Kommen Sie bitte her! • Komm morgen wieder!

informell im Singular (z. B. an eine Mitschülerin)	informell im Plural (z. B. an die ganze Klasse)	formell (z. B. an die Lehrkraft)
______________	______________	______________
______________	______________	______________
______________	______________	______________

2 **Geben Sie Leonie Ratschläge, wie sie sich besser auf den Unterricht vorbereiten kann. Schreiben Sie die Sätze im Imperativ.**

Hausaufgaben erledigen • Hausaufgabenheft führen • Stundenplan beachten • Lernzeiten planen • Fahrplan studieren • Frühstück/Pausenbrot bereiten • Wecker stellen • Schultasche packen • rechtzeitig ins Bett gehen • passende Kleidung suchen • Handy laden

Beispiel Hausaufgaben erledigen: Erledige deine Hausaufgaben!

3 **Bitte: Formulieren Sie höfliche Aufforderungen im Imperativ an Ihre Lehrkraft.**

den Text vergrößern • bitte • mir ein Wort erklären • bitte • die Verspätung entschuldigen • bitte • den Satz wiederholen • bitte • mir bei einer Aufgabe helfen • bitte • ein Beispiel geben • bitte • etwas lauter sprechen • bitte • uns heute wenig Hausaufgaben geben • bitte

Beispiel Vergrößern Sie bitte den Text!

4 **Ergänzen Sie die REGEL ZUM IMPERATIV.**

bitte • ersten • formelle • mehrere • informelle • eine • Aufforderungen

Mit dem Imperativ drückt man ______________ [1] an ______________ [2] oder ______________ [3] Personen aus. Dabei unterscheidet man eine ______________ [4] und eine ______________ [5] Form. Der Imperativ steht immer an der ______________ [6] Stelle des Satzes. Mit dem Wort ______________ [7] kann man Aufforderungen höflicher machen.

3 AKTIV AM UNTERRICHT TEILNEHMEN

GUT ZU WISSEN

Aktive Unterrichtsbeteiligung bedeutet, dass man sich während des Unterrichts intensiv mit dem jeweiligen Lehrstoff auseinandersetzt. Dazu gehört es, **aufmerksam zu sein**, sich wichtige Informationen **stichpunktartig mitzuschreiben**, sich zu **melden** und **Fragen der Lehrkraft zu beantworten** sowie die gestellten **Aufgaben zu bearbeiten.** Wenn **Fragen** aufkommen, sollte man sie sofort **stellen.** So **spart** man sich zu Hause eine Menge **Zeit** bei der Prüfungsvorbereitung. Außerdem trägt eine gute mündliche Mitarbeit oft **positiv** zur **Note** bei.

1 Verbinden Sie die Satzanfänge mit den jeweils passenden Enden.

Ich frage gleich nach,	kann ich im Unterricht viel mehr lernen.
Im Unterricht gut mitzuarbeiten,	wenn ich im Unterricht gut aufgepasst habe.
Durch eine aktive Mitarbeit	melde ich mich und erzähle es allen.
Eine falsche Antwort zu geben,	muss mir nicht peinlich sein.
Wenn ich etwas zu einem Thema weiß,	wenn ich etwas nicht verstehe.
Ich muss für Prüfungen zu Hause weniger lernen,	wird oft mit einer guten Note belohnt.

2 Wochenaufgabe: Nehmen Sie sich vor, die folgenden Punkte im Laufe der Woche zu erledigen. Haken Sie erledigte Punkte ab.

- Ich melde mich in einer Unterrichtsstunde mindestens drei Mal. ☐
- Ich übernehme freiwillig das Vorstellen einer Lösung. ☐
- Ich bin während eines Vormittags besonders aufmerksam und schweife nicht mit meinen Gedanken ab. ☐
- Ich suche im Internet oder der Bibliothek weiterführende Informationen zu einem im Unterricht besprochenen Thema. ☐

3 Haben Sie weitere gute Vorsätze? Notieren Sie sie.

____

____

4 **A Notizen machen ist wichtig. Schließen Sie Ihr Arbeitsheft und hören Sie den kurzen Text an. Machen Sie sich dabei stichpunktartig Notizen zum Inhalt. Vergessen Sie Datum und Überschrift (Seite, Aufgabe) nicht.**

B Beantworten Sie nun die Fragen zum Hörtext mithilfe Ihrer Notizen in ganzen Sätzen.

1 An welchem Tag spielt die Kurzgeschichte? ____________________

2 Welche Ferien stehen bevor? ____________________

3 Auf welche Aktivität freut sich Leonie? ____________________

4 Was will sie sich mit ihren Freundinnen kaufen? ____________________

5 Was muss sie schließlich verkaufen? ____________________

6 Wie viele Personen aus der Klasse helfen auf dem Weihnachtsmarkt? ____________________

7 Was lernt Leonie aus dem Vorfall? ____________________

5 **Manchmal muss man sich in der Schule für etwas entschuldigen. Erstellen Sie aus den Stichpunkten begründete Sätze.**

Beispiel Hausaufgabe nicht gemacht – Buch vergessen

Ich konnte meine Hausaufgabe nicht machen, weil ich mein Buch in der Schule vergessen hatte.

1 nach der Pause gehen – Arzttermin

____

2 nicht aufgepasst – Sitznachbarn Aufgabe erklärt

____

____

3 zu spät gekommen – Fahrrad kaputt

____

____

DAZ

3 FRAGEFORMEN

1 **Markieren Sie alle Fragewörter blau und alle Verben grün.**

1 Wie beteiligt man sich gut am Unterricht?
2 Wann melde ich mich?
3 Warum ist man im Unterricht am besten immer aufmerksam?
4 Was nützt mir eine gute Mitarbeit?

2 **Markieren Sie alle Verben grün.**

1 Schreibt man im Unterricht immer alles mit?
2 Lachen die Lehrkräfte bei falschen Antworten?
3 Stellt man im Unterricht Fragen?
4 Spart man sich mit einer guten Mitarbeit bei der Prüfungsvorbereitung Zeit?

3 **Markieren Sie die indirekten Fragen.**

1 Ich möchte gerne wissen, ob man im Unterricht immer alles mitschreibt.
2 Können Sie mir sagen, ob die Lehrkräfte bei falschen Antworten lachen?
3 Kannst du mir sagen, wann ich mich melde?
4 Ich möchte gerne wissen, was mir eine gute Mitarbeit nützt.

4 **Ergänzen Sie die REGEL ZU FRAGEFORMEN.**

ersten • Ja-/Nein-Fragen • zweiten • Indirekte Fragen • Verb • Fragewörtern

Bei Fragen mit ____________ [1] steht das Fragewort immer an der ____________ [2] Position, das Verb an der ____________ [3] Position. Man nennt diese Fragen auch W-Fragen. Bei ____________ [4] steht das ____________ [5] immer an der ersten Position. Man nennt diese auch Entscheidungsfragen oder Satzfragen. ____________ [6] beginnen mit *ob* oder mit dem Fragewort, sie sind Nebensätze.

5 **Bilden Sie passende Fragen zu den Antworten.**

1 *Wo* ______________________________

Weitere Informationen zu einem Thema findet man im Internet oder der Bibliothek.

2 ______________________________

Nein, falsche Antworten sind nicht schlimm.

3 ______________________________

Ja, für eine aktive Mitarbeit bekommt man gute Noten.

4 *Wieso* ______________________________

Man schreibt im Unterricht stichpunktartig mit, damit man die Informationen später nachlesen kann.

4 MEINEN ARBEITSPLATZ GESTALTEN

GUT ZU WISSEN

Um erfolgreich für die Schule arbeiten und lernen zu können, sollte man sich eine **angenehme Lernatmosphäre** schaffen. Dazu gehört die Auswahl eines Platzes mit **passender Schreib- und Sitzhöhe, guter Beleuchtung** sowie **angenehmer Raumtemperatur.** Wichtig ist auch, dass man alle möglichen **Störquellen** wie Handy und Fernseher **ausschaltet, unnötige Dinge** vom Schreibtisch **entfernt** und sich die benötigten **Materialien geordnet bereitlegt.** Schließlich sollte man vor dem Lernen noch einmal **lüften** und in **bequemer Kleidung** sowie ausreichend **gesättigt** damit beginnen.

1 **Ergänzen Sie die Tipps für eine angenehme Lernatmosphäre mit den passenden Worten, indem Sie die Buchstaben in die richtige Reihenfolge bringen.**

1 Suche dir einen ____________ (aPzlt), an dem du möglichst ____________ (nöeugrstt) lernen kannst!	☐
2 Stuhl und Tisch sollten die richtige ____________ (eHhö) haben: Deine ____________ (eerrmnatU) sollten locker auf dem Tisch liegen können, in ____________ (schiremildB) schaut man am besten waagerecht.	☐
3 Achte auf genügend ____________ (iLcht)! Es sollte so einfallen, dass deine Hand beim Schreiben keinen ____________ (nSchetta) wirft.	☐
4 Entferne nicht ____________ (eteiöbntg) Dinge von deinem Tisch, damit du genügend Platz hast und nicht ____________ (egbelnkat) wirst.	☐
5 Lege dir alle benötigten ____________ (aeMnierltia) bereit!	☐
6 Schalte dein ____________ (dynaH) und den ____________ (eehFsenrr) ab!	☐
7 ____________ (eütfL) vor dem Lernen noch einmal!	☐
8 Stelle dir ein ____________ (eäGnktr) bereit!	☐

2 **Überprüfen Sie Ihren Arbeitsplatz anhand der Tipps in Aufgabe 1 und verändern Sie ihn, falls nötig. Haken Sie befolgte Tipps ab.**

3 **Markieren Sie die fünf Gegenstände, die sich beim Lernen auf dem Schreibtisch befinden sollten, in Grün, die anderen fünf, die dort nicht hingehören, in Rot.**

Die Wörter sind von links nach rechts und von oben nach unten versteckt. Umlaute sind mit zwei Buchstaben geschrieben.

N	O	P	U	F	I	N	G	E	R	N	A	G	E	L	L	A	C	K	G
X	Q	R	I	W	C	B	L	O	C	K	Z	T	J	Y	W	R	A	C	D
R	N	A	M	O	I	I	P	A	T	Q	H	V	J	B	K	B	Y	A	M
A	U	R	W	R	G	X	M	T	A	S	H	A	N	D	Y	E	Z	Y	U
B	P	Q	M	D	E	P	U	A	W	K	Q	U	M	D	O	I	N	Z	S
S	U	Z	L	N	T	T	L	G	X	A	A	V	C	G	H	T	M	I	I
K	F	E	D	E	R	M	A	E	P	P	C	H	E	N	P	S	B	P	K
V	S	S	N	R	A	G	V	B	V	P	D	C	N	Y	C	H	S	L	B
Y	R	Z	A	N	E	U	X	U	G	E	A	D	A	D	N	E	Q	C	O
D	Q	G	I	M	N	T	Q	C	V	V	T	I	A	B	J	F	S	C	X
V	C	A	E	R	K	N	Q	H	H	S	F	A	B	C	Y	T	R	Y	H

4 **Zu einer angenehmen Lernatmosphäre gehört auch, alle Unterlagen sortiert bereitliegen zu haben. Überlegen Sie sich passende Beschriftungen für die Register Ihres Ordners.**

- ______________________ • ______________________
- ______________________ • ______________________
- ______________________ • ______________________
- ______________________ • ______________________
- ______________________ • ______________________

5 **Erstellen Sie aus den folgenden Wörtern einen sinnvollen Satz.**

Arbeitsblätter • hinter • immer • sie • gleich • gelocht • dem • abgeheftet • müssen • jeweiligen • damit • werden • findet • Register • schnell • und • man

Arbeitsblätter ____

____,

damit ____

4 WORTBILDUNG: ZUSAMMENGESETZTE NOMEN

1 **A** Lesen Sie den Text.

Leonies Nachmittag

Leonie möchte ihre Hausaufgabe für den nächsten Schultag erledigen. Bevor sie damit beginnt, legt sie sich ihre Rechenaufgabe bereit und öffnet das Fenster, um Frischluft hereinzulassen. Dabei fällt ihr Blick auf die Papiertonne. Sie bringt das Altpapier noch schnell in den Vorgarten, weil es morgen abgeholt wird. Dann setzt sie sich an ihren Schreibtisch und beginnt zu arbeiten.

B Was haben die unterstrichenen Nomen gemeinsam?

- [ ] Sie haben alle den gleichen Artikel.
- [ ] Es sind alles Verben.
- [ ] Sie sind aus mehreren Wörtern zusammengesetzt.

C Tragen Sie die unterstrichenen Nomen mit ihrem Artikel in folgende Tabelle ein.

Nomen + Nomen	Adjektiv + Nomen	Verb + Nomen	Präposition + Nomen
die Hausaufgabe			

2 Ergänzen Sie die REGEL ZU ZUSAMMENGESETZTEN NOMEN.

Informationen • Buchstaben • Nomen • zwei • Basis • Artikel • letzten • Verben • Präpositionen

Man kann aus ________ [1] oder mehreren Wörtern zusammengesetzte ________ [2] bilden. Das letzte Wort ist die ________ [3], die anderen geben zusätzliche ________ [4] darüber. Der ________ [5] richtet sich immer nach dem ________ [6] Wort. Man kann andere Nomen, ________ [7], Adjektive und ________ [8] mit einem Nomen zusammensetzen. Dabei fallen manchmal ________ [9] weg (oft *-en* bei Verben) oder es wird ein Buchstabe (oft *-s-* oder *-n-*) eingefügt.

3 Bilden Sie zusammengesetzte Nomen und ergänzen Sie den richtigen Artikel.

unter + Arm • radieren + Gummi • Klasse + Zimmer • zeigen + Stab • Stunden + Plan • schreiben + Tisch + Lampe • Tafel + Schwamm • Hausaufgaben + Heft

5 MEINE LERNZEIT GUT ORGANISIEREN

GUT ZU WISSEN

Um für eine Prüfung **gut vorbereitet** zu sein, muss man seine **Lernzeit organisieren.** Das gilt für alle Arten von Prüfungen: in der Schule, für den Führerschein, in der Ausbildung. Dabei hilft es, sich **rechtzeitig** einen Überblick über den Stoff zu verschaffen und einen **Lernplan** zu erstellen. Die benötigte **Zeit** sollte dafür **passend eingeschätzt** werden und man sollte **nicht zu lange Einheiten am Stück** einplanen. **Pausen,** wichtige **Termine,** die **Stundenvorbereitung** für den nächsten Schultag sowie **Wiederholungszeiten** müssen berücksichtigt werden. Schließlich sollte man den eigenen **Biorhythmus** beachten und **geeignete Uhrzeiten** für die Prüfungsvorbereitung wählen.

1 **Bringen Sie die Schritte für die Organisation Ihrer Prüfungsvorbereitung in die richtige Reihenfolge. Ordnen Sie den Schritten die jeweilige Nummer (1–5) zu.**

- ☐ Zusammenstellen der zu lernenden Unterlagen
- ☐ Eintragen des Prüfungstermins in einen Kalender
- ☐ Wiederholen des gelernten Stoffs
- ☐ Erstellung eines Lernplans
- ☐ Lernen der Inhalte in kleinen Portionen

2 **Markieren Sie die folgenden Aufgaben rot (sehr wichtig und sehr dringend), gelb (wichtig, aber nicht so dringend) oder grün (weder besonders wichtig noch dringend).**

- meine Schultasche für den morgigen Tag vorbereiten
- meine Freundin anrufen und ihr von meinem Wochenende erzählen
- das Referat fertigstellen, das ich in einem Monat halten muss
- in meinem Hausaufgabenheft kontrollieren, ob ich alle Aufgaben für morgen erledigt habe
- den Elternbrief unterschreiben lassen, den ich spätestens morgen in der Schule abgeben muss
- nachsehen, ob jemand von meinen Freunden eine neue Story gepostet hat
- den neuen Film im Kino ansehen
- mir einen Schlafsack für den Urlaub in den Sommerferien kaufen
- einen Lernplan für den Test nächste Woche erstellen
- die Möbel in meinem Zimmer umstellen
- einen Termin für die Vorsorgeuntersuchung beim Zahnarzt vereinbaren

3 **Vergleichen Sie Ihre rot markierten Aufgaben.**

4 **Notieren Sie eine Woche lang in der folgenden Tabelle, wie viel Zeit Sie mit den jeweiligen Beschäftigungen verbringen. Ergänzen Sie die beiden leeren Spalten mit Ihren persönlichen „Zeitfressern".**

	Fernsehen/ Streamen	Social Media	Handy-/ Computer-spiele	______	______
Montag	______ min	______ min	______ min	______ min	______ min
Dienstag	______ min	______ min	______ min	______ min	______ min
Mittwoch	______ min	______ min	______ min	______ min	______ min
Donnerstag	______ min	______ min	______ min	______ min	______ min
Freitag	______ min	______ min	______ min	______ min	______ min
Samstag	______ min	______ min	______ min	______ min	______ min
Sonntag	______ min	______ min	______ min	______ min	______ min

5 **Werten Sie Ihre Zeitaufstellung zu zweit aus. Wo lässt sich Zeit einsparen?**

6 **Pausen helfen beim Lernen. Streichen Sie die Tätigkeiten durch, die für Lernpausen ungeeignet sind.**

Musik hören

einen Tee trinken

einen kleinen Spaziergang machen

einen Apfel essen

eine Runde laufen gehen

einen kurzen Powernap einlegen

den Highscore in meinem Computerspiel knacken

duschen

die Hausaufgaben für den nächsten Tag erledigen

einen Serienmarathon starten

7 **Notieren Sie begründete Sätze, warum die von Ihnen gestrichenen Aktivitäten für Lernpausen nicht zu empfehlen sind.**

Beispiel: Es ist nicht zu empfehlen, in der Lernpause einen Serienmarathon zu starten, weil das zu lange dauert und sich die Augen von ihrer Anstrengung beim Lernen nicht erholen können.

DAZ

5 INFINITIV MIT UND OHNE *ZU*

1 Lesen Sie die folgenden Aussagen.

- Wir möchten uns gut auf die Prüfung vorbereiten.
- Ich empfehle dir, rechtzeitig zu beginnen.
- Wir lassen dich jetzt in Ruhe lernen.
- In Deutsch lernen wir, Texte zu schreiben.
- Ich fange jetzt an, für die Prüfung zu lernen.
- Wir müssen heute den Stoff wiederholen.
- In Mathe lernen wir rechnen.
- Ich gehe gleich einen Lernplan schreiben.

2 Markieren Sie in Aufgabe 1 alle Infinitive gelb, alle anderen Verben grün.

3 Ergänzen Sie die REGEL ZUM INFINITIV MIT UND OHNE *ZU*.

ohne • Infinitiv • lassen • lernen • mit • Modalverben • Verb

Manchmal folgt in Sätzen auf das gebeugte Verb noch ein weiteres ____________ [1] im Infinitiv. Der Infinitiv ____________ [2] *zu* kommt nach den ____________ [3] (siehe Seite 10) und den Wörtern ____________ [4], *gehen*, *sehen*, *hören* und *bleiben*. Nach den Verben ____________ [5], *lehren* und helfen kann man den ____________ [6] mit oder ohne zu verwenden. Nach allen anderen Verben steht der Infinitiv ____________ [7] *zu*.

4 Lesen Sie noch einmal die Aussagen in Aufgabe 1 und überprüfen Sie, ob die Sprecher die Regel richtig angewendet haben.

☐ Ein Sprecher hat einen Fehler gemacht. ☐ Sie haben die Regel alle richtig angewendet.

5 A Lesen Sie den Text.

Achtung, Fehler!

Unser Biorhythmus

Manche Menschen stellen sich den Wecker gerne früh. Für sie ist es leicht, schon am Morgen zu lernen. Andere Menschen bleiben gerne länger zu liegen und wollen am liebsten bis Mittag zu schlafen. Sie können sich am Morgen nicht zu konzentrieren, haben aber kein Problem, in der Nacht zu lernen.

Es ist wichtig, seinen persönlichen Biorhythmus zu kennen. So können wir unsere Lernzeiten für uns passend zu planen und müssen nicht dann zu lernen, wenn unser Körper müde ist.

B Markieren Sie alle Infinitive gelb, alle anderen Verben grün.

C Streichen Sie die falschen *zu*.

GUT ZU WISSEN

Für ein **gutes Lernergebnis** muss man **Strategien** entwickeln, wie man Wissen am besten **erwerben** und **behalten** kann. Je nach **Lerntyp** und **Stoff** können diese Strategien sehr **unterschiedlich** sein und müssen individuell erarbeitet werden. Manchen hilft das Schreiben von **Zusammenfassungen, Spickzetteln** oder **Karteikarten** zum Aneignen von Wissen, andere erstellen lieber **Mindmaps,** erfinden **Eselsbrücken** und **Merksätze,** bevorzugen das Lernen mithilfe von **Lern-Apps** oder das gemeinsame Wiederholen des Stoffs in **Lerngruppen.** Alle **Hilfsmittel** sind erlaubt – Hauptsache, der Stoff sitzt am Ende!

1 **Markieren Sie die zusammengehörigen Wortteile in der jeweils gleichen Farbe.**

Spick- | Kartei- | Lern- | gruppen | fassungen | maps | Mind- | Apps | Esels- | Lern- | brücken | karten | Zusammen- | Merk- | zettel | sätze

2 **Ergänzen Sie die folgenden Sätze mit den passenden Hilfsmitteln aus Aufgabe 1.**

Hilfsmittel

____________________ 1 sind bildliche Darstellungen und können durch ihre Verzweigungen einen guten Überblick über das Thema schaffen. Beim Erstellen von ____________________ 2 reduziert man den Stoff auf das Wesentliche, sodass man am Ende nur noch wenige Blätter zum Lernen vor sich hat. Auf ____________________ 3 schreibt man auf einer Seite eine Frage, auf die andere die wichtigsten Stichwörter zur Lösung. Man kann sich damit selbst abfragen und auch unterwegs lernen. Zu vielen Themen gibt es mittlerweile ____________________ 4, die man auf sein Handy laden kann. Meist beinhalten sie verschiedene Übungen und Fragen zum jeweiligen Stoff. ____________________ 5 dürfen bei Prüfungen selbst natürlich nicht verwendet werden. Zur Prüfungsvorbereitung eignen sie sich aber, da man dort nur die Inhalte notiert, die man noch nicht im Kopf hat. In ____________________ 6 kann der Stoff gemeinsam besprochen und geübt werden. ____________________ 7 werden oft auch als ____________________ 8 bezeichnet.

3 **Lesen Sie die folgenden Eselsbrücken und erklären Sie in Stichpunkten, welche Inhalte sie vermitteln wollen. Recherchieren Sie dazu auch im Internet.**

1 Nach „am“, „ans“, „vom“, „zum“ und „beim“ schreib Verben niemals klein!

2 Im Frühling stellt man die Gartenmöbel **vor** die Tür, im Herbst **zurück**.

3 **N**ie **o**hne **S**eife **w**aschen!

4 Zei**t** = sei**t**

4 **Notieren Sie drei weitere Eselsbrücken. Erklären Sie deren Bedeutung in Stichpunkten.**

5 **Formulieren Sie Tipps für das Erstellen von Zusammenfassungen.**

auf • Informationen • aus • wichtigste • beschränken • Text

Beschränke dich auf die wichtigsten Informationen aus dem Text!

Stichpunkte • sinnvoll • aufschreiben • nur

um • Farben • benutzen • unterschiedlich • Zusammenhänge • markieren

zum • Beispiel • Symbole • wie • verwenden • Folgepfeile

6 WORTBILDUNG: NOMEN UND IHRE ARTIKEL

1 **Ergänzen Sie die REGEL ZU NOMEN UND IHREN ARTIKELN.**

Artikel • Endungen • Wortstamm • Adjektiven • Verben • das Schöne

Man kann aus Nomen, ___________[1] oder Verben neue Nomen bilden. Oft hängt man dazu verschiedene ___________[2] an das Wort oder den ___________[3] an (z. B. *-lein*, *-chen*, *-keit*, *-heit*, *-ung*). Diese Endungen zeigen an, welchen ___________[4] das Nomen braucht. Man kann auch Adjektive (z. B. ___________[5]) oder ___________[6] (z. B. *das Lernen*) als Nomen verwenden.

2 **Ordnen Sie Nomen ein und ergänzen Sie den richtigen Artikel.**

Österreicher • Zusammenfassung • Heftchen • Vergangenheit • Lehrerin • Ergebnis • Lehrer • Schreiben • Gute • Sauberkeit

Nomen + *-chen, -lein*
das Büchlein
____

Verbstamm + *-er*
der Schneider
____

männliche Person + *-in*
die Schülerin
____

Adjektiv + *-heit*
die Zufriedenheit
____

Land + *-er*
der Australier
____

Verbstamm + *-ung*
die Vertretung
____

Adjektiv als Nomen
das Interessante
____

Infinitiv als Nomen
das Wiederholen
____

Adjektiv/ Verbstamm + *-nis*
die Erlaubnis
das ___________

Adjektiv + *-keit*
die Freundlichkeit
____

WEGE ZUM LERNERFOLG: ALLES KLAR?

1 **Finden Sie den Lösungsatz. Die Buchstaben in den gelben Zahlfeldern ergeben die gesuchte Lösung.**

1 Was ist wichtig für ein gutes Miteinander in der Klasse?
2 Worin hefte ich alle Unterlagen ab?
3 Was trägt oft zu einer positiven Note bei?
4 Was sollte man vor dem Lernen ausschalten?
5 Was muss man rechtzeitig vor einer Prüfung erstellen?
6 Worauf kann ich meinen Lernstoff zum Wiederholen schreiben?

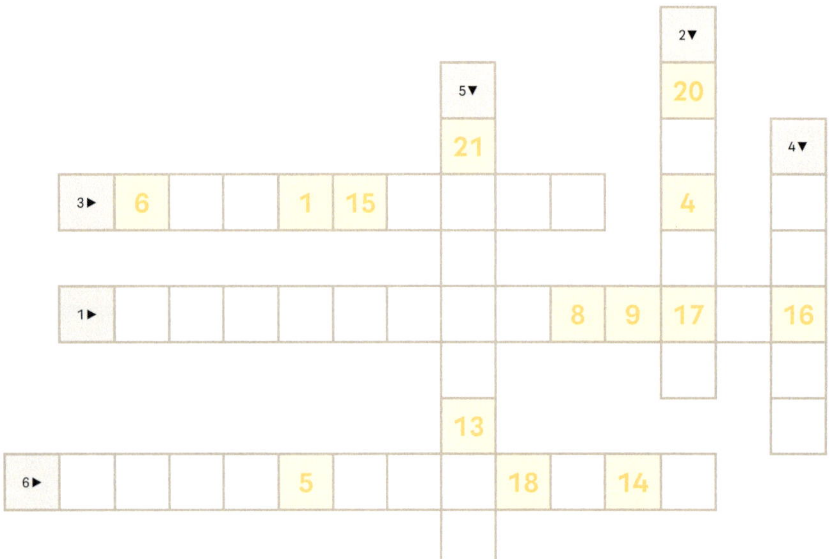

1	U	F		4	5	6		W	8	9
13	14	15	16	17	18	F	20	21	G	!

Z	U	M

Schätzen Sie sich ein, wenn Sie die Seiten bearbeitet haben.

			Das kann ich gut	Das kann ich	Das kann ich teil-weise	Das trainiere ich noch einmal
Miteinander lernen	**1**	Klassenregeln für ein gutes Miteinander				
	2	Sich gut auf den Unterricht vorbereiten				
	3	Aktiv am Unterricht teilnehmen				
Allein lernen	**4**	Meinen Arbeitsplatz gestalten				
	5	Meine Lernzeit gut organisieren				
	6	Lernstrategien entwickeln				

KOMMUNIKATION: LOS!

„Handlung wird allgemein besser verstanden als Worte.
Das Zucken einer Augenbraue, und sei es noch so unscheinbar,
kann mehr ausdrücken als hundert Worte."

(Charlie Chaplin)

Wir alle kommunizieren jeden Tag – wir tun dies aber nicht nur mit Worten, auch unsere Ohren, Augen und Hände helfen uns bei der Verständigung mit anderen. Auch unsere Erscheinung, Kleidung, Körperhaltung und der Blick sagen etwas über uns aus.

1 **Drücken Sie unterschiedliche Gefühle nur mit Ihrer Mimik aus und lassen Sie sie erraten.**

2 **Überlegen und diskutieren Sie, was wirkungsvoller ist: die Worte, die man sagt, oder die Art, wie man sie sagt?**

Mit diesen Inhalten beschäftigen Sie sich auf den folgenden Seiten.

Tragen Sie das Datum ein, wenn Sie die Seiten bearbeitet haben.

Schätzen Sie Ihre Kompetenzen auf Seite 50 ein.

7 MITEINANDER KOMMUNIZIEREN

GUT ZU WISSEN

Kommunikation heißt, miteinander zu sprechen, **Informationen** auszutauschen, sich durch **Sprache (Stimme), Gestik** und **Mimik zu verständigen.** Man kann auch sagen, Kommunikation bedeutet, dass ein Sender einem Empfänger eine Botschaft schickt.
Dies geschieht durch:
– **verbale Kommunikation** (gesprochene Worte mitsamt Lautstärke, Tonfall, Betonung, Satzbau, Satzlänge, Wortwahl und Inhalt des Gesagten) und
– **nonverbale Kommunikation** (**Gestik** und **Mimik, Haltung** und **Körpersprache**).
Aber selbst wenn die Sprecher dieselbe Sprache beherrschen, gelingt die Verständigung nicht immer. Oft gibt es **Kommunikationsstörungen,** also Missverständnisse zwischen den Sprechenden. Je besser man die Sprache (verbale Kommunikation) beherrscht und je genauer man die Regeln für Verhalten und Gesten (nonverbale Kommunikation) kennt, umso klarer und effektiver kann man kommunizieren.

1 **Schlagen Sie folgende Begriffe aus GUT ZU WISSEN nach und schreiben Sie eine kurze Erläuterung.**

Gestik und Mimik	*Mimik = Gesichtsausdruck, Gestik = Handbewegungen*
Botschaft/Nachricht	
nonverbal	
verbal	
Körpersprache	

2 **Drücken Sie die folgenden Begriffe nur nonverbal durch Körpersprache, Mimik und Gestik aus. Ihre Mitschüler raten, was Sie darstellen.**

Freude • Angst • Trauer • Schmerz • Erstaunen • Unwissen • Neugier • Begeisterung • Ablehnung • Ekel

3 **Notieren Sie kurze Sätze, die zu Ihrer dargestellten Körpersprache passen (Aufgabe 2).**

Beispiel Die Aussage „Oh, wie schön!“ wird durch das In-die-Hände-Klatschen noch betont.

4 **Überlegen Sie gemeinsam: Welche Mimik und Gestik ist für alle (international) verständlich? Für welche Zeichen benutzen Sie Ihre Hände? Was drücken Sie hauptsächlich mit dem Gesicht (Mundwinkel) aus?**

5 **Vervollständigen Sie die Sätze sinnvoll.**

Sender • Auslegung • Botschaft • Empfänger • Erfahrungen • Entschlüsselung • Gesprächsteilnehmer • Ironie • Missverständnisse • Sender • Empfänger • Gefühl

Verstehen, was der andere meint

Eine Nachricht zu schicken bedeutet, dass der ______________[1] etwas sagt, was der ______________[2] verstehen soll – dies nennt man eine ______________[3]. Nicht immer gelingt dies jedoch – oft kommt es zu ______________[4]. Menschen reagieren verschieden, sie haben auch oft unterschiedliche ______________[5] gemacht. Das liegt nicht etwa daran, dass einer der beiden ______________[6] in böser Absicht handelt, vielmehr ist es eine Frage der ______________[7] des Gesagten. Diese Auslegung nennt man auch die ______________[8]. Es kommt auch vor, dass jemand eine Botschaft anders ausdrückt – zum Beispiel mit ______________[9]. Oder er/sie möchte ein ______________[10] ausdrücken, ohne dies direkt zu sagen. In jedem Fall muss der ______________[11] versuchen zu verstehen, was der ______________[12] ausdrücken will.

6 **Das Gesagte ist nicht immer das Gemeinte. Erklären Sie, was der Sender meint. Was könnte der Empfänger verstehen?**

Der Sender / Die Senderin		**Der Empfänger / Die Empfängerin**
sagt:	**meint:**	**versteht:**
Immer musst du arbeiten!	*Du hast zu wenig Zeit für mich*	*Vorwurf, zu selten zu Hause zu sein*
Hier ist es aber frisch!		
Was gibt es zu essen?		
Steht mir das Kleid?		

DAZ

7 NACHFRAGEN

1 Fragen Sie nach und antworten Sie.

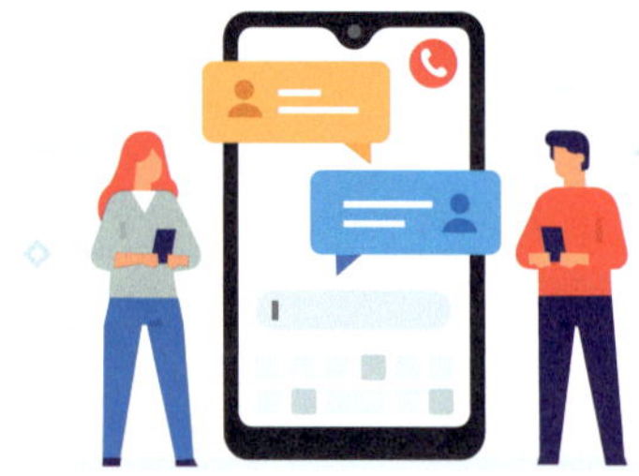

1 Er schickt seiner Freundin morgens mit dem Handy eine Nachricht, um ihr etwas Wichtiges zu sagen.

Was tut die Person? Sie schickt etwas. ______

Wer ist die Person? Er ______

Wen oder was ______

Wem ______

Wann ______

Womit ______

Wozu ______

2 Leider versteht seine Freundin seine Nachricht in dem Moment falsch.

2 Fragen Sie gezielt nach den unterstrichenen Ergänzungen.

Worauf wollen beide mehr achten?

Sie reagiert auf seine Nachricht sofort mit großem Ärger. Seine Nachricht passte eigentlich nicht zu ihrem letzten Gespräch. Aber Missverständnisse gehören nun einmal zum Alltag in Beziehungen. Sie entscheiden sich für ein Treffen, um über seine Nachricht zu diskutieren. Er entschuldigt sich für seine missverständliche Formulierung. Später lachen sie gemeinsam über diesen dummen Streit.

Worauf reagiert sie? ______

______

______

______

______

3 Ergänzen Sie die REGEL ZUM GENAUEN NACHFRAGEN.

Fragewörtern • festen Ausdruck • Person • Präposition • erste

Die einzelnen Teile eines Satzes erfragt man mit ______ [1]. Was passiert, was tut eine ______ [2]: die Frage nach dem Verb ist immer die ______ [3] und wichtigste Frage. Um nach anderen Satzteilen zu fragen, analysiert man, ob Verb und Präposition einen ______ [4] bilden. Das Fragewort ergibt sich dann aus der ______ [5].

Beispiel: *Beide wollen auf klare Kommunikation achten. FRAGE: Worauf wollen beide achten?*

8 SICH SELBST VORSTELLEN

GUT ZU WISSEN

Immer wenn Menschen, die sich nicht kennen, aus einem **bestimmten Anlass** aufeinandertreffen, **stellen sie sich einander vor** – so weiß der andere, mit wem er es zu tun hat. Ob im Rahmen einer privaten Umgebung, in der Schule, bei einer Firma oder auf einer Messe, ob es sich um eine zufällige Begegnung oder ein vereinbartes Treffen handelt: Immer möchte man **kompetent, sympathisch und vertrauenswürdig** wirken und **das Interesse des anderen wecken.** Bei jeder Vorstellung sollte man sich **kurzfassen,** um den Gesprächspartner nicht zu langweilen, und nur die Informationen nennen, die **für diesen Anlass wichtig** sind. Man könnte eine Selbstvorstellung auch mit einem kurzen **Werbespot** vergleichen: Der andere soll auf das „Produkt", in diesem Fall auf Ihre Person, aufmerksam werden und gerne mehr erfahren wollen. In der deutschen Sprache ist es wichtig, bei der Vorstellung den angemessenen Gebrauch des **Du oder Sie** bei der **Anrede** fremder Personen zu beachten, denn das drückt **Respekt** bzw. **Gleichrangigkeit** aus.

1 A Notieren Sie Stichpunkte zu Ihrer Person.

Informationen	
Familienname	
Vorname(n)	
Alter	
Geburtsdatum	
Geburtsort	
Staatsangehörigkeit	
Wohnort	
Frühere Wohnorte	
Geschwister	
Hobbys	
Lieblingsessen	
Musik	
Filme	
Lieblingssport	

B Vergleichen Sie Ihre Eintragungen zu zweit.

2 **A Ordnen Sie die Themenbereiche einer Selbstvorstellung in eine für Sie logische Reihenfolge (Zahlen 1–9).**

Alter	Adresse	Klasse	Name	Fähigkeiten	Familie/ Geschwister/ Herkunft	Begrüßung	Hobbys	Lieblingsessen
						1		

B Vergleichen Sie Ihre Reihenfolgen zu zweit und besprechen Sie Abweichungen.

3 **Formulieren Sie komplette Sätze für Ihre Vorstellung.**

Begrüßung	
Name	
Alter	
Adresse	
Schule/Klasse	
Fähigkeiten	
Hobbys	
Familie/ Herkunft	
Lieblingsessen	

4 **Klären Sie die folgenden Fragen zu zweit.**

1 Welches sind offizielle Daten? ____________________

2 Welches sind sehr persönliche Details? ____________________

3 Was würden Sie auch bei einer Bewerbung (Lebenslauf) angeben? ____________________

____

4 Was würden Sie angeben, wenn Sie einen guten Freund treffen und seine Eltern kennenlernen?

____

8 RELATIVSÄTZE

1 A Markieren Sie die Relativsätze.

Aus meinem Bewerbungsschreiben

Ich suche einen Beruf, der mir liegt und der zu mir passt. Ich bin kreativ und habe keine Angst vor Arbeit. Außerdem habe ich viele Ideen, die ich gerne umsetzen möchte. Dazu verfüge ich über Kenntnisse, die ich in der Schule gelernt habe, vor allem Mathematik und Chemie. Das entsprechende „Know-how", das ich dazu auch noch brauche, werde ich an meinem Ausbildungsplatz sicherlich schnell lernen. Dafür brauche ich etwas Anleitung, die ich dann mit Praxiserfahrungen einüben kann.

B Markieren Sie im Text das Bezugswort des jeweiligen Relativsatzes.

2 Formulieren Sie aus zwei Hauptsätzen jeweils einen Hauptsatz mit Relativsatz.

1 Ich komme aus der Republik Irland. Irland nennt man auch die „grüne Insel".

Ich komme aus der Republik Irland, die man auch die „grüne Insel" nennt.

2 Der Flug war angenehm. Er dauerte nur 1,5 Stunden.

____

3 Die Flugbegleiterin war sehr freundlich. Sie sprach sehr gut Englisch, aber kaum Deutsch.

____

4 Meine Freundin holte mich am Flughafen ab. Sie wohnt schon seit sieben Jahren in Deutschland.

____

3 Ergänzen Sie die REGEL ZU RELATIVSÄTZEN.

Relativsatz • identifiziert • Nebensatz • Relativpronomen • Zusammenhang • Satzende • Komma(s)

Ein Relativsatz ist ein ____________ 1, der vom Hauptsatz durch ____________ 2 abgetrennt wird. Das Verb im Relativsatz steht am ____________ 3. Der ____________ 4 beschreibt eine Sache, eine Person oder einen ____________ 5 näher oder er ____________ 6 etwas genauer.

Der Relativsatz steht (meistens) direkt hinter dem Bezugswort und beginnt mit dem ____________ 7.

Beispiel: Ich suche einen ***Beruf***, ***der*** zu mir passt.

Hauptsatz — Relativsatz

9 SITUATIONSGERECHT KOMMUNIZIEREN

GUT ZU WISSEN

Jedes Gespräch sollte der **Situation angemessen** sein. Mit verschiedenen Gesprächspartnern und in verschiedenen Situationen kommuniziert man unterschiedlich: Mit der Familie und mit Freunden spricht man anders als mit Kollegen, Vorgesetzten, Lehrern ... An das (soziale) Verhältnis zum Gesprächspartner passt man auch **Ausdrucks**- und **Redeweise** an: So muss man bedenken, ob es angebracht ist, zu **siezen** oder zu **duzen**. Auch die **Wortwahl** sollte angemessen sein: Im Betrieb wird man sich eher höflich und überlegt ausdrücken, mit Freunden hingegen kommuniziert man spontan. Manchmal ist es gut, sich auf ein **Gespräch vorzubereiten.**

1 **Geben Sie den Inhalt von GUT ZU WISSEN in eigenen Worten wieder.**

2 **Aufmerksames Zuhören ist wichtig in jedem Gespräch: Kreuzen Sie an, ob das folgende Verhalten richtig oder störend ist.**

Verhalten	richtig	störend
Blickkontakt zum Sprecher halten		
Dem Sprecher den Kopf zuwenden		
Den eigenen Gedanken nachhängen		
Sich mit dem Handy beschäftigen und recherchieren		
Nachfragen, ob man richtig verstanden hat		
Zwischenrufe und Kommentare machen		
Das Argument des Sprechers zusammenfassen		
Nebenbei essen/lesen (während man zuhört)		

3 **Im Betrieb ist die Sprache formeller: Formulieren Sie die formellen (unterstrichenen) Ausdrücke um.**

Die Ansprache „Liebe Kolleginnen und Kollegen, liebe Azubis, nächsten Monat müssen wir eine enorme Menge an Aufträgen abarbeiten. Wir werden dafür zeitnah die Schichtpläne anpassen. Sie haben schon in der letzten Saison herausragende Leistungen gezeigt! Durch Sie und Ihren Einsatz hat unsere Abteilung großes Entwicklungspotenzial. Lassen Sie uns an die Arbeit gehen!“	

4 A In manchen Situationen sieht man den Gesprächspartner nicht. Ergänzen Sie im Telefonat die Nachfragen.

Deniz ruft bei Frau Klar, der Schulsekretärin, an, um sich krankzumelden.

Schülerin: Moin! Ich wollte nur sagen, dass ich heute krank bin und nicht in die Schule komme.

Sekretärin: ______________________________

Schülerin: Ach so, ja: Ich heiße Deniz Opal und bin in der 9 a. Mein Klassenlehrer ist der Hans.

Sekretärin: ______________________________

Schülerin: Ja, das sag ich doch. Also schreibst du das jetzt auf?

Sekretärin: ______________________________

Schülerin: Du oder Sie – das ist doch egal ...

Sekretärin: ______________________________

B Welche Fehler macht Deniz in dem Gespräch? Notieren Sie mögliche Verbesserungen und spielen Sie das Gespräch zu zweit nach.

5 Sortieren Sie Regeln und Hindernisse für eine erfolgreiche Kommunikation.

Regeln		**Hindernisse**
1	1 Gesprächspartner ausreden lassen 2 herabsetzend sprechen 3 Vorbereitung: Argumente sammeln 4 nicht beleidigen 5 Argumente sachlich vortragen 6 Vorwürfe machen 7 anderen ins Wort fallen 8 höflicher Ausdruck 9 den anderen auslachen 10 angemessene, sachliche Wortwahl 11 falsche Sprachebene (Duzen statt Siezen) 12 spontan sagen, was einem einfällt 13 emotional werden, laut werden	

6 Gelten die Regeln aus Aufgabe 2 auch im Freundeskreis? Diskutieren Sie.

7 Formulieren Sie eine Regel, die Ihnen wichtig ist, als Appell.

Beispiel: Lassen Sie mich bitte ausreden!

____

DAZ

9 KONJUNKTIV 2 (HÖFLICHKEIT)

1 Formulieren Sie die Sätze höflich um, indem Sie *könnten* und *würden* verwenden.

1 Mach mal das Fenster zu!

Könntest du bitte das Fenster schließen. ________________

2 Wenn du da nicht weggehst, passiert dir noch was!

____

3 Bring die Akte ins Büro, wenn du eh da hingehst!

____

4 Sprich lauter, sonst verstehe ich nichs!

____

2 Formulieren Sie Fragen, verwenden Sie *könnten*, *würden* und *hätten*.

1 ______________________ (Sie mit mir / ins Lager gehen)? Die Akten sind unhandlich.

2 ______________________ (Sie / hier abbiegen)? Dann kommen wir schneller an.

3 ______________________ (Sie / mir / tragen helfen)? Der Schrank ist sehr schwer.

4 ______________________ (Sie / frei / Termin um 8 Uhr)? Danach muss ich in die Schule.

5 ______________________ (Sie / lauter sprechen)? Ich kann Sie sonst nicht verstehen.

3 Ergänzen Sie die REGEL ZUR HÖFLICHKEITSFORM (KONJUNKTIV 2).

Würden Sie (vielleicht) ... • Aufforderungen • höflich • Freundeskreis • nicht kennt

In Situationen und Gesprächen mit Menschen, die man ______________ [1], ist es besser, besonders ______________ [2] zu sein. Fragen und auch ______________ [3] formuliert man dann mit *Könnten Sie bitte ...*, ______________ [4] oder *Hätten Sie (außerdem)* ... Auch Vorschläge im ______________ [5] klingen mit *könnte* höflicher und netter.

Beispiel: *Wir könnten vielleicht zusammen ins Kino gehen.*

10 INFORMATIONEN WEITERGEBEN

GUT ZU WISSEN

Die **Menge an Informationen,** die man heutzutage im Internet findet, ist ungeheuer groß. Es geht also darum, Informationen zu „filtern“, nur die wichtigen zu behalten und die unwichtigen zu übergehen. Es ist eine überaus schwierige Aufgabe, **Wichtiges von Unwichtigem zu unterscheiden.** Außerdem sollte man genau überlegen, welche Informationen privat und daher nicht für die Öffentlichkeit bestimmt sind.
In der Ausbildung und im Beruf muss mit Informationen, die man erhält und möglicherweise weitergeben muss, **sorgfältig umgegangen werden.** Im Einzelfall kann das auch bedeuten, dass man keine Informationen preisgibt. Und manchmal muss es **schnell** gehen; dann ist es notwendig, **nur die wichtigsten Informationen** unverzüglich weiterzugeben.

1 A Hören Sie zuerst das Gespräch. Lesen Sie anschließend den Text.

Der Notruf

Daria und Julia sind Auszubildende im Büro einer Firma. Julia ist die Treppe hinuntergegangen, um einen Ordner in die Produktionshalle zu bringen. Plötzlich hört Daria einen Schrei und Gepolter. Julia ist die Treppe hinuntergefallen und kann ihren Fuß nicht bewegen. Daria wählt die Notrufnummer 112 und wird mit einem Mitarbeiter der Notrufzentrale verbunden.

Tarik Müller: „Guten Tag, hier ist Tarik Müller von der Notrufzentrale Neustadt. Wie kann ich Ihnen weiterhelfen?“

Daria: „Hallo, hier ist Daria Maurer und ich bin mit meiner Kollegin Julia in der Firma. Wir kennen uns schon 5 Jahre, seit der Schule, also ziemlich gut, und arbeiten heute allein im Büro. Doch eben ist Julia plötzlich gestürzt, also ich benötige Ihre Hilfe nicht, aber Julia schon.“

Tarik Müller: „Okay, könntest du bitte möglichst konkret beschreiben, wo ihr beiden euch gerade befindet und was genau deiner Freundin passiert ist? Und gibt es weitere Verletzte?“

Daria: „Natürlich. Also wir arbeiten hier bei der Firma Blockhaus in Neustadt, wir stellen Möbel her. Daneben wohnt unsere Klassenkameradin Ella, gegenüber vom großen Spielplatz. Das ist in der Kirschallee, ganz am Ende der Straße, wo die Lkws stehen, Hausnummer 15. Wie bereits erwähnt, ist Julia eben gestürzt. Wie das genau passiert ist, weiß ich nicht. Ich glaube, unsere Putzfrau hat kurz zuvor die Treppe gewischt, weshalb Julia ausgerutscht ist. Jedenfalls hat sie sich nun am Fuß verletzt. Vielleicht ist er verstaucht oder gebrochen, das ist aber nur eine Vermutung. Hier ist sonst niemand verletzt, doch mein Bruder Paul liegt zurzeit im Krankenhaus. Brauchen Sie noch weitere Informationen?“

Tarik Müller: „Ich schicke einen Rettungswagen mit Sanitätern vorbei. Diese werden weitere Fragen zur Verletzung vor Ort klären. Bleiben Sie bei Ihrer Freundin.“

Daria: „Danke schön! Ich schicke jemanden an die Eingangstüre.“

B Unterstreichen Sie die wichtigsten Informationen im Text.

C Notieren Sie Stichworte zu den Details im Text, die unwichtig sind.

____

D Versetzen Sie sich in die Situation: Welche Informationen sollte Daria bei einem Notruf sofort angeben, damit der Noteinsatz sinnvoll geplant werden kann?

2 A Lesen Sie die folgenden W-Fragen, die man bei einem Notruf beantwortet, um die nötigen Informationen schnell und strukturiert an die Notrufzentrale weiterzugeben.

1 WO ist das Ereignis? Stadtteil, Straßenname, Hausnummer ...

2 WAS ist geschehen? Beschreiben Sie auch, was Sie sehen, z. B. Unfall, Einsturz ...

3 WIE VIELE betroffene Personen gibt es?

4 WER ruft an? Ihren Namen, Standort, Ihre Telefonnummer für Rückfragen

5 WARTEN auf Rückfragen, legen Sie nicht gleich auf!

B Formulieren Sie Darias Meldung (Seite 37) um und benutzen Sie als Strukturhilfe die W-Fragen aus Aufgabe 2 A.

3 Wählen Sie eine der folgenden Situationen und spielen Sie sie zu zweit. Notieren Sie zuvor in Stichpunkten, was Sie sagen wollen.

Situation 1: Ihre Mutter hat einen Kuchen gebacken und sich beim Herausnehmen aus dem Ofen am Arm verbrannt. Sie laufen zur Nachbarin, um sie um Hilfe zu bitten.

Situation 2: Sie fahren mit Ihrer Kollegin im Auto zur Berufsschule. Plötzlich sehen Sie, dass vor Ihnen das Auto in den Straßengraben rutscht. Sie halten an und helfen.

10 VORANGESTELLTE NEBENSÄTZE

DAZ

1 **A Markieren Sie im Text jeweils die Nebensätze.**

Der Notruf

Weil Julia nicht aufgepasst hatte, stürzte sie auf der Treppe. Nachdem ihre Freundin Daria den Unfall bemerkt hatte, wählte sie den Notruf. Da Tarik Müller, der junge Mann in der Notrufzentrale, gut geschult war, fragte er Daria nach den wichtigsten Informationen zum Unfallgeschehen. Sobald er alle Informationen hatte, schickte er einen Krankenwagen zum Unfallort in die Kirschallee 15. Weil alles so gut organisiert war, kam Julia schnell ins Krankenhaus und war bald wieder gesund.

B Notieren Sie die Konjunktionen, mit denen die Nebensätze starten.

Weil; ______________________________

2 **Analysieren Sie die Positionen der Verben in Haupt- und Nebensatz.**

1 Weil Julia nicht aufpasst, stürzt sie auf der Treppe.

2 Julia stürzt auf der Treppe, weil sie nicht aufpasst.

Bei vorangestelltem Nebensatz (Satz 1) ______________________________

____

3 **Ergänzen Sie die REGEL ZU VORANGESTELLTEN NEBENSÄTZEN.**

Komma • sich treffen • Nebensatz • Konjunktionen

Die ______________[1] *weil*, *da*, *nachdem*, *während*, *sobald*, *wenn*, *damit*, *obwohl*, *dass* verbinden Hauptsätze mit Nebensätzen. Wenn der Satz mit dem ______________[2] startet, dann ______________[3] alle gebeugten Verben vor und nach dem ______________[4].

Beispiel: *Weil Julia nicht aufpasst, stürzt sie auf der Treppe.*

4 **Verbinden Sie die Sätze sinnvoll. Starten Sie mit dem Nebensatz.**

nachdem • weil • da • obwohl

Es regnet.	Sie muss ins Krankenhaus.
Die Treppe ist nass und glatt.	Ahmed und Chantal treffen sich im Park.
Ein Unfall ist passiert.	Ahmet wählt den Notruf.
Chantals Arm ist verletzt und tut weh.	Man sollte vorsichtig und langsam gehen.

11 DEN EIGENEN STANDPUNKT GUT VERTRETEN

GUT ZU WISSEN

Um andere Menschen im Gespräch von der **eigenen Meinung zu überzeugen,** muss man den eigenen Standpunkt gut darstellen und **überzeugend argumentieren.** Dazu baut man ein Argument auf, das man inhaltlich fundiert und sprachlich überzeugend darstellt – man nennt dies **schlüssig argumentieren.**
Als Erstes stellt man die **These** auf; das ist eine das Thema bzw. die Meinung betreffende **Behauptung.** Den nächsten Schritt bilden die **Argumente:** Man begründet seine **Behauptung** und **führt Fakten an.** Anschließend sollte man **Beispiele** nennen, die das Argument unterstützen. Am Ende der Argumentationskette steht die **Schlussfolgerung,** die sich auf die anfängliche **Behauptung** bezieht.
In **guten Argumenten** stecken **Expertenmeinungen** und **nachprüfbare Tatsachen. Schlechte Argumente** bestehen aus **nicht nachprüfbaren Aussagen/Behauptungen, Floskeln** und **falschen Informationen.**

1 **Lesen Sie GUT ZU WISSEN aufmerksam. Erklären Sie mit eigenen Worten, was es heißt, schlüssig zu argumentieren. Arbeiten Sie zu zweit.**

2 **A Vertreten Sie Ihren Standpunkt. Wählen Sie dazu ein Thema.**

„Mitgliedschaft im Fitnessstudio sollte kostenlos sein.“

„Meine Zukunft hängt nicht von Schulnoten ab.“

„Eine Ausbildung im Handwerk lohnt sich.“

B Notieren Sie Stichpunkte für eine schlüssige Argumentation.

Thema/Behauptung: ____________________

Argument 1: ____________________

Argument 2: ____________________

Beispiel 1: ____________________

Beispiel 2: ____________________

Schlussfolgerung: ____________________

____

C Tragen Sie Ihrem Partner / Ihrer Partnerin Ihre Meinung mit Argumenten und Beispielen mündlich vor.

Ich finde, dass ... • Man kann also sagen, dass ... • Ich bin überzeugt, dass ... • So ist beispielsweise ... • Meiner Meinung nach ... • Ich behaupte dies, weil ...

D Wechseln Sie die Rollen und machen Sie Notizen zur Argumentation Ihres Partners.

E Besprechen und bewerten Sie gemeinsam die Ergebnisse beider Vorträge.

3 Schreiben Sie eine schlüssige Argumentation zu Ihrem Thema.

4 Um Argumente erfolgreich vorzubringen, ist es wichtig, sich der Situation angemessen auszudrücken. Verbinden Sie die Aussagen.

Im Klassenzimmer	Im Betrieb
Das kannst du so nicht sagen!	Ihre Darstellung zeigt einige Lücken.
Ich finde es super, dass ... Aber dafür ist es unfair, dass ...	Sie könnten jetzt sicherlich einwenden, dass ...
Meinst du etwa, ich sollte ...?	Das würde ich nicht so sehen!
Was du da sagst, ergibt keinen Sinn!	Ihrem Argument entnehme ich, dass ich ...
Jetzt sagst du bestimmt, dass ...	Ein großer Vorteil ist ... Andererseits ist es auch nicht gerecht, dass ...
Das glaube ich nicht!	Vielen Dank für diesen Hinweis – wir werden entsprechende Maßnahmen ergreifen.
Gut, dass du das sagst – das müssen wir ändern.	Sind Sie wirklich davon überzeugt, dass ...?

DAZ

11 PRÄPOSITIONEN MIT DEM DATIV

1 **Was passt zusammen? Verbinden Sie die Satzteile sinnvoll.**

Seit einer halben Stunde	wagte er es zu kündigen.
Mit dem Mut der Verzweiflung	hatte er die neue Stelle bekommen.
Nach seiner brillanten Rede	hatte er an dem Vortrag gearbeitet.
Von dem gelungenen Vortrag	wartete er schon vor dem Büro.
Seit der letzten Woche	nutzte er eine Präsentationswand.
Zu der Darstellung der Fakten	waren die Kunden begeistert.

2 **Notieren Sie die vollständigen Sätze aus Aufgabe 1. Markieren Sie die Präpositionen.**

3 **Hören Sie sich den Text „Der Motorradführerschein" an.**

4 **A Markieren Sie im Text die Präpositionen und die Wortgruppen, die davon abhängen.**

Der Motorradführerschein 2

Ella ging langsam aus dem Raum. Bei der Diskussion hatte sie all ihre Argumente vorgetragen und sie hatte sich sehr bemüht, die Vorteile mit großer Genauigkeit darzustellen. Nach einigem Überlegen hatte ihr Vater sie gelobt und gesagt, dass sie sich den Kauf eines Motorrads ja offensichtlich genau überlegt hätte. Seit einem Jahr sparte sie jetzt für das Motorrad und legte einen großen Teil von dem Geld, das sie verdiente, beiseite. Wenn nur ihr Bruder nicht immer zu allem lautstark seine Meinung abgeben musste – am Ende verdarb er ihr noch die Chance ...?

B Notieren Sie, in welchem Kasus diese Wortgruppen stehen. ____________________

5 **Ergänzen Sie die Endungen der Wörter, die von den Präpositionen abhängen.**

Zu Ellas groß____[1] Freude war ihr Vater überzeugt von ihr____[2] Plan. Seit ihr____[3] Diskussion hatte er sich nach verschieden____[4] Fahrlehr____[5] erkundigt und mit ander____[6] Väter____[7] gesprochen. Nun fehlte nur noch die Unterschrift bei ein____[8] Fahrschul____[9]!

6 **Ergänzen Sie die REGEL ZU DEN PRÄPOSITIONEN MIT DATIV.**

Dativ • Kasus • *bei* • Präpositionen • *zu*

Präpositionen bestimmen, in welchem ____________[1] die davon abhängigen Wörter stehen.

Nach den ____________[2] *aus*, ____________[3], *mit*, *nach*, *seit*, *von* und ____________[4] steht der ____________[5]. Beispiel: *bei dem Unfall, von dem Essen, zu der Tante*

11 PRÄPOSITIONEN MIT DEM AKKUSATIV

DAZ

1 Verbinden Sie die Satzteile sinnvoll.

- Für eine gerechtere Welt
- Durch ihren unermüdlichen Einsatz
- Ohne die gelungene Präsentation
- Gegen so viele Fakten
- Für eine junge Frau wie sie

- hatte sie den Traumjob bekommen.
- kamen ihre Konkurrenten nicht an.
- lohnt sich jede Anstrengung.
- war das eine große Chance.
- hätte das nicht so gut funktioniert.

2 Notieren Sie die vollständigen Sätze aus Aufgabe 1. Markieren Sie die Präpositionen.

3 Markieren Sie im Text die Präpositionen und die Wortgruppen, die davon abhängen.

Der Motorradführerschein 3

Ella ging langsam nach Hause. Für weitere Diskussionen ohne neue Argumente hatte sie einfach keine Energie mehr. Durch das viele Diskutieren fühlte sie sich jetzt ausgelaugt. Auch ohne die Sticheleien ihres Bruders Mats war es eine Menge Überzeugungsarbeit gewesen. Wenn ihr Vater dennoch gegen diesen Plan war, musste sie weiter Bus fahren. Ella würde sich dann um ein neues Projekt kümmern.

B Notieren Sie, in welchem Kasus diese Wortgruppen stehen. ____________________

4 Ergänzen Sie die Endungen der Wörter, die von den Präpositionen abhängen.

Als Ella zu Hause ankam, sagte ihr Vater: „Gegen d____[1] schlimm____[2] Regen kann ich nichts machen. Aber ohne ein____[3] Schirm wirst du völlig nass. Soll ich dich nachher zu deiner ersten Theorie-Stunde mit dem Auto hinfahren?" Durch dies____[4] nett____[5] Geste verstand Ella, dass ihr Vater hinter ihr____[6] Plan stand. Um ihr____[7] groß____[8] Freude zu zeigen, fiel sie ihm um den Hals. Jetzt war die Welt für Ella in Ordnung – sie würde den Motorradführerschein machen!

5 Ergänzen Sie die REGEL ZU DEN DEN PRÄPOSITIONEN MIT AKKUSATIV.

Akkusativ • Kasus • *um* • Präpositionen • *gegen*

Präpositionen bestimmen, in welchem ____________[1] die davon abhängigen Wörter stehen. Nach den ____________[2] *für*, ____________[3], *durch*, *ohne* und ____________[4] steht der ____________[5].

Beispiel: *durch den Unfall, gegen den Widerspruch, ohne die Tante*

12 SACHLICH DISKUTIEREN

GUT ZU WISSEN

Wenn Menschen verschiedene Meinungen haben, sind **Diskussionen** oft unerlässlich. In einer Diskussion will man die anderen **vom eigenen Standpunkt überzeugen,** aber auch **zu** den **Standpunkten anderer Stellung nehmen.** Damit Diskussionen mit mehreren Personen nicht außer Kontrolle geraten, müssen alle Teilnehmer die **Regeln** einer Diskussion kennen – und diese auch einhalten.
Bei Gesprächen mit vielen Teilnehmern – beispielsweise einer **Podiumsdiskussion** oder einer **Plenumsdiskussion** – gibt es meist einen **Diskussionsleiter** / eine **Diskussionsleiterin.** Diese Person **lenkt den Verlauf,** achtet auf die **Einhaltung der Regeln** und stellt eventuell weiterführende Fragen. Sie schreitet auch beschwichtigend ein, wenn das „Rede-Antwort-Gefecht" zu hitzig wird.
Grundsätzlich sollten sich alle Teilnehmer einer Diskussion **gut vorbereiten** und ihre Standpunkte durch **gute Argumente** und **sprachlich angemessen** darstellen.

1 Welche Regeln sollen bei einer Diskussion auf jeden Fall einhalten werden?

2 Welche Aufgaben hat eine Diskussionsleiterin / ein Diskussionsleiter? Über welche Fähigkeiten sollte sie oder er verfügen? Kreuzen Sie an.

	richtig
Verlauf der Diskussion lenken	
Pfeife rauchen	
Fragen stellen und Teilnehmern das Wort erteilen oder das Wort entziehen	
auf das Einhalten der Regeln achten, wenn nötig beschwichtigen	
gut mit dem Publikum zurechtkommen	
ruhig und freundlich bleiben können	
auch selbst mal einen Beitrag zum Thema leisten können	
sich durchsetzen können und die Zeit einhalten	
laut und deutlich sprechen können	

3 Begründen Sie die Aufgaben der Diskussionsleitung.

Beispiel Eine Diskussionsleiterin lenkt den Verlauf der Diskussion, damit alle beim Thema bleiben.

4 **A Lesen Sie den Text „Die Termindiskussion“.**

Die Termindiskussion

In der Klasse von Herrn Otter wird lautstark diskutiert: Die nächste Deutscharbeit der Klasse soll am ersten Tag nach den Herbstferien geschrieben werden. Das stößt bei einigen Schülern auf Unmut; sie wollen, dass der Termin verschoben wird.

Lara: „Wie soll ich mich denn auf die Deutsch-Klassenarbeit vernünftig vorbereiten, wenn ich über die Ferien mit meiner Familie in Urlaub fahre?“

Lukas: „Ja genau, außerdem sind Ferien schließlich nur dazu da, um sich zu entspannen und endlich Pause von der Schule zu haben.“

Maja: „Ich finde euren Standpunkt zwar gut nachvollziehbar, aber sicherlich habt ihr doch trotz Lernen noch genug freie Zeit in den Ferien für andere Dinge. Ich sehe das eher als Chance, dass man endlich mal genügend Zeit hat, alle Themen gut zu üben, weil man keine Hausaufgaben zu erledigen hat und nichts in anderen Fächern ansteht.“

Lukas: „Ja, das sagst du – aber nicht jeder möchte seine Ferien mit Lernen verbringen, Maja, und eine weitere schlechte Note brauche ich auch nicht.“

Nils: „Ich teile Lukas’ Meinung zwar nicht so ganz, dennoch fände ich eine Verschiebung um eine Woche nach hinten oder auch noch vor die Ferien echt hilfreich, um wirklich im Thema zu sein und die Inhalte nicht zu vergessen.“

Johanna: „Vor den Ferien?! Du spinnst doch! Das ist viel zu wenig Zeit, dann müssten wir ja schon nächste Woche schreiben.“

Nils: „Seht das doch positiv, dann haben wir das hinter uns, und alle können in den Ferien die Füße hochlegen.“

B Welche Argumente werden genannt? Notieren Sie Stichworte.

Argumente für den Termin unmittelbar nach den Ferien	Argumente gegen den Termin nach den Ferien

C Wie gehen die Schüler sprachlich auf die Argumente der Mitschüler ein? Unterstreichen Sie wichtige Satzteile im Text oben.

D Sammeln Sie weitere Sätze der Zustimmung und Ausdrücke des Widerspruchs und notieren Sie diese.

DAZ

12 SÄTZE MIT *DENN* ODER *WEIL*

1 Analysieren Sie die Positionen der Verben im denn-Satz und im weil-Satz.

1 Die Klasse diskutiert, denn sie planen den jährlichen Ausflug.

2 Die Klasse diskutiert, weil sie den jährlichen Ausflug planen.

Im denn-Satz ______________________________

Im weil-Satz ______________________________

2 Schreiben Sie die Sätze fertig.

1 Der Klassenausflug muss ausfallen, weil ______________________________
(ist / das / zu / schlecht / viel / Wetter)

2 Das Meer erscheint dunkel, weil ______________________________
(wird / Sonne / der / angestrahlt / von / es / nicht)

3 Formulieren Sie die Sätze aus Aufgabe 2 mit *denn* um.

1 Der Klassenausflug muss ausfallen, denn ______________________________

2 Das Meer erscheint dunkel, denn ______________________________

4 Verbinden Sie die Sätze mit *denn*.

1 Der Ausflug findet heute statt. Das Wetter ist gut.
2 Chris kommt nicht mit. Er ist krank.
3 Jan-Peter hat eine Regenjacke dabei. Er traut der Vorhersage nicht.
4 Katharina freut sich. Sie ist gerne am Meer.

5 Verbinden Sie die Sätze aus Aufgabe 4 mit *weil*.

6 Ergänzen Sie die REGEL ZU *DENN* UND *WEIL*.

Komma • *weil* • am Ende • Hauptsatz • warum

Satzteile mit *denn* oder ______________ [1] geben einen Grund an. Sie sagen, aus welchem Grund (______________ [2]) etwas passiert. *Denn*-Sätze und *weil*-Sätze brauchen einen zusätzlichen ______________ [3], denn sie stehen nie alleine. Vor *denn* und auch vor *weil* steht immer ein ______________ [4], das die Satzteile abgrenzt. Im Nebensatz mit *weil* steht das konjugierte Verb ______________ [5]. Trennbare Verben stehen im Nebensatz mit *weil* zusammen am Ende.

Beispiel: *Die Klasse diskutiert, weil sie den Ausflug vorbereiten.*
Die Klasse diskutiert, denn sie bereiten den Ausflug vor.

13 KONFLIKTE VERMEIDEN

GUT ZU WISSEN

Ärger mit Freunden oder sogar mit der Vorgesetzten oder dem Chef? Macht nichts, denn auch ein **Streit** gehört zum Leben! Es ist jedoch wichtig, darauf zu achten, wie man sich in einer solchen **Konfliktsituation** ausdrückt. Denn es macht einen Unterschied, ob man von sich selbst spricht oder eine andere Person beschuldigt. Ob man im eigenen Satz „ich" oder „du" verwendet, ist von großer Bedeutung. **Mit einer Ich-Botschaft offenbart man die eigenen Gefühle.** Mit einer **Du-Botschaft** urteilt man über das Verhalten des Gesprächspartners. Im Streitgespräch sollte man immer Ich-Botschaften einsetzen, um **die persönliche Ansicht deutlich zu machen** und den **Gesprächspartner nicht zu verletzen.**

1 **Entscheiden Sie, ob es sich bei den folgenden Aussagen um Ich-Botschaften oder Du-Botschaften handelt. Kreuzen Sie an.**

Aussagen	Ich-Botschaft	Du-Botschaft	Bild A/B
„Deine Unordnung nervt mich gewaltig!"			
„Zieh endlich deine Arbeitskleidung an. Das habe ich dir schon hundert Mal gesagt!"			
„Ich habe Angst alleine, darum will ich nicht, dass du gehst."			
„Nie bist du da, wenn ich dich brauche."			
„Die Werkzeuge auf dem Boden stören mich, weil ich keinen Platz habe."			
„Du lässt immer die Werkzeuge rumliegen."			
„Ich kann es nicht leiden, wenn du so schief pfeifst!"			

2 **Wer könnte was sagen? Ordnen Sie die Bilder den Aussagen in der Tabelle oben zu. Notieren Sie entweder A oder B in der rechten Spalte.**

Bild A

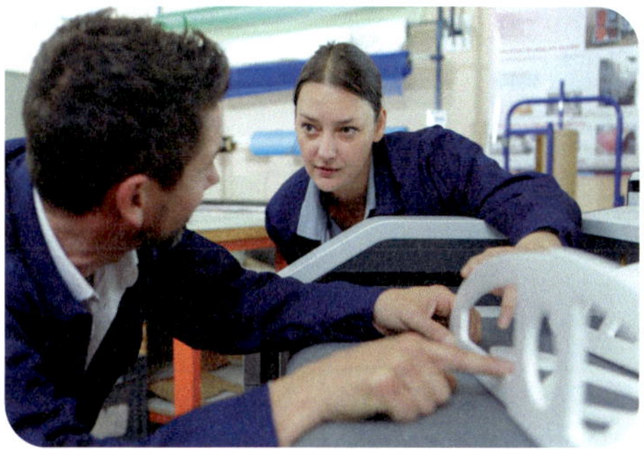

Bild B

3 Wandeln Sie die Du-Botschaften in Ich-Botschaften um.

Ich bin traurig, weil ... • Ich würde mir wünschen, dass ... • Ich fühle mich nicht gut, weil ... • Ich wünschte, du ... • Meine Sorge ist, dass ...

	Du-Botschaft	Ich-Botschaft
1	Du siehst meine Arbeit nie.	*Ich bin traurig, weil meine Arbeit nicht gesehen wird.*
2	Du begrüßt mich immer unfreundlich.	
3	Immer stellst du mich vor anderen bloß.	
4	Du bist immer so aggressiv.	
5	Nie hörst du zu.	
6	Du bist zu langsam.	

4 In welchen Zusammenhängen könnten die Aussagen aus Aufgabe 3 gemacht worden sein? Diskutieren Sie.

im Büro • in der Schule • in der Familie • beim Sport • unter Geschwistern • unter Freunden • unter Kollegen • zu den Eltern

5 Was passt zusammen? Es gibt mehrere Möglichkeiten.

provozieren • haben • klären • ansprechen • bleiben • lösen • vermeiden • finden

ein Problem		die Ursachen	
eine Auseinandersetzung		einen Streit	
eine Diskussion		eine Lösung	
einen Konflikt		im Gespräch	

6 Schreiben Sie ganze Sätze mit den Ausdrücken aus Aufgabe 5.

DAZ

1 **A Markieren Sie die Negationen und die dazugehörigen Verben oder Nomen.**

Kann man Streit vermeiden?

Es kommt ganz darauf an, ob man es will – manchmal lässt sich Streit eben nicht vermeiden. Ganz wichtig ist es jedoch, darauf zu achten, dass man sich auch im Streit nicht unfair verhält und dass man den anderen nicht mit Worten beleidigt. Dabei macht es keinen Unterschied, ob man den anderen gut kennt oder nicht gut kennt. Wichtig ist es, nicht immer nur „du, du, du“ oder „Sie, Sie, Sie“ zu verwenden, sondern auch „ich“. Man muss mit einer solchen „Ich-Botschaft“ ja nicht gleich alle eigenen Gefühle aussprechen. Auch soll man dem anderen keine Vorwürfe machen. Es gibt keine richtige Meinung, nur unterschiedliche Perspektiven. Merke: Kein Streit sollte ungelöst bleiben!

B Ordnen Sie die Aussagen aus dem Text der jeweiligen Negation zu.

Negation mit *kein*
____
____
____
____

Negation mit *nicht*
(es) lässt sich nicht vermeiden
____
____
____

2 **Ergänzen Sie die REGEL ZU DEN NEGATIONEN.**

kein • Negationen • *Kein* • Artikel • *nicht* • verneinen • *Nicht*

Im Deutschen kann man __________ [1], das heißt Verneinungen, mit __________ [2] oder mit __________ [3] bilden. __________ [4] verwendet man, um ganze Sätze zu __________ [5]. Beispiel: *ich kann nicht hören; Streiten ist nicht gut.*

__________ [6] steht nur vor einem Nomen. Es ist ein Artikelwort und hat die gleichen Endungen wie der unbestimmte __________ [7]. Beispiel: *Ein Streit – kein Streit; ein schlimmer Streit – kein schlimmer Streit.*

3 **Antworten Sie mit *Nein, ich habe kein-*.**

Haben Sie Zeit? Essen Sie Fleisch? Haben Sie Hunger? Wollen Sie einen Tee? Haben Sie Hobbys? Besitzen Sie einen Laptop? Haben Sie sonst noch Fragen?

KOMMUNIKATION: ALLES KLAR?

1 **Finden Sie die Lösung. Die Buchstaben in den blauen Zahlfeldern ergeben das Lösungswort.**

Lösung: ___ ___ ___ ___ ___ ___ ___ ___ ___ ___ ___ ___ ___

1 Sich mit den Händen ausdrücken
2 Etwas Neues, das man erfährt oder weitergibt
3 Höfliche Anrede (Verb)
4 Die eigene Meinung = der eigene ...
5 Das Gesicht „verziehen“, um etwas auszudrücken
6 Anrede, wenn man jemanden gut kennt (Verb)
7 Eine runde Grafik = ein besonderer Kuchen
8 Die eigene Überzeugung zu einem Thema
9 Eine Auseinandersetzung, Unstimmigkeit
10 Etwas präsentieren

1▸						1					
2▸										2	
3▸		9				6					
4▸				13			5				
5▸			3								
6▸			8								
7▸					10						
8▸	4										
9▸						7					
10▸			11						12		

Schätzen Sie sich ein, wenn Sie die Seiten bearbeitet haben.			**Das kann ich gut**	**Das kann ich**	**Das kann ich teil-weise**	**Das trainiere ich noch einmal**
Miteinander sprechen	**7**	Miteinander kommunizieren				
	8	Sich selbst vorstellen				
	9	Situationsgerecht kommunizieren				
	10	Informationen weitergeben				
Die eigene Meinung äußern	**11**	Den eigenen Standpunkt gut vertreten				
	12	Sachlich diskutieren				
	13	Konflikte vermeiden				

MIT TEXTEN UMGEHEN: LOS!

„Es ist ein großer Unterschied, ob ich lese zum Genuss und Belebung oder zur Erkenntnis und Belehrung.“
(Johann Wolfgang von Goethe)

Dieses bekannte Zitat stammt vom berühmten deutschen Dichter und Naturforscher Johann Wolfgang von Goethe. Es macht deutlich, dass Texte unterhalten oder informieren wollen.

1 **Führen Sie eine Umfrage in Ihrer Klasse durch.**

Was lesen Sie in Ihrem Alltag am häufigsten?

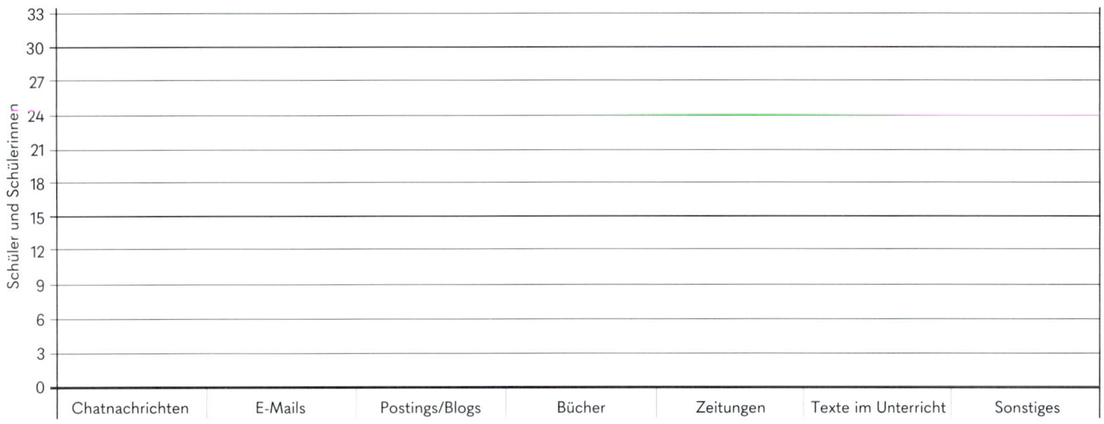

Stellen Sie das Ergebnis oben grafisch als Säulendiagramm dar.
Benennen Sie auch Ort, Datum, Anzahl und Alter der Befragten.

2 **Tauschen Sie sich aus: Wie gehen Sie mit schwierigen Texten um?**

Mit diesen Inhalten beschäftigen Sie sich auf den folgenden Seiten.

Tragen Sie das Datum ein, wenn Sie die Seiten bearbeitet haben.

			○	●
Texte verstehen	**14**	Zwischenüberschriften finden		
	15	Schlüsselbegriffe ermitteln		
	16	Fragen zu einem Text beantworten		
	17	Einen Text erschließen		
	18	Einen Text zusammenfassen		
Besondere Texte verstehen	**19**	Ein Diagramm auswerten		
	20	Eine Tabelle auswerten		
	21	Einen argumentierenden Text verstehen		
	22	Einen Gesetzestext verstehen		

Schätzen Sie Ihre Kompetenzen auf Seite 82 ein.

14 ZWISCHENÜBERSCHRIFTEN FINDEN

GUT ZU WISSEN

Lesen und Verstehen von Texten gehören zu den Fertigkeiten, die Sie in Ihrem Leben unbedingt beherrschen sollten. Um **Inhalte** einzelner Texte besser verstehen zu können, ist es hilfreich, Texte in **Abschnitte** einzuteilen und **Zwischenüberschriften** zu formulieren. Zwischenüberschriften sind kurz und enthalten die **Schlüsselwörter**, also die wichtigsten Begriffe, **des jeweiligen Absatzes.** Diese geben eine **gute Orientierung** über den Inhalt des Textes insgesamt, können die Textwiedergabe erleichtern und helfen, einzelne Textstellen wiederzufinden.

1 Tauschen Sie sich darüber aus, welche Erfahrung Sie mit Zecken gemacht haben und was Sie bereits über diese Tiere wissen.

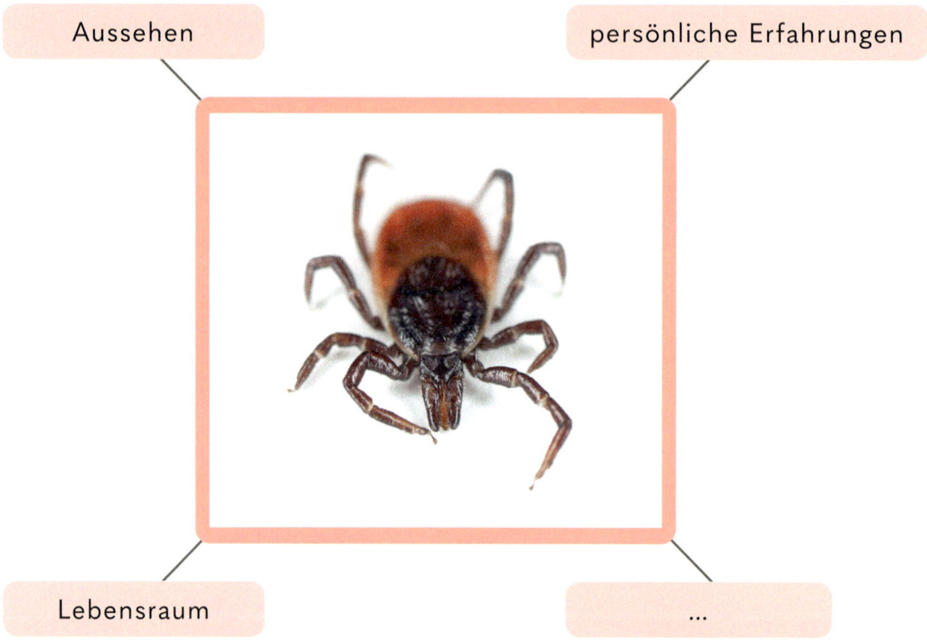

2 A Lesen Sie den Text aufmerksam durch und klären Sie unbekannte Wörter.

Zecken krabbeln nach oben

Sie sind meist winzig klein, haben acht Beine und saugen Blut: Zecken. Das klingt nicht nur fies. Blöd ist auch, dass die Tierchen mit ihrem Stich Krankheiten übertragen können. Eine davon ist FSME. Diese kann zu Fieber oder auch zu einer Gehirnentzündung führen.

Vor allem im Süden Deutschlands ist es möglich, dass Zecken das FSME-Virus haben. Expertinnen und Experten erklären regelmäßig, in welchen Gegenden die Gefahr dafür besteht. Am Dienstag sagten Forschende: Sie finden immer mehr FSME in Mittelgebirgen. In tieferen Gegenden werde es wohl zu warm für Zecken.

Zecken leben unter anderem in Wäldern und auf Flächen mit hohem Gras und Büschen. Wer aufpasst, kann ihrem Stich entgehen. Feste Schuhe, lange Hosen und lange Ärmel helfen dabei. Auch gibt es Zeckensprays. Menschen, die in FSME-Gebieten wohnen und häufig draußen sind, können sich auch impfen lassen.

B Welche Funktion hat der Text? Kreuzen Sie die richtige Antwort an.

Der Text möchte
- ☐ auf eine bedrohte Zeckenart aufmerksam machen.
- ☐ über die Möglichkeit der FSME-Impfung informieren.
- ☐ über Zecken und die mögliche Übertragung des FSME-Virus aufklären.

C Markieren Sie die Inhalte, über die der Text informiert.

Verschiedene Zeckenarten	Zecken übertragen FSME-Virus	Lebensraum von Zecken
Schutz gegen Zecken	Gegenden in Deutschland mit FSME-Gefahr	Aussehen von Zecken

D Notieren Sie, in welchem Textabschnitt und in welcher Zeile die folgenden Textaussagen stehen.

Aussagen	Textabschnitt und Zeile
Feste Schuhe, lange Hosen und lange Ärmel helfen gegen Zecken.	______
FSME kann zu Fieber oder auch zu einer Gehirnentzündung führen.	______
Zecken leben unter anderem in Wäldern und auf Flächen mit hohem Gras und Büschen.	______
Im Süden Deutschlands ist es möglich, dass Zecken das FSME-Virus haben.	______

E Unterstreichen Sie in jedem Abschnitt die Schlüsselbegriffe.

F Formulieren Sie eine passende Überschrift für jeden Textabschnitt.

Abschnitt	Überschrift
1 Zeile 1–3	______ ______
2 Zeile 4–7	______ ______
3 Zeile 8–11	______ ______

DAZ

14 ADJEKTIV-DEKLINATION

1 **A Lesen Sie den folgenden Text. Markieren Sie alle Adjektive.**

Ein schrecklicher Typ

Nicht nur die kleine Zecke ernährt sich von menschlichem Blut. Ein berühmter Blutsauger ist auch der geheimnisvolle Graf Dracula. Während die Zecke aber ein echtes Tier ist, ist Dracula eine böse Fantasiefigur. Viele kennen ihn aus Filmen als einen durstigen Vampir, der in einer dunklen Burg lebt und das helle Licht fürchtet. Anders als bei der Zecke helfen gegen ihn aber weder feste Schuhe noch lange Hosen. Es heißt, mit Knoblauch und mit religiösen Kreuzen könne man ihn fernhalten.

B Tragen Sie die markierten Adjektive zusammen mit ihrem Artikel, wenn es einen gibt, sowie dem Nomen in die Tabelle ein.

	maskulin (männlich)	**feminin (weiblich)**	**neutral (sächlich)**
bestimmter Artikel: der/die/das		die kleine Zecke	
unbestimmter Artikel: ein/eine/ein			
kein Artikel = Nullartikel			

C Unterstreichen Sie die Endungen der Adjektive.

1 Vergleichen Sie die Adjektivendungen in den unterschiedlichen Geschlechtern (Genera).

2 Markieren Sie in der Tabelle die Ausdrücke im Plural.

3 Vergleichen Sie Ihr Ergebnis mit der Übersicht der Adjektivendungen auf Seite 177.

2 **Ergänzen Sie die REGEL ZUR ENDUNG VON ADJEKTIVEN.**

Art • Geschlecht • Fall • Anzahl • passt • Endung

Die ______________ [1] von Adjektiven ändert sich im Deutsch oft. Sie ______________ [2] sich dem ______________ [3] des Substantivs an. Zusätzlich ist die Adjektivendung abhängig von der ______________ [4] des Artikels, dem ______________ [5] (Kasus) und der ______________ [6] (Numerus).

3 Ergänzen Sie in der Tabelle die richtigen Adjektivendungen.

	maskulin (männlich)	feminin (weiblich)	neutral (sächlich)
Nominativ, Frage: wer oder was?	der klein___ Vampir ein klein___ Vampir mein klein___ Vampir	die klein___ Zecke eine klein___ Zecke meine klein___ Zecke	das klein___ Schloss ein klein___ Schloss mein klein___ Schloss
Dativ, Frage: wem oder wo?	dem klein___ Vampir einem klein___ Vampir meinem klein___ Vampir	der klein___ Zecke einer klein___ Zecke meiner klein___ Zecke	dem klein___ Schloss einem klein___ Schloss meinem klein___ Schloss

4 Kreuzen Sie den korrekten Satz an.

Achtung, Fehler!

1 ☐ Eine Spinne kann sehr giftig sein. ☐ Eine Spinne kann sehr giftige sein.

2 ☐ Das Schloss gehört einen bissigem Vampir. ☐ Das Schloss gehört einem bissigen Vampir.

3 ☐ Lange Hosen schützen vor giftigen Zecken. ☐ Langen Hosen schützen vor giftige Zecken.

4 ☐ Ich habe einen schmerzhaften Wespenstich. ☐ Ich habe einen schmerzhafte Wespenstich.

5 ☐ Das Risiko eines kleines Stiches ist hoch. ☐ Das Risiko eines kleinen Stiches ist hoch.

5 Ergänzen Sie im Text die Adjektivendungen.

Gefährliches Australien

Außer den Zecken gibt es in Europa kaum gefährlich___ [1], klein___ [2] Tiere. Ganz anders ist es im fern___ [3] Australien. Dort leben sehr giftig___ [4] Schlangen sowie Spinnen und Skorpione. Viele dieser tödlich___ [5] Tiere finden sich nicht nur in tief___ [6] Wildnis, sondern auch in den menschlich___ [7] Siedlungen. So kommt es immer wieder zu einem tragisch___ [8] Unglück, aber viele Betroffene können dank schnell___ [9] Hilfe gerettet werden. Allerdings ist auch so mancher schön___ [10] Strand gefährlich. Denn vor Australiens beliebt___ [11] Küste gibt es auch zahlreich___ [12] Wassertiere mit stark___ [13] Gift.

15 SCHLÜSSELBEGRIFFE ERMITTELN

GUT ZU WISSEN

Oftmals lässt sich der Inhalt eines Textes anhand einzelner Begriffe entschlüsseln. Die sogenannten **Schlüsselbegriffe** oder **Signalwörter** machen schnell klar, worum es in dem Text geht und wie sich dieser einordnen lässt. Manchmal können Schlüsselbegriffe auch mehrfach vorkommen. Schlüsselbegriffe geben **Antworten auf die W-Fragen:** wer, was, wann, wo, wie.

1 **Notieren Sie drei Adjektive, die Ihnen zu diesem Bild einfallen.**

2 **A Lesen Sie den Text aufmerksam durch.**

Das Holi-Fest in Indien

In Indien wird jährlich ein buntes Fest gefeiert, das Holi-Fest. Der Termin des Festes liegt im Frühling und es steht für den Neustart der Natur. Die Ankunft des Frühlings wird von den Indern gefeiert, weil sie glauben, dass das Gute gegenüber dem Bösen gewonnen hat. Die Wurzeln dieses Glaubens liegen im Hinduismus. Der Hinduismus ist nach dem Christentum und dem Islam die drittgrößte Religionsgemeinschaft der Erde. Am weitesten ist der Hinduismus in Asien verbreitet.

Der Tag des Holi-Festes ist vor allem bunt. Begleitet von Musik ziehen die Menschen durch die Straßen und feiern. Man bewirft sich gegenseitig mit Wasser und bunten Farbbeuteln. Am Ende des Tages sind alle bunt und niemand ist mehr vom anderen zu unterscheiden. Auch lassen sich keine Unterschiede mehr zwischen Arm und Reich erkennen. Die Hautfarbe und Herkunft spielen ebenfalls keine Rolle mehr. Letztlich feiern alle Menschen gemeinsam in einem bunten Farbenmeer.

In vielen europäischen Ländern findet das indische Holi-Fest seine Nachahmer. Auch auf deutschen Musikfestivals lässt man sich vom Holi-Fest inspirieren. Viele Besucher werfen mit Trockenfarben um sich, sodass schließlich alle Teilnehmer bunt sind. Ein großer Spaß, der von langer Dauer sein kann: Wenn man sich zuvor nicht gut mit Öl eingerieben hat, lässt sich die Farbe später nur sehr schlecht entfernen.

B Kreuzen Sie die richtige Bedeutung des Holi-Festes an.

Das Holi-Fest
- ☐ wird gefeiert, weil die Farbe auf der Haut heilende Wirkung hat.
- ☐ soll daran erinnern, dass das Gute über das Böse siegt.
- ☐ ist ein aus dem Christentum übernommener Brauch.

C Ergänzen Sie das passende W-Fragewort und beantworten Sie die Frage mithilfe des Textes.

Wo • Welcher • Wann • Wer • Wie • Was

W-Fragewort	Frage	Antwort
___________	findet das Farbenfest jährlich statt?	___________
___________	feiert das Holi-Fest?	___________
___________	bezeichnet man das Farbenfest?	___________
___________	wird das Farbenfest gefeiert?	___________
___________	Religionsgemeinschaft gehören die Feiernden an?	___________
___________	nehmen die Besucher mit auf die Straßen?	

D Füllen Sie die Lücken mit den Schlüsselbegriffen (Antworten aus Aufgabe C).

In ____________________ [1] wird jährlich das ____________________ [2] gefeiert.

Es ist ein Fest, das zum ____________________ [3] stattfindet. Der Brauch des Festes geht auf

die Religion des ____________________ [4] zurück. Menschen treffen sich

mit ____________________ [5] auf der Straße und verwandeln alles in ein buntes Farbenmeer.

3 Formulieren Sie mit den folgenden Schlüsselbegriffen je einen vollständigen Satz.

Hinduismus	___________
Holi-Fest	___________
Farbbeutel	___________

DAZ

15 ADJEKTIV-STEIGERUNG

1 *Klein, kleiner, am kleinsten*: **Bilden Sie im Kopf die Steigerungsformen.**

lustig • teuer • schön • gut • gerne • schnell • nah • gesund • selten • hoch • streng • viel • laut

2 Regelmäßig oder unregelmäßig?

1 Unterstreichen Sie in Aufgabe 1 regelmäßig gesteigerte Wörter grün und unregelmäßig gesteigerte Wörter rot.

2 Ergänzen Sie die Wörter mit unregelmäßigen Steigerungsformen in der Tabelle.

Beispiel	Grundform	Komparativ	Superlativ
regelmäßig	klein	kleiner	am kleinsten
unregelmäßig	groß	größer	am größten
	______	______	______
	______	______	______
	______	______	______
	______	______	______
	______	______	______
	______	______	______

3 Setzen Sie die richtigen Formen ein (+ Komparativ, ++ Superlativ).

1 Der „Tag der Toten“ ist in Mexiko für die (++ viel) ______ Menschen mehr als nur ein Tag, an dem man der (++ nah) ______ Verwandten gedenkt.

2 Er ist eines der (++ hoch) ______ Feste, das von (+ alt) ______ und (+ jung) ______ Menschen gefeiert wird.

3 Statt zu trauern, freut man sich (+ lieb) ______ über die Zeit, die man gemeinsam hatte.

4 Deshalb bereitet man sich (+ gut) ______ darauf vor als auf andere Feste.

5 Viele geben sich die (++ groß) ______ Mühe, sich elegant zu kleiden.

6 Man kauft (+ teuer) ______ als normalerweise ein und kocht (+ gut) ______ Essen.

7 Und wenn alle fröhlich feiern, dann ist die Nacht (+ kurz) ______ als normal.

GUT ZU WISSEN

Um Fragen zu einem Text beantworten zu können, müssen Sie die entsprechenden **Informationen heraussuchen.** Einfacher ist es, einen Text zu verstehen, wenn Sie Ihr **eigenes Wissen** zum Thema **nutzen.** Im ersten Schritt ist es ratsam, den Text als Ganzes wahrzunehmen. Betrachten Sie die zugehörigen **Abbildungen,** stellen Sie fest, welche **Abschnitte** es gibt, und stellen Sie **Vermutungen** an, worum es inhaltlich gehen könnte. Danach sollten Sie den Text aufmerksam **lesen.** Meist ist es hilfreich, den Text mehrfach zu lesen. Klären Sie **unbekannte Wörter** und markieren Sie **Schlüsselbegriffe,** die für die gesuchte Information wichtig sind. Weisen Sie den einzelnen Fragen **verschiedene Farben** zu und nutzen Sie diese zur Markierung der Antworten im Text. **Notieren** Sie anschließend die **Antworten.**

1 **Die schematische Darstellung zeigt eine Sonnenfinsternis. Überlegen Sie, welche drei Himmelskörper daran beteiligt sind, und beschriften Sie sie.**

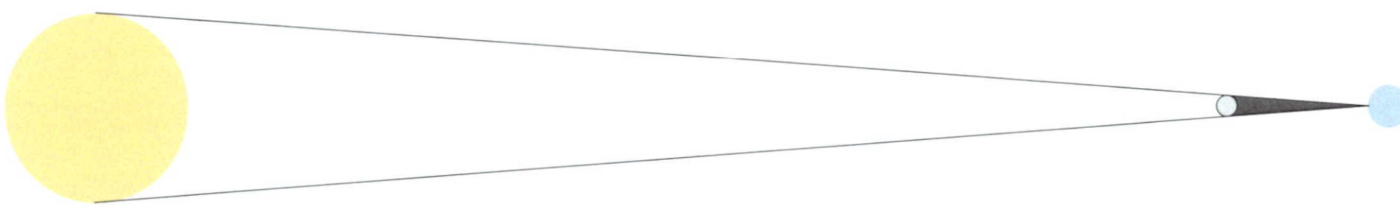

2 **A Lesen Sie den Text aufmerksam durch und klären Sie unbekannte Wörter.**

Ringförmige Sonnenfinsternis

[...] Eine Sonnenfinsternis ist im Grunde ein kosmisches Schattenspiel. Die Hauptrollen spielen Sonne und Mond – wir auf der Erde sind die Zuschauerinnen und Zuschauer. Doch was können wir da eigentlich beobachten?

Der Mond schiebt sich von der Erde aus gesehen vor die Sonne. Je nachdem, wie viel von der Sonne verdeckt wird, sehen wir eine totale, eine ringförmige oder eben partielle Sonnenfinsternis. Wenn der Mond unsere Sonne ganz verdeckt, kann es sogar richtig dunkel werden. Dann wird es mitten am Tag kalt und etwa Vögel denken gar, es ist schon Schlafenszeit. Das ist [...] erst wieder im September 2081.

[...] Dass der Mond die Sonne überdecken kann, liegt an der riesigen Entfernung der Sonne. Unser kleiner Erdtrabant, wie der Mond als unser Begleiter auch genannt wird, ist uns hingegen vergleichsweise nah. Deswegen erscheint er uns auch entsprechend groß, wenn wir zum Himmel blicken. Dass der nahe Mond genau die richtige Größe hat, um die ferne Sonnenscheibe auch mal ganz zu verdecken, ist reiner Zufall. Allerdings müssen sie genau in einer Linie stehen. [...]

Ganz wichtig ist, dass ihr eine spezielle Sonnenfinsternisbrille tragt, wenn ihr das Schattenspiel betrachten möchtet. Diese filtert die gefährlichen Anteile des Sonnenlichts und ist gar nicht teuer – dafür aber umso wertvoller, um eure Augen zu schützen. Eine normale Sonnenbrille oder anderes Selbstgebasteltes reicht auf keinen Fall aus. Lasst außerdem lieber die Finger von Ferngläsern und ähnlichen Apparaten. Im schlimmsten Fall könnt ihr sogar erblinden. [...]

Dass eine Sonnenfinsternis in Deutschland vorkommt, ist sehr selten. [...] Auf die nächste totale Sonnenfinsternis in Deutschland müssen wir nämlich wie erwähnt noch 60 Jahre warten – dann werdet ihr älter sein als eure Eltern heute. Aber dann wird es auch hierzulande für mehrere Minuten richtig finster.

B Ordnen Sie dem jeweiligen Textabschnitt die passende W-Frage zu.

Wann gibt es die nächste Sonnenfinsternis in Deutschland?

Warum kann der Mond die Sonne überdecken?

Welcher Schutz ist beim Betrachten der Sonnenfinsternis nötig?

Was passiert bei einer Sonnenfinsternis?

Abschnitt	W-Fragen
1 Zeile 1–8	
2 Zeile 9–13	
3 Zeile 14–18	
4 Zeile 19–22	

C Beantworten Sie die W-Fragen mithilfe des Textes.

D Im Text werden drei Arten von Sonnenfinsternissen beschrieben. Ordnen Sie richtig zu und verbinden Sie.

Partielle Sonnenfinsternis	Der Durchmesser der Sonne übertrifft den des Mondes, sodass der äußere Rand der Sonne bei einer Finsternis sichtbar bleibt.
Ringförmige Sonnenfinsternis	Der Durchmesser des Mondes ist scheinbar größer als der der Sonne, sodass der Mond die Sonne vollständig verdeckt.
Totale Sonnenfinsternis	Die Sonne wird nur teilweise verdeckt und verfinstert sich nur zum Teil.

16 *ALS* ODER *WIE*

DAZ

1 Wie wird hier verglichen? Verbinden Sie jeden Satz mit den passenden Kästchen.

1 Die Sonne leuchtet heller als der Mond.
2 Auf dem Mars ist weniger Wasser als auf der Erde.
3 Der Mars ist genauso lebensfeindlich wie der Merkur.
4 Die Venus so groß wie die Erde.

als • Komparativ • wie • Grundform des Adjektivs • so • als • Komparativ • wie • so

2 Setzen Sie das passende Vergleichswort ein: *als* oder *wie*.

Naturschauspiel Sonnenfinsternis

Wenn der Mond sich vor die Sonne schiebt, wird es am Tage genauso dunkel ______[1] in der Nacht und die Temperatur ist kälter ______[2] sonst am Tag. Aber solch eine totale Sonnenfinsternis ist viel seltener ______[3] eine ringförmige. Bei dieser sieht man noch den äußeren Rand der Sonne. Aber Vorsicht, in die verdunkelte Sonne zu schauen, ist so gefährlich ______[4] in die ganz helle Sonne. Man sollte dazu keine normale Sonnenbrille verwenden, denn diese schützt nicht so gut ______[5] eine Spezialbrille.

3 Ergänzen Sie die REGEL ZU *ALS* ODER *WIE*.

braucht • vergleicht • Grundform • Vergleichswort

Wenn man Dinge miteinander ______________[1], braucht man Formulierungen wie *(genau)so … wie* und *anders als*. Beim Vergleich mit *als* benötigt man für das ______________[2] den Komparativ des Adjektivs. Beim Vergleich mit *wie* ______________[3] man die ______________[4] des Adjektivs.

Beispiel: *Ich bin größer als du.* (Komparativ *+ als); Er ist so groß wie sie. (so +* Grundform *+ wie)*

4 Formulieren Sie Vergleichssätze mit *als* oder *wie* („+“ mit Komparativ, „=“ mit Grundform).

1 die Sonne – leuchten – viel – (+) stark – jede elektrische Lampe
2 die UV-A-Strahlen der Sonne – sein – (+) gefährlich für die Haut – UV-B-Strahlen
3 man – können – mit Sonnenschutzcreme – (+) lang – in der Sonne bleiben – ohne Schutz
4 Menschen mit dunkler Haut – bekommen – nicht so (=) schnell – Sonnenbrand – Menschen mit heller Haut

17 EINEN TEXT ERSCHLIESSEN

GUT ZU WISSEN

Einen Internetbeitrag oder einen Zeitungsartikel zu einem bestimmten Thema zu lesen, ist nur sinnvoll, wenn man als Leserin oder Leser dazu in der Lage ist, sich den Text zu **erschließen.** Dies bedeutet, das persönliche **Weltwissen** zu erweitern, in der Lage zu sein, den Inhalt in eigenen Worten wiederzugeben, und auf Nachfrage die richtige Antwort zu haben. Das gelingt, wenn man einen Text **thematisch, strukturell** und **inhaltlich** versteht. Dafür braucht es passende Arbeitstechniken. Dazu gehören das Klären **unbekannter Wörter,** das Bilden von **Zwischenüberschriften** nach Abschnitten, das Herausfiltern von **Schlüsselbegriffen** sowie ein sinnvolles **Markieren** von Inhalten, um **Fragen** zum Text gezielt beantworten zu können.

1 **Richtig oder falsch? Testen Sie Ihr Wissen beim Alpaka-Quiz und kreuzen Sie an.**

	richtig	falsch
Alpakas leben auch in Deutschland.		
Alpakawolle ist nicht besonders wertvoll.		
Alpakas gehören zur Familie der Kamele.		

2 **A Lesen Sie den Text aufmerksam und klären Sie unbekannte Wörter.**

Das Alpaka

[...] Das Alpaka [...] gehört zur Familie der Kamele (Camelidae) und zur Ordnung der Paarhufer. Besonders bekannt sind die Tiere für ihre warme und sehr weiche Alpakawolle, die neben Seide und Kaschmir zu den kostbarsten Geweben der Welt zählt [...].

Alpakas haben lange schmale Beine und einen langen dünnen Hals. Wie alle Neuweltkamele in Südamerika besitzen auch sie keinen Höcker. Ein ausgewachsenes Alpaka kann zwischen 80 und 100 Zentimeter hoch (Rückenhöhe) werden und bringt zwischen 65 und 75 Kilogramm, Hengste sogar bis zu 80 Kilogramm auf die Waage. Damit sind die Tiere wesentlich kleiner und leichter als Lamas. [...]

Alpakas leben überwiegend in Südamerika, vorrangig in den Regionen der Anden. Die Tiere sind perfekt an das Klima in den kalten Höhenlagen angepasst. [...]

Das Alpaka ernährt sich hauptsächlich von frischem Gras und im Winter auch von Heu.

Obwohl man meinen sollte, dass die Tiere keine Flüssigkeit zu vergeuden hätten, kann es dennoch vorkommen, dass Alpakas buchstäblich vor Zorn spucken. [...]

Ein Alpaka spuckt außerdem, wenn es sich bedroht fühlt oder wenn die Rangordnung geklärt werden muss. [...]

Nicht nur in Südamerika, sondern auch in Deutschland lassen sich Alpakas halten. [...]

Die Tiere kommen mit dem Klima so gut zurecht, dass es sogar einige Alpaka-Zuchten in Deutschland gibt. Da Alpakas sehr gesellige Tiere sind und gern in Herden leben, sollten sie niemals allein gehalten werden. [...]

B **Markieren Sie wie gewohnt die Schlüsselbegriffe im Text und vergleichen Sie Ihre Ergebnisse im Anschluss mit Ihrer Partnerin oder Ihrem Partner.**

C **Lösen Sie das Kreuzworträtsel mithilfe des Textes.**

Die gesuchten Wörter stehen waagerecht hinter den Ziffernkästchen. Umlaute werden mit zwei Buchstaben geschrieben. Bei richtiger Lösung steht das Lösungswort senkrecht in den markierten Kästchen.

Die [1] ist sehr kostbar.
Der [2] der Alpakas ist überwiegend in Südamerika.
Ein Alpaka [3], wenn es sich bedroht fühlt.
Das Futter von Alpakas ist frisches [4] oder Heu.
Wie alle Neuweltkamele besitzen Alpakas keine [5].
Die Tiere können mittlerweile auch gut in [6] leben.

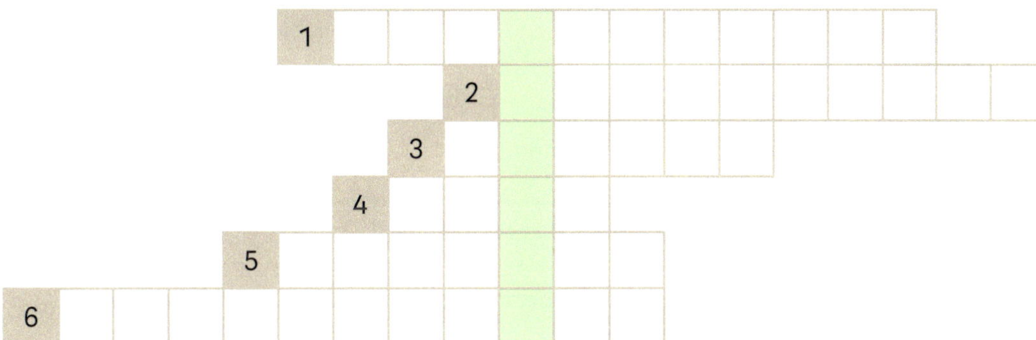

D **Kreuzen Sie an, ob die Aussagen richtig oder falsch sind.**

Aussage	richtig	falsch
Alpakas gehören wie die Kamele zur Ordnung der Paarhufer.		
Alpakas leben meist in Südafrika, vorrangig in den Regionen der Anden.		
Das Alpaka spuckt, um Freude auszudrücken.		
In Deutschland können Alpakas wegen des Klimas nicht so gut leben.		

E **Geben Sie den Textinhalt mithilfe der Schlüsselbegriffe wieder.**

F **Beantworten Sie die folgenden W-Fragen.**

Warum spucken Alpakas?	
Wie steht es um die Haltung der Alpakas in Deutschland?	

DAZ

17 JE ... DESTO

1 Was passt zusammen? Verbinden Sie die Satzteile sinnvoll.

1	Je größer das Kamel ist,
2	Je dicker das Alpaka ist,
3	Je älter das Kamel wird,
4	Je jünger ein Alpaka ist,
5	Je schneller ein Kamel rennt,

A	umso weicher ist sein Fell.
B	desto weiter kommt es.
C	umso neugieriger ist es.
D	desto stärker ist es.
E	desto langsamer wird es.

2 Schreiben Sie die vollständigen Sätze aus Aufgabe 1 in Ihr Heft. Analysieren Sie anschließend die Position der Verben in beiden Satzteilen.

3 Ergänzen Sie die REGEL ZU *JE ... DESTO*.

Sache • Wirkung • Komparativ

Je ... desto wird verwendet, um eine Beziehung zwischen einer Ursache und deren ______________ [1] auszudrücken. Eine Veränderung bei einer ______________ [2] (*je*) führt zu einer Veränderung bei einer anderen Sache (*desto* oder *umso*). Nach *je* und nach *desto* folgt ein gesteigertes Adjektiv, also ein ______________ [3]. Beispiel: *Je größer die Alpaka-Herde ist, desto mehr Wolle gibt es.*

4 Bilden Sie sinnvolle Sätze mit *je ... desto/umso*. Achten Sie auf die Steigerung der Adjektive, die richtige Position der Verben und die Kommas.

1 mehr Kamele – es – geben; groß – werden – die Herde

____

2 lang – die Alpakas – fressen; satt – werden – sie

____

3 groß – die Wüsten – sein; gut – Kamele – sein – an Hitze angepasst

____

4 weit – das Kamel – laufen; durstig – werden – es

____

5 erfahren – ein Kamelführer – sein; sicher – verlaufen – eine Kamelreise

____

GUT ZU WISSEN

Um festzustellen, ob Sie der **Inhalt** eines Sachtextes interessiert und sich das Lesen lohnt, greifen Sie auf eine **Zusammenfassung** zurück. Möglicherweise werden Sie auch gebeten, nach dem Lesen eines Textes oder dem Anschauen eines Films einer Person eine Zusammenfassung in **eigenen Worten** zu geben. Eine Inhaltsangabe hat einen bestimmten **Aufbau,** den man beim Verfassen unbedingt berücksichtigen sollte. Sie beginnt mit einer **Einleitung,** die Angaben zur Autorin / zum Autor, Titel, Quelle und Erscheinungsdatum enthält und auch das Thema des Textes benennt. Im **Hauptteil** werden die wichtigsten Inhalte des Textes sachlich wiedergegeben. Im **Schlusssatz** kann die Meinung der Autorin / des Autors zur Sprache kommen oder die Bedeutung des Themas eingeschätzt werden. Die Inhaltsangabe wird in der Zeitform des Präsens verfasst.

1 **Betrachten Sie das Bild und notieren Sie Ihre Gedanken dazu.**

2 **A Lesen Sie den Text „Plastik im Meer" und klären Sie unbekannte Wörter.**

Plastik im Meer: Die Folgen der Vermüllung für Umwelt und Tiere

von Friederike Huth

[...] Jedes Jahr landen etwa 10 Millionen Tonnen Plastik und anderer Müll im Meer. Ein Teil davon sammelt sich zu fünf großen Müllstrudeln, von denen sich einer im Pazifik befindet. Der sogenannte Pacific Garbage Patch erstreckt sich über eine Fläche von 1,6 Millionen Quadratkilometern und besteht aus rund 80.000 Tonnen Plastik – damit ist er dreimal so groß wie Frankreich. [...]

Ein Großteil dieses Abfalls entsteht durch die Verschmutzung auf dem Festland, wo Plastiktüten, PET-Flaschen oder Zigarettenstummel achtlos in die Natur geworfen werden. Über den Wind und die Flüsse gelangt der Abfall schließlich in die Meere. [...]

Tiere, die ihre Nahrung aus dem Wasser filtern, verwechseln die winzigen Plastikteile mit Plankton. [...] Über die Nahrungskette verbreitet sich das Plastik dann weiter, bis es auf dem Teller der Menschen ankommt.

Die durch das Plastik aufgenommenen Weichmacher und Flammschutzmittel schaden sowohl Tieren als auch Menschen: Bis zu 135.000 Meeressäuger und eine Million Meeresvögel sterben jedes Jahr aufgrund der Vermüllung der Ozeane. Größere Plastikteile werden von Wildtieren oft mit Nahrung verwechselt. Seeotter ersticken an Plastikringen von Dosen-Sixpacks und Meeresschildkröten verwechseln Einkaufstüten mit Quallen. Vögel nehmen den Geruch des Plastikmülls als Nahrungsgeruch wahr und füttern ihre Jungen damit, was dazu führt, dass die Küken mit vollem Bauch verhungern. [...] Wissenschaftler:innen gehen davon aus, dass bis 2050 so gut wie jeder Meeresvogel Plastik im Magen haben wird, wenn die Meeresverschmutzung so weitergeht. [...]

https://www.peta.de/themen/plastik-muell-im-meer/, 18.02.2022

B Markieren Sie alle Schlüsselbegriffe im Text.

C Ordnen Sie die folgenden Überschriften dem jeweiligen Textabschnitt zu.

Zwischenüberschrift	Textabschnitt und Zeile
Schwere Schäden bei Tieren	
Der Müllstrudel Pacific Garbage Patch	
Plastik gelangt in Lebensmittel	
Der Plastikmüll gelangt ins Meer	

D Notieren Sie die Angaben, die Sie für die Einleitung der Inhaltsangabe benötigen.

Titel des Textes	
Autorin	
Erscheinungsjahr	
Quelle	
Thema	

E Formulieren Sie mithilfe dieser Angaben eine Einleitung der Inhaltsangabe.

F Beantworten Sie zur Vorbereitung des Hauptteils die W-Fragen zum Text.

Wo spielt das Geschehen?	
Wer steht im Mittelpunkt des Textes?	
Was ereignet sich?	

G Verfassen Sie den Hauptteil der Inhaltsangabe mithilfe der W-Fragen aus Aufgabe F und formulieren Sie einen Schlusssatz.

18 VERBEN MIT PRÄPOSITIONEN

1 **Sortieren Sie die Verben mit ihrer Präposition in die Tabelle.**

achten auf • informieren über • sich verlassen auf • sich treffen mit • streiten mit • gehören zu • sich ärgern über • passen zu

AKKUSATIV		DATIV	
auf	über	mit	zu
______	______	______	______
______	______	______	______

2 **Bilden Sie Sätze mit den Verben und ihren Präpositionen aus Aufgabe 1.**

1 achten auf + AKK: Die Klasse achtet auf Müllvermeidung
2 ______
3 ______
4 ______
5 ______
6 ______
7 ______
8 ______

3 **Ergänzen Sie die REGEL ZU VERBEN MIT PRÄPOSITIONEN.**

Präposition • übt • Verben

Viele ______ [1] haben eine feste ______ [2]. Die Präpositionen fordern wie immer einen bestimmten Kasus. Verben mit Präposition und ihren Kasus ______ [3] man als feste Ausdrücke. (Siehe auch Seite 182–183: Liste der Verben mit Präpositionen)

4 **Ergänzen Sie zu den Verben die passende Präposition und den Kasus.**

1 Beim Einkaufen achten wir sehr ______ überflüssigen Plastikmüll. AKK
2 Wildtiere verwechseln Plastikmüll oft ______ Nahrung und sterben daran qualvoll. ______
3 Wir alle müssen uns mehr ______ den Umweltschutz informieren. ______

19 EIN DIAGRAMM AUSWERTEN

GUT ZU WISSEN

Mithilfe von Diagrammen lassen sich **Informationen übersichtlich darstellen** und miteinander vergleichen. Diagramme können beispielsweise Temperaturentwicklungen, Bevölkerungsentwicklungen oder Wahlergebnisse abbilden und begegnen Ihnen im Alltag **häufig**. Wenn Sie Diagramme auf einen Blick erfassen, sind Sie in der Lage, die für Sie relevanten Informationen schnell herauszufiltern. Je nachdem, was dargestellt werden soll, eignen sich **unterschiedliche Typen von Diagrammen,** zum Beispiel Kreis-, Säulen-, Kurven- oder Balkendiagramme.

1 **Ordnen Sie die folgenden Begriffe den Abbildungen zu.**

das Säulendiagramm • das Balkendiagramm • das Kurvendiagramm • das Kreisdiagramm

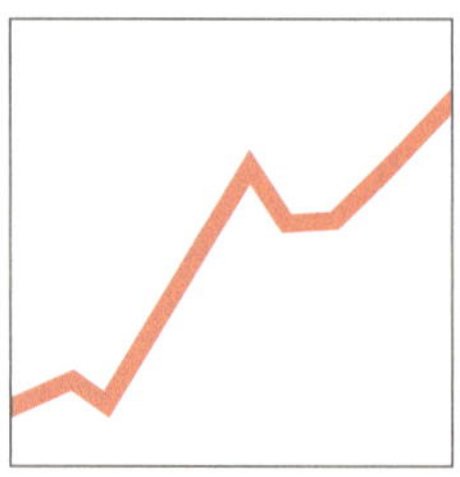

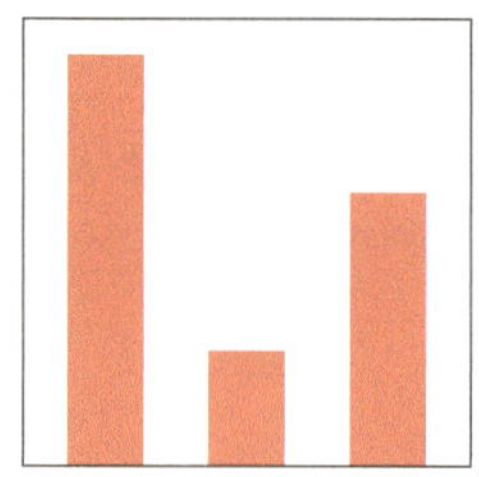

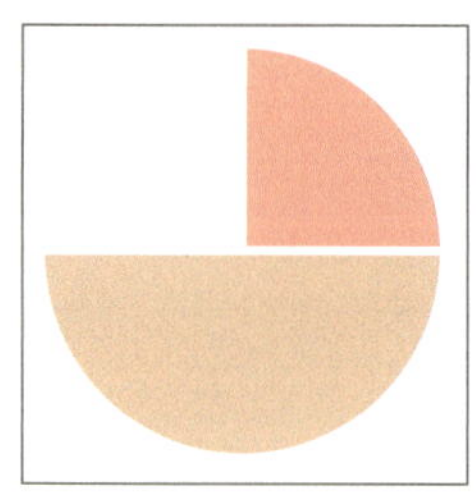

2 **A Notieren Sie, um welches Thema es in diesem Schaubild geht.**

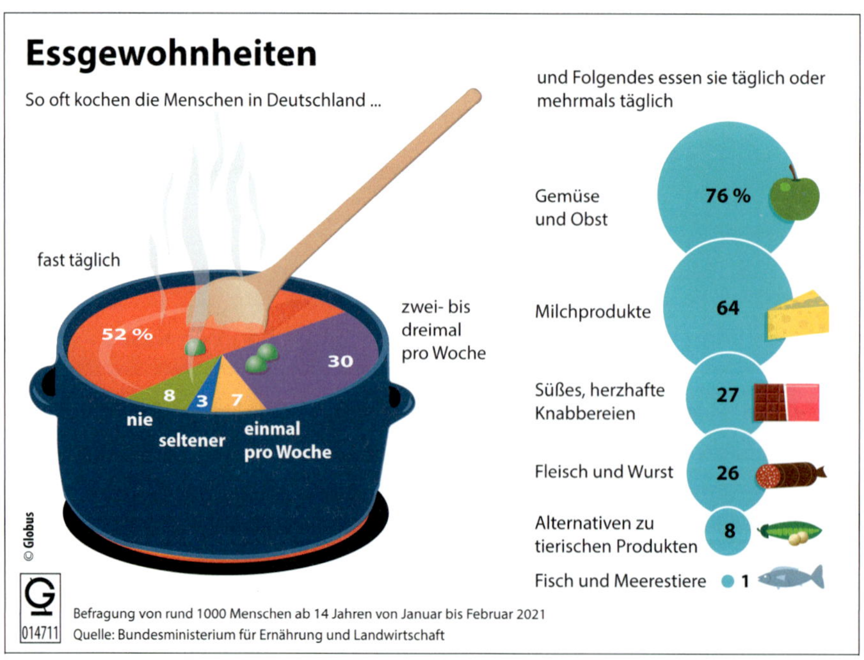

B Was wird im Kreisdiagramm auf der linken Seite dargestellt? Kreuzen Sie die richtige Antwort an.

Es wird dargestellt,
- ☐ wie oft die Menschen in Deutschland kochen.
- ☐ was die Menschen in Deutschland zu sich nehmen.
- ☐ wie hoch in Deutschland der Pro-Kopf-Verbrauch von Suppe ist.

C Notiere Sie, welche Personen befragt wurden.

____

D Rechts neben dem Kreisdiagramm werden weitere Prozentsätze zu Lebensmitteln angegeben. Welche Informationen lassen sich dieser Darstellung entnehmen?

____

E Setzen Sie anhand des Schaubilds von Seite 68 die richtige Prozentzahl ein.

_____ % der Menschen in Deutschland kochen fast täglich.

_____ % der Menschen in Deutschland nehmen täglich Milchprodukte zu sich.

Fisch und Meerestiere isst _____ % der Menschen in Deutschland täglich.

_____ % der Menschen in Deutschland kochen nie selbst.

_____ % der Menschen in Deutschland essen täglich Fleisch und Wurst.

_____ % der Menschen in Deutschland kochen zwei- bis dreimal die Woche.

F Übertragen Sie die Informationen des Kreisdiagramms in ein Säulendiagramm. Arbeiten Sie zu zweit.

DAZ

19 GENITIV

1 **Statistik: Markieren Sie den Genitiv nach den Prozentangaben.**

1 20 % der Männer sind 65 Jahre und älter.

2 Mehr als 5 % der Kinder sind zwischen 6 und 13 Jahre.

3 18 % der Frauen sind zwischen 25 und 39 Jahre.

4 26 % des Obst- und Gemüseimports kommt aus Spanien.

5 36 % des Wasserverbrauchs in einem Haushalt dient der Körperpflege.

2 **Erklären Sie die Wörter mit dem Genitiv.**

der Energieverbrauch • die Körperpflege • die Haushaltsenergie • das Lebensalter

der Verbrauch der Energie; ______________________________

3 **Ergänzen Sie die REGEL ZUM GENITIV BEI NOMEN UND BEI NAMEN.**

neutral • Nomen • Zugehörigkeit • Apostroph

Der Genitiv ist ein Kasus (Fall). Er wird benutzt, um eine ______________ [1] anzuzeigen. Nur bei maskulin und ______________ [2] bekommt das ______________ [3] im Genitiv Singular ein *-(e)s*. Auch Namen bekommen ein -s am Ende. Wenn Namen auf *-s* oder *-x* enden, bekommen sie nur ein ______________ [4]: *Dennis' Schwester*. Den Genitiv kann man immer durch *von + Dativ* ersetzen: *Die Schwester von Dennis.*

4 **A Markieren Sie die Genitivformen der Namen.**

Essgewohnheiten von Familie Herzig

Emma Herzig, Annes, Maries und Dennis' Mutter, kocht am liebsten Gerichte mit Gemüse und Fleisch. Robert Herzig, der Vater der Kinder, kocht lieber Gerichte mit Fisch. Annes Schwester Marie mag gern Kartoffeln, dagegen mag Maries Bruder Dennis lieber Nudeln. Alle essen gern Äpfel und Pfirsiche, die sie am liebsten in Ellas kleinem Obst- und Gemüseladen kaufen. Natürlich gibt es auch manchmal Süßes oder herzhafte Knabbereien von Jannis' Kiosk.

B Nennen Sie die Vornamen der Familienmitglieder.

5 **Ergänzen Sie den Genitiv.**

1 Wie heißt der Bruder von Marie? ________ Bruder heißt Dennis.

2 Wie heißt die Schwester von Dennis? ________ Schwester heißt Marie.

3 Familie Herzig kauft Knabbereien von ______________________.

20 EINE TABELLE AUSWERTEN

GUT ZU WISSEN

Tabellen gelten als gängige **Darstellungsform.** Sie haben die Funktion, **Informationen in Form von Listen** darzustellen, um einen **Vergleich** zu ermöglichen oder einen Überblick zu geben. Dabei werden Inhalte in **Zeilen** (waagerecht) und **Spalten** (senkrecht) abgebildet. Tabellen werden ausgewertet, indem man die Inhalte miteinander vergleicht. Das Thema der Tabelle wird in einer Überschrift benannt.

1 **Notieren Sie Alltagssituationen, in denen Ihnen Tabellen oder tabellarische Auflistungen begegnen.**

2 **A Lesen Sie die folgende Mitteilung des Schulleiters und schauen Sie sich die Tabelle auf der nächsten Seite an.**

Liebe Schülerinnen und Schüler,

vielen Dank, dass Sie sich bereit erklärt haben, uns beim Tag der offenen Tür am kommenden Samstag zu unterstützen und unsere Schule künftigen Schülerinnen und Schülern vorzustellen. Um einen reibungslosen Ablauf des Tages sicherzustellen, haben wir eine tabellarische Übersicht mit Ansprechpartner, Einsatzort und Zeit zusammengestellt.

Mit freundlichen Grüßen

Ihr Schulleiter

Einsatzplan „Tag der offenen Tür“						
Name	**Vorname**	**An-sprech-partner**	**Stand**	**8–12 Uhr**	**12–16 Uhr**	**Bemerkung**
Adam	Nico		Grill	x		
Araci	Merit		Getränke		x	macht Fotos
Bonn	Kevin		Kasse		x	
Dietz	Susi		Kuchen	x		
Dominus	Sandro		Grill		x	erstellt Veranstaltungsbericht
Ellwang	Estelle		Kuchen	x		
Essner	Mona		Infostand	x		
Guilano	Gina		Getränke		x	
Jansen	Bastian		Grill		x	
Johnson	Mike		Getränke	x		
Klein	Miriam		Führung	x		
Kurz	Theo		Führung	x		macht Fotos
Kovacevic	Milos		Grill	x		
Lang	Vanessa		Führung		x	
Müller	Kevin		Führung		x	unterstützt beim Aufbau
Münster	Timo		Führung	x		
Rodriguez	Miguel		Führung	x		
Römer	Sandra		Kuchen		x	macht Fotos
Staudt	Anastasia		Kuchen		x	
Yilmaz	Zeynap		Kasse	x		
Zöller	Paul		Getränke	x		erstellt Veranstaltungsbericht

______	______		______			______

B Kreuzen Sie die richtige Antwort an.

☐ Die Tabelle enthält 7 Spalten und 23 Zeilen. ☐ Die Tabelle enthält 23 Spalten und 7 Zeilen.

C Formulieren Sie in einem Satz, welchen Inhalt die Tabelle zeigt.

____

____

D Wer ist es? Notieren Sie die Namen der Personen, die verantwortlich sind.

Wer ...	Namen
... ist von 12 bis 16 Uhr am Grillstand eingeteilt?	______
... erstellt die Veranstaltungsberichte?	______
... unterstützt beim Aufbau?	______
... sitzt von 8 bis 12 Uhr an der Kasse?	______
... ist von 8 bis 12 Uhr am Infostand?	______
... ist von 12 bis 16 Uhr bei den Getränken eingeteilt?	______
... sorgt für Fotos?	______

E Welche Spalte ist noch ohne Angabe? ______

F Tragen Sie mit Blick auf die Tabelle von Seite 72 die richtige Anzahl ein.

______	machen Fotos.
______	führen Besucher/-innen durch das Schulhaus.
______	hilft beim Aufbau.
______	sind pro Schicht am Kuchen eingeteilt.
______	erstellen einen Veranstaltungsbericht.
______	haben sich für den Grillstand gemeldet.
______	haben sich insgesamt zum Helfen gemeldet.

G Ergänzen Sie die Tabelle auf Seite 72 mit den Angaben zu Ihrer eigenen Person. Sie werden von 12 bis 16 Uhr bei den Führungen und beim Aufbau unterstützen.

DAZ

20 PASSIV

1 Formulieren Sie die Sätze im Passiv. Markieren Sie dann alle Verben.

1 Merit, Theo und Sandra machen die Fotos.

Die Foto werden von Merit, Theo und Sandra gemacht.

2 Sandro und Paul erstellen die Veranstaltungsberichte.

____

3 Anastasia verkauft Kuchen.

____

4 Zeynan macht die Kasse.

____

5 Mike verkauft Getränke.

____

2 Ergänzen Sie die REGEL ZUM PASSIV.

bildet • Aktion • Passiv • Partizip Perfekt

Beim Passiv steht die ______ [1] im Mittelpunkt. Die Aktion, nicht die Person, ist wichtig. Im Präsens bildet man das ______ [2] mit *werden* + Partizip 2 (______ [3]). Das Passiv Präteritum (Vergangenheit) ______ [4] man aus den Formen von *wurd-* + Partizip 2.

Beispiel: *Die Fotos werden von Merit gemacht. Die Fotos wurden von Merit gemacht.*

3 Schreiben Sie einen Bericht vom Tag der offenen Tür im Passiv Präteritum.

Kuchen verkaufen • Getränke verkaufen • Bratwürste grillen • die Kasse kontrollieren • Fotos machen • beim Aufbau und Abbau unterstützen • aufräumen • Spiele anbieten

____

____

____

____

____

21 EINEN ARGUMENTIERENDEN TEXT VERSTEHEN

1 **GUT ZU WISSEN**

Argumentierende Texte beziehen zu einem strittigen Thema **Position.** Oft werden im Text **Argumente für oder gegen eine Sache** geliefert. Die Aufgabe der Leserin oder des Lesers ist es, die Argumente aus dem Text zu filtern und sie mit der eigenen Meinung abzugleichen. Nur wer verschiedene Argumente zu einer Frage oder einem Problem kennt, kann **begründet seine Meinung abgeben.**
Ein Argument folgt einem besonderen Aufbau. Es besteht aus drei Teilen (den „3 B's"): **Behauptung, Begründung, Beispiel.**

1 Sammeln Sie Situationen, in denen man starke Argumente braucht, um zu überzeugen.

2 Ordnen Sie die folgenden Sätze dem jeweiligen Teil des Arguments zu.

Behauptung • Begründung • Beispiel

Zum Beispiel lassen sich meine Eltern dadurch besser von meinen Ideen überzeugen.	weil man durch einen logischen Aufbau eines Arguments überzeugender wirkt.	Es ist wichtig, den Aufbau eines Arguments zu kennen,
______	______	______

3 **A** Tauschen Sie sich darüber aus, wer von Ihnen ein Ehrenamt ausübt.

B Lesen Sie die Texte.

Chancen und Grenzen des Ehrenamts

PRO

Dein Selbstwertgefühl wird durch ein Ehrenamt gesteigert, da du bei deinen ehrenamtlichen Tätigkeiten auch immer viel Dankbarkeit zurückbekommst und gleichzeitig das Gefühl hast, dass du etwas Sinnvolles tust. Beispielsweise haben Umfragen gezeigt, dass Menschen, die sich ehrenamtlich einbringen, zufriedener mit sich selbst sind.

Das Ehrenamt wird als „Kleber der Gesellschaft" bezeichnet, weil das gesellschaftliche Leben in vielen Bereichen zum Erliegen kommen würde, wenn alle Leistungen bezahlt werden müssten. Zum Beispiel gilt das Ehrenamt des Wahlhelfers in Deutschland als staatsbürgerliche Pflicht.

KONTRA

Das Ehrenamt ist belastend, weil man dramatische Erfahrungen machen oder dramatische Erlebnisse haben kann, zum Beispiel wenn man Mitglied der Freiwilligen Feuerwehr ist und zu einem Autounfall gerufen wird.

Das Ehrenamt ist zeitintensiv, weil die Aufgaben und Verpflichtungen neben Schule oder Berufstätigkeit ausgeübt werden. Zum Beispiel finden Vereinstreffen immer am Nachmittag oder abends statt, also in der persönlichen Freizeit.

C **Unterstreichen Sie die einzelnen Teile der Argumente in den Texten auf Seite 75 (Behauptung, Begründung, Beispiel).**

D **Markieren Sie in den Texten die Signalwörter, die Behauptungen und Beispiele einleiten. Ordnen Sie die Signalwörter in die Tabelle ein.**

Behauptung	Beispiel
______	______
______	______

E **Formulieren Sie ein Argument für das Ehrenamt unter dem Stichwort *Nächstenliebe*.**

Das Ehrenamt ______, weil

______

Zum Beispiel ______

______

F **Ergänzen Sie ein Argument gegen das Ehrenamt unter dem Stichwort *Geld*.**

Das Ausüben eines Ehrenamts ______, weil

______

Zum Beispiel ______

______

G **Verfassen Sie eine Schlussfolgerung. Halten Sie Ihre eigene Meinung zum Thema Ehrenamt fest, indem Sie den Aufbau eines Arguments berücksichtigen.**

______

______

______

______

______

______

21 PARTIZIP 1 ALS ADJEKTIV

DAZ

1 **A Markieren Sie die Partizipien 1, die wie ein Adjektiv gebraucht werden.**

Das Ehrenamt ist wichtig

Ohne die vielen freiwillig helfenden Menschen hätte die Gesellschaft viele Probleme. Ob die Schwimmtraining gebende Übungsleiterin, der die Natur schützende Aktivist oder ein Brände löschender Feuerwehrmann, sie alle leisten etwas Wichtiges für die Gemeinschaft. Diese sich für andere einsetzenden Menschen verdienen auf jeden Fall einen donnernden Applaus.

B Unterstreichen Sie die Endungen der Partizipien. Was fällt Ihnen auf?

____

2 **Setzen Sie das Partizip 1 als Adjektiv mit korrekter Endung ein.**

+ d

+ Adjektivendung

1 die ____________ (belasten) Ehrenämter
2 ein ____________ (retten) Sanitäter
3 eine ____________ (tauchen) Rettungsschwimmerin
4 das ____________ (verpflichten) Freiwillige Soziale Jahr

3 **Verwenden Sie das Partizip 1.**

1 Die Menschen, die helfen, sind ehrenamtlich tätig.

Die helfenden Menschen sind ehrenamtlich tätig.

2 Die Jugendlichen, die arbeiten, unterstützen das Tierheim.

____

3 Ein Ehrenamt, das zeitlich fordert, bringt wichtige Erfahrungen.

____

4 Viele ältere Menschen, die mitwirken, organisieren Veranstaltungen.

____

4 **Ergänzen Sie die REGEL ZUM PARTIZIP 1.**

aktiv • Verb • nachfolgenden • Adjektivendung

Das Partizip 1 wird aus einem ____________ [1] gebildet und dann als Adjektiv benutzt. Es braucht deshalb eine Partizip-Endung *(+ d)* und eine ____________ [2]. Diese muss zum ____________ [3] Nomen passt. Das Partizip 1 bedeutet, etwas oder jemand ist ____________ [4] und es passiert in diesem Moment. Beispiel: *Die Sanitäterin, die hilft → die helfende Sanitäterin*

22 EINEN GESETZESTEXT VERSTEHEN

GUT ZU WISSEN

Gesetzestexte sind von besonderer Bedeutung und gelten für alle Bürgerinnen und Bürger. Da diese Texte über **Rechte und Pflichten** informieren, ist es unbedingt erforderlich, sie zu entschlüsseln, um sie gegebenenfalls zur Anwendung zu bringen. Nur so kann eine **gesellschaftliche Teilhabe** aller gelingen. Das Wissen um die persönlichen Rechte und Pflichten kann auch die eigene Selbstsicherheit stärken.
Obwohl Gesetzestexte oftmals **kompliziert formuliert sind,** können sie mit der richtigen Herangehensweise verstanden werden. Die einzelnen Abschnitte der Gesetze und Verordnungen werden **Paragrafen** genannt. Sie starten mit dem Paragrafzeichen: §.
Das **Berufsbildunggesetz** (BBIG) regelt im Kapitel 1 die **Berufsausbildung.**

1 Einige von Ihnen starten bald ihre Ausbildung. Sammeln Sie Vorteile einer Berufsausbildung.

Eine Berufsausbildung ist sinnvoll, weil ...
Wenn man eine Lehre macht, ...
Ausgebildete Fachkräfte können leichter ...

2 Als Auszubildende/Auszubildender haben Sie Rechte und Pflichten. Sortieren Sie.

Rechte		Pflichten
______	• Ausbildungsvertrag bekommen • Berichtsheft führen • Ausbildungsvergütung erhalten • Pausenzeiten einhalten • Zeugnis erhalten • Betriebsgeheimnisse wahren • Anweisungen folgen • Sorgsam mit Arbeitsmitteln umgehen	______

3 Formulieren Sie drei ganze Sätze aus den Stichworten von Aufgabe 2.

Beispiel Ich habe das Recht, dass mir ein Ausbildungsvertrag ausgestellt wird.

Es ist meine Pflicht, ______

______

______

4 **A Lesen Sie den Auszug aus dem Berufsbildungsgesetz (BBiG).**

Pflichten der Auszubildenden

§ 13 Verhalten während der Berufsausbildung

Auszubildende haben sich zu bemühen, die berufliche Handlungsfähigkeit zu erwerben, die zum Erreichen des Ausbildungsziels erforderlich ist. Sie sind insbesondere verpflichtet,

1. die ihnen im Rahmen ihrer Berufsausbildung aufgetragenen Aufgaben sorgfältig auszuführen,
2. an Ausbildungsmaßnahmen teilzunehmen, für die sie nach § 15 freigestellt werden,
3. den Weisungen zu folgen, die ihnen im Rahmen der Berufsausbildung von Ausbildenden, von Ausbildern oder Ausbilderinnen oder von anderen weisungsberechtigten Personen erteilt werden,
4. die für die Ausbildungsstätte geltende Ordnung zu beachten,
5. Werkzeug, Maschinen und sonstige Einrichtungen pfleglich zu behandeln,
6. über Betriebs- und Geschäftsgeheimnisse Stillschweigen zu wahren,
7. einen schriftlichen oder elektronischen Ausbildungsnachweis zu führen.

B Markieren Sie die folgenden Begriffe im Auszug aus dem Berufsbildungsgesetz (BBiG).

berufliche Handlungsfähigkeit • Ausbildungsziel • Ausbildungsstätte • Weisung • Ausbildungsnachweis

C Ordnen Sie den Begrifflichkeiten im BBiG die entsprechende Wortbedeutung zu.

Begriff	Wortbedeutung
berufliche Handlungsfähigkeit	in der dualen Ausbildung die Berufsschule und der Betrieb
Ausbildungsziel	das Ausüben einer beruflichen Tätigkeit
Ausbildungsstätte	das erfolgreiche Ende der Ausbildung
Weisung	Bezeichnung für ein Berichtsheft während der Ausbildung
Ausbildungsnachweis	ein Befehl

D Setzen Sie mithilfe des Berufsbildungsgesetzes (BBiG) das richtige Adjektiv oder Verb in den Satz ein.

Aufgetragene Aufgaben sollen ________________ ausgeführt werden.

An Ausbildungsmaßnahmen müssen Auszubildende ____________________.

5 **Lesen Sie zu zweit die betrieblichen Situationen und halten Sie fest, warum der/die Auszubildende gegen das Berufsbildungsgesetz verstoßen hat.**

Betriebliche Situation	BBiG
Lillis Chef möchte kontrollieren, was Lilli in den letzten beiden Wochen gearbeitet hat, und verlangt die Vorlage des Berichtsheftes. Lilli findet ihr Berichtsheft nicht mehr und kann es deshalb nicht vorlegen.	
Nach einem Streit mit seinem Ausbilder tritt Oliver verärgert gegen die Schleifmaschine und wirft das Werkzeug in der Werkstatt umher.	
Lucas raucht in seiner Mittagspause im Lager, obwohl dort striktes Rauchverbot herrscht. Sein Chef erteilt ihm eine Abmahnung.	

6 **Erklären Sie die markierten Formulierungen durch stichpunktartige Umschreibungen.**

Berufsbildungsgesetz (BBiG)
§ 10 Vertrag
Wer andere Personen zur Berufsausbildung einstellt (Auszubildende), hat mit den Auszubildenden einen Berufsausbildungsvertrag zu schließen.

22 UNPERSÖNLICHE KONSTRUKTIONEN

DAZ

1 ***Mann*** **oder** ***man*****? Markieren Sie die richtige Schreibweise.**

1 Kennen Sie den Mann/man dort hinten?

2 Mann/Man kann die Prüfung wiederholen.

3 Fährst du zusammen mit deinem Mann/man dahin?

4 Zum Ende einer Ausbildung muss Mann/man eine Abschlussprüfung machen.

5 Das macht Mann/man aber nicht!

6 Darf Mann/man hier hinter der Firma mit dem Motorroller parken?

2 **Ergänzen Sie die REGEL ZU** ***MAN*****.**

Satz • Formulierung • alle • direkt • allgemeine Gültigkeit

Man ist eine unpersönliche ____________ [1]. Statt eine Person ____________ [2] zu nennen, wird mit dem Wort *man* eine ____________ [3] ausgedrückt. *Man* wird auch für allgemeine Aussagen verwendet, die eine ganze Gruppe oder sogar ____________ [4] betreffen. Im ____________ [5] wird *man* immer kleingeschrieben. Beispiel: *In der Ausbildung hat man Rechte und Pflichten.*

3 **Formulieren Sie jeweils zwei unpersönliche Sätze mit** ***muss*****.**

Betriebsgeheimnis wahren • Schutzkleidung tragen • Handy ausschalten • Pflichten nachkommen • Anweisungen folgen

1 *Betriebsgeheimnisse muss man wahren.*

Betriebsgeheimnisse müssen gewahrt werden.

2 *Man muss* ____________

____

3 ____________

____

4 ____________

____

5 ____________

____

MIT TEXTEN UMGEHEN: ALLES KLAR?

1 **Finden Sie die Lösung. Umlaute werden mit zwei Buchstaben geschrieben. Die Buchstaben in den roten Zahlfeldern ergeben den Lösungssatz.**

Lösung: ___ ___ ___   ___ ___ ___ ___ ___ ___ ___!

1 Kurze Zusammenfassung eines Textabschnitts zur optischen Gliederung eines Textes
2 Inhaltlich zusammenhängende Folge von Aussagen
3 Wörter von zentraler Bedeutung für den Textinhalt
4 Diagramm, bei dem Zahlenwerte horizontal dargestellt werden
5 Abschnitt von Gesetzestexten
6 Zusammenfassung des Textinhalts
7 Wichtigste Fragen, um den Inhalt eines Textes zu erfassen
8 Punkt einer Beweisführung, bestehend aus Behauptung, Begründung und Beispiel

1▸															9							
2▸	10																					
3▸		8			2																	
4▸														6								
5▸					4																	
6▸													5									
7▸					1																	
8▸	7							3														

Schätzen Sie sich ein, wenn Sie die Seiten bearbeitet haben.

			Das kann ich gut	Das kann ich	Das kann ich teilweise	Das trainiere ich noch einmal
Texte verstehen	**14**	Zwischenüberschriften finden				
	15	Schlüsselbegriffe ermitteln				
	16	Fragen zu einem Text beantworten				
	17	Einen Text erschließen				
	18	Einen Text zusammenfassen				
Besondere Texte verstehen	**19**	Ein Diagramm auswerten				
	20	Eine Tabelle auswerten				
	21	Einen argumentierenden Text verstehen				
	22	Einen Gesetzestext verstehen				

TEXTE VERFASSEN: LOS!

„Ich hatte immer Angst vor der leeren Seite, denn ich wusste nicht, wie ich beginnen sollte."

So antworten viele Schüler, wenn man sie fragt, warum ihnen das Schreiben von Texten so schwerfällt.

1 **Führen Sie eine Umfrage in Ihrer Klasse durch.**

Was schreiben Sie in Ihrem Alltag am häufigsten?

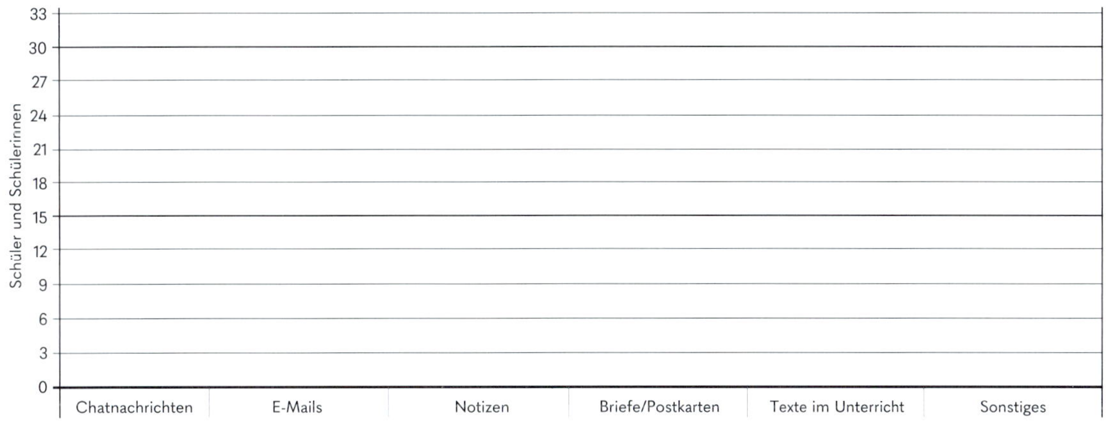

Stellen Sie das Ergebnis oben grafisch als Säulendiagramm dar.
Benennen Sie auch Ort, Datum, Anzahl und Alter der Befragten.

2 **Texte planen und schreiben: Tauschen Sie sich aus, wie Sie dabei vorgehen.**

Mit diesen Inhalten beschäftigen Sie sich auf den folgenden Seiten.

Tragen Sie das Datum ein, wenn Sie die Seiten bearbeitet haben. ○ ●

			○	●
Texte planen	**23**	Einen Schreibplan entwickeln		
Texte schreiben	**24**	Formulare ausfüllen		
	25	Eine E-Mail schreiben		
	26	Einen Geschäftsbrief schreiben		
	27	Etwas bewerten und begründen		
	28	Gesprächsnotizen anfertigen		
	29	Eine Anleitung schreiben		
	30	Einen Praktikumsbericht schreiben		

Schätzen Sie Ihre Kompetenzen auf Seite 108 ein.

23 EINEN SCHREIBPLAN ENTWICKELN

GUT ZU WISSEN

Bevor man einen Text schreibt, braucht man einen Plan, der festlegt, was an welcher Stelle im Text stehen soll und für wen man den Text schreibt.

Wie kann man den Text planen?

Schritt 1: Die **Aufgabe verstehen:** Lesen Sie die Aufgabe genau durch und markieren Sie die wichtigen Informationen.

- **Welche Textart** (Brief, Bericht usw.) ist gefordert?
- **Was** soll in meinem Text stehen?
- **Wer** ist der Adressat?

Schritt 2: Eine **Stoffsammlung** anlegen: Was weiß ich über das Thema?

Schritt 3: Eine **Gliederung** erstellen: In welcher Reihenfolge gebe ich die Informationen wieder?

1 Beschreiben Sie Ihren Mitschülerinnen und Mitschülern schriftlich einen Beruf, in dem Sie später gerne arbeiten möchten.

Schritt 1: Die **Aufgabe verstehen:** Markieren Sie in der Aufgabe die Schlüsselbegriffe und beantworten Sie die folgenden Fragen.

1 **Was** sollen Sie machen? ____________________

2 **Worüber** sollen Sie schreiben? ____________________

3 **Welchen Beruf** wählen Sie? ____________________

4 **Für wen** sollen Sie schreiben? ____________________

Schritt 2: Eine **Stoffsammlung** anlegen: Sammeln Sie alle wichtigen Informationen über Ihren Wunschberuf in einer Mindmap.

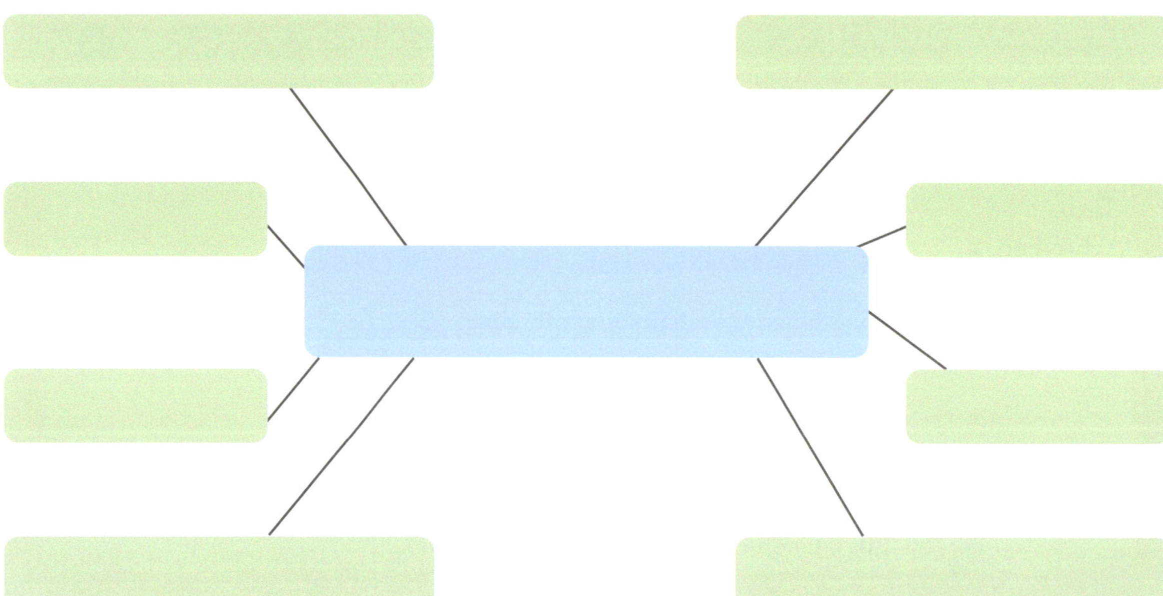

Schritt 3: Eine **Gliederung** erstellen: Bringen Sie die Informationen aus Ihrer Mindmap in eine sinnvolle Reihenfolge.

Meine Gliederung	Dein Kommentar

2 **A Tauschen Sie Ihre Gliederung mit einem Partner / einer Partnerin. Geben Sie ihm/ihr oben in der rechten Spalte eine Rückmeldung.**
- Fühlen Sie sich über den Beruf gut informiert?
- Haben Sie noch Fragen? Welche?
- Ist die Reihenfolge logisch?

B Überarbeiten Sie Ihre Gliederung mithilfe der Rückmeldung.

3 **Beschreiben Sie nun schriftlich Ihren Wunschberuf. Halten Sie sich an Ihre Stoffsammlung und Ihre Gliederung.**

DAZ

23 WORTFAMILIEN

1 **Alle Wörter einer Wortfamilie haben den gleichen Wortstamm. Ergänzen Sie vier weitere Wörter.**

Wortfamilie: *-arbeit-*

- *arbeiten*
- *die Arbeit*
- *arbeitslos*
- *die Lohnarbeit*
- ____________
- ____________
- ____________
- ____________

2 **Ein Wort gehört nicht zur Wortfamilie. Streichen Sie das Wort durch.**

1 backen, das Gebäck, verbacken, einbacken, der Backfisch, der Backenbart, das Backbuch
2 die Sehhilfe, der Sehtest, die Seele, absehen, ansehen, sichtbar, der Sehsinn
3 das Lager, der Lagerist, lagern, einlagern, belagern, das Lagerregal, ablagern, die Lagune
4 ausgehen, die Gehstütze, begehen, der Gehweg, umgehen, das Begehren, fremdgehen

3 **Notieren Sie zu den Wortstämmen so viele Wörter wie möglich.**

ab- | mit- | auf- | aus- | ein- | -zieh- | -räum- | -ung | -en | -lich | -bar

Wortstamm *-zieh-* ____________

____

Wortstamm *-räum-* ____________

____

4 **Erstellen Sie eine Wortfamilie zu einem Wort, das Sie in Ihrem Wunschberuf besonders oft benutzen (z. B. Haare beim Friseur).**

24 FORMULARE AUSFÜLLEN

GUT ZU WISSEN

Für viele **Anträge** in der **Schule,** beim **Arbeitgeber,** in **Banken** und verschiedenen **Behörden** gibt es vorgefertigte **Formulare.** Sie geben kurze **Textfelder für Eintragungen** sowie **Einfach-** und **Mehrfachauswahlfelder zum Ankreuzen** vor. Formulare gibt es sowohl **in Papierform** als auch **online.** Damit der Antrag **bearbeitet** werden kann und **Rückfragen vermieden** werden, muss man in jedem Fall darauf achten, das Formular **fehlerfrei** und **lückenlos** auszufüllen.

1 **Finden Sie die sieben versteckten Begriffe, die häufig in Formularen verwendet werden.**

Die Wörter sind von links nach rechts und von oben nach unten versteckt. Umlaute sind mit zwei Buchstaben geschrieben.

C	G	F	T	F	A	M	I	L	I	E	N	S	T	A	N	D	T	L	D
Q	E	Q	N	P	B	J	K	H	T	G	O	Y	D	L	T	F	A	E	Y
E	S	J	P	K	O	N	F	E	S	S	I	O	N	L	V	N	H	R	K
K	C	E	L	U	L	D	U	D	L	I	R	M	G	B	L	E	D	V	W
W	H	I	I	G	E	B	U	R	T	S	D	A	T	U	M	A	F	I	O
L	L	C	A	E	A	P	L	I	R	S	T	Q	T	E	V	Z	A	V	H
J	E	P	D	H	E	B	E	X	N	I	R	V	L	N	H	Y	T	G	N
M	C	Q	T	K	R	F	Q	D	M	S	Q	X	Z	C	R	S	I	Q	O
R	H	C	H	B	K	M	S	A	T	Q	T	C	I	I	H	R	B	U	R
S	T	A	A	T	S	A	N	G	E	H	O	E	R	I	G	K	E	I	T
N	A	C	H	N	A	M	E	W	Q	B	H	H	Y	R	G	Y	W	V	S

2 **Tragen Sie die Begriffe aus Aufgabe 1, die zu den Inhalten rechts passen, in die leeren Kästchen ein. Verbinden Sie.**

______________________	deutsch
______________	ledig
___________________	Berlin
_________________________	11.04.2006

3 **Sie müssen sich wegen eines dringenden Arzttermins nächsten Mittwoch für den Schulbesuch entschuldigen. Füllen Sie das Formular mit Ihren Angaben aus.**

Antrag auf Freistellung vom Unterricht

Name ______ Vorname ______ Geburtsdatum ______

Klasse ______ Klassenleitung ______

Hiermit beantrage ich, mich

am ______ von ______ bis ______ Uhr

vom Unterricht freizustellen.

Grund:

☐ akute Erkrankung während der Unterrichtszeit

☐ ______

Datum ______ Unterschrift ______

4 **Vergleichen Sie das Formular aus Aufgabe 3 mit dem Entschuldigungsformular an Ihrer Schule. Welche Unterschiede fallen Ihnen auf?**

______

______

______

______

______

5 **Sie haben einen neuen Mitschüler, dem Sie das Entschuldigungsverfahren an Ihrer Schule erklären wollen. Beantworten Sie dazu folgende Fragen in ganzen Sätzen.**

1 Wo findet man das Formular?
2 Wie lange vor dem beantragten Termin muss man es ausfüllen?
3 Wo muss man es abgeben?
4 Wie erfahre ich, ob die Entschuldigung genehmigt wurde?

24 POSSESSIVARTIKEL

DAZ

1 **Markieren Sie die Possessivartikel blau, das dazugehörige Nomen grün und das Bezugswort rot.**

1 Samuel füllt sein Anmeldeformular aus
2 Die Kundin bezahlt ihre Rechnung.
3 Ich gebe Ihnen meine Telefonnummer.
4 Wir haben unsere neuen Ausweise beantragt.
5 Bitte senden Sie Ihren Antrag schnellstmöglich zurück.

2 **Ergänzen Sie die REGEL ZU POSSESSIVARTIKELN.**

Bezugswort • Nomen • Endung • Besitz

Possessivartikel zeigen an, wem etwas gehört, also eine Zugehörigkeit oder einen _____________[1]. Welchen Possessivartikel man wählen muss, hängt von seinem _____________[2] ab: *Samuel füllt sein Formular aus. Aylin füllt ihr Formular aus.* Possessivartikel begleiten ein _____________[3]. Possessivartikel haben die gleichen Endungen wie kein-. Ihre _____________[4] richtet sich dabei nach dem Genus/Geschlecht dieses Nomens. Beispiel: *Ich fülle mein grünes Formular aus. Ich fülle kein grünes Formular aus.*

3 **Ergänzen Sie die Possessivartikel.**

Kinder erhalten _____________[1] Vornamen von _____________[2] Eltern. Felix ist mit _____________[3] Namen sehr zufrieden und auch Florentina gefällt _____________[4] Vorname sehr gut. Ich habe _____________[5] Vornamen von _____________[6] Eltern bekommen, weil er schön klingt. Viele Eltern benennen _____________[7] Kinder aber auch nach Verwandten oder berühmten Persönlichkeiten. Und du – bist du mit _____________[8] Namen zufrieden? Welche Vornamen würdet ihr _____________[9] Kindern geben?

4 **Ergänzen Sie die Tabelle.**

ich	du	er	sie	es	wir	ihr	sie	Sie
mein	_____	_____	_____	_____	_____	_____	_____	_____

25 EINE E-MAIL SCHREIBEN

GUT ZU WISSEN

Mit einer **E-Mail** kommuniziert man auf elektronischem Weg. Für **geschäftliche E-Mails** gibt es – wie für Geschäftsbriefe – **Schreib-** und **Gestaltungsregeln.** So ist beispielsweise der **Stil** immer **sachlich.** Mit einer E-Mail kann man auch Bilder, Dokumente und andere Dateien als Anhang versenden. Die **E-Mail-Adresse** des **Empfängers** wird in das oberste Schreibfeld eingegeben. Hier kann man auch mehrere Adressen eingeben, wenn die E-Mail an weitere Personen gesendet werden soll. Anschließend folgt ein **Betreff.** Dieser muss so **aussagekräftig** sein, dass der Empfänger / die Empfängerin den Inhalt der Mail einschätzen kann und sie nicht löscht, ohne sie anzusehen. Anschließend folgt der eigentliche Text, der sich – wie in einem Brief – in **Anrede, Text** und **Grußformel** gliedert.

1 **Ordnen Sie die folgenden Begriffe den einzelnen Teilen der E-Mail zu. Schreiben Sie sie in die rechte Spalte.**

Anrede • Empfänger • Unterschrift • Text • Grußformel • 2. Empfänger • Zum Thema

An	max.musterhauser@beispiel.de	____________
CC	hubert.Gausern@fitnessgoetter.orx	____________
Betreff	Bestätigung der Buchung des Abos „Halbgott“	____________
Sehr geehrter Herr Musterhauser, wir freuen uns sehr, dass Sie sich entschieden haben, das Abo „Halbgott“ für ein Jahr bei uns zu buchen. Der Betrag wird Ihnen monatlich abgebucht. Als Mitglied in unserem Fitness-Studio haben Sie Zugang zu allen Kursen, im Studio und online, und den Geräten. Für das wöchentliche begleitete Training steht Ihnen unser Personal Trainer Hubert zur Seite. Falls Sie den Wellnessbereich nutzen wollen, können Sie sich jederzeit zum Abo „Sportgott“ upgraden lassen. Dieses erhalten Sie für 70 € monatlich. Bei Fragen wählen Sie 089/99998 358 oder schreiben uns eine Nachricht an folgende Adresse: info@fitnessgoetter.orx. Freundliche Grüße Banu Schmidt		____________ ____________ ____________ ____________ ____________ ____________ ____________

2 **Lesen Sie die E-Mail genau. Kreuzen Sie an.**

Frage	ja	nein
Ist der Text im Präsens (Gegenwartsform) geschrieben?		
Gibt die Verfasserin eine persönliche Meinung wieder?		
Ist der Text spannend geschrieben?		

3 Beantworten Sie die folgenden Fragen mithilfe des Internets.

1 Was bedeutet „CC"? Wann verwendet man das?

____

2 Wie sieht eine seriöse E-Mail-Adresse aus?

____

4 Der Betreff einer E-Mail ähnelt einer Überschrift. Er benennt das Thema der E-Mail in knapper Form. Ordnen Sie den folgenden Themen den passenden Betreff zu.

Thema	Betreff
Man bewirbt sich um ein Praktikum.	Bitte um Anruf
Man hat Online-Tickets für ein Konzert bestellt, aber die falschen Tickets erhalten.	Kündigung der Mitgliedschaft
Man möchte mit dem Mitarbeiter einer Behörde telefonieren.	Bitte um Informationen zum Deutschkurs B2
Man möchte die Mitgliedschaft im Sportstudio kündigen.	Reklamation der Konzertkarten
Man möchte einen Deutschkurs machen und bittet um weitere Informationen	Bewerbung um eine Praktikumsstelle

5 **A** Max Musterhauser möchte die Mitgliedschaft im Fitnessstudio wieder kündigen. Lesen Sie seine E-Mail.

Betreff	

Liebe Fitness-Coaches,
vielen Dank für die nette Nachricht. Ich habe mich aber jetzt doch gegen das Abo entschieden.
Es ist mir zu teuer und der Personal Trainer taugt auch nichts.
Ich möchte das Abo also kündigen.
Liebe Grüße

B Prüfen Sie die E-Mail.

1 Welche Informationen fehlen oder sind zu viel?
2 Was muss Max an seiner Sprache ändern?
3 Hat Max die formalen Regeln eingehalten?

C Schreiben Sie eine E-Mail für Max. Nutzen Sie dafür Ihr Mail-Programm.

25 *SIE*: KLEIN ODER GROSS

1 Markieren Sie in der E-Mail alle *Sie* (= direkte Anrede) und *sie* (= Verweis).

E-Mail	Anrede oder Verweis
Sehr geehrte ..., vielen Dank, Sie haben sich bei uns angemeldet! Hiermit bestätigen wir Ihnen Ihre Anmeldung zum Jahres-Abo des Kurses „Power-Yoga". Sie haben mit dem Abo auch Zugang zu unserem Online-Bereich. Außerdem können Sie weitere Upgrades hinzubuchen. Sie sind zum Teil kostenlos oder Sie können sie einzeln auswählen. Bei Fragen wenden Sie sich bitte über info@yoga-gang.orx an Sabine Turan. Sie ist für Sie zuständig. Freundliche Grüße Ivo Kleber	Zeile 2: direkte Anrede __________ __________ __________ __________ __________

2 Notieren Sie rechts in Aufgabe 1, ob es eine Anrede oder ein Verweis ist.

3 Ergänzen Sie die REGEL ZU *SIE* (KLEIN ODER GROSS).

Anrede • groß • klein • dritten • direkt

Wenn man in einem Brief oder in einer E-Mail eine Person __________[1] anspricht (__________[2]), dann schreibt man *Sie* __________[3]. Wenn man *sie* in der __________[4] Person als Verweis oder Pronomen verwendet, dann schreibt man *sie* __________[5]. Beispiel: *Ihre Karte ist fertig. Holen Sie sie morgen bitte ab.*

4 Ergänzen Sie *sie* oder *Sie*.

Sehr geehrte Frau Turan,

ich bin Neukunde bei Ihnen und Herr Kleber hat mich für weitere Fragen an __________[1] verwiesen. Ich hoffe, __________[2] können meine Fragen beantworten. Ich weiß, dass es einen Online-Bereich gibt. Dafür habe ich aber noch keine Zugangsdaten. Wo finde ich __________[3]? Hat man __________[4] mir vielleicht bereits zugeschickt? Können __________[5] __________[6] mir bitte noch einmal zukommen lassen oder mir sagen, wo ich __________[7] beantragen kann? Nehmen __________[8] auch eine Kreditkarte? Vielen Dank, dass __________[9] meine Fragen bearbeiten. Ich hoffe, __________[10] können __________[11] beantworten.

26 EINEN GESCHÄFTSBRIEF SCHREIBEN

GUT ZU WISSEN

Ein **Geschäftsbrief** ist eine besondere Form des Briefes, da er dazu dient, mit Firmen **geschäftlich** zu kommunizieren und der Inhalt somit auch **rechtliche Folgen** haben kann. Beispiele für Geschäftsbriefe, die rechtliche Konsequenzen nach sich ziehen können, sind die **Kündigung** und die **Bewerbung.**
Der Sprachstil ist immer **sachlich**, also knapp und nicht wertend.
Ein Geschäftsbrief hat folgende **Bestandteile** in einer festgelegten Reihenfolge:

1. **Absenderadresse**
2. **Empfängeradresse**
3. **Datum** (rechte Seite, Höhe Empfängeradresse)
4. **Betreff** (im Nominalstil, also ohne Verb)
5. **Anrede**
6. **Brieftext**
7. **Abschiedsformel**
8. **Unterschrift**

1 A Füllen Sie die Briefvorlage entsprechend den Angaben rechts korrekt aus.

____

____

____

____

____

____________________ ____________________

____

____

ich möchte meinen Vertrag bei Ihnen kündigen, weil Sie viel zu teuer sind. Danke schön!

____

____

Mit freundlichen Grüßen

Sehr geehrte Damen und Herren,

Kündigung des Handyvertrags

Ihre Unterschrift

Telefonia AG
Telefonistenstr. 13
88447 Bibelsberg

22.07.20xx

Ihre Adresse als Absender

B **Der Text des Briefes auf Seite 93 weist Mängel auf. Kreuzen Sie an, welche Informationen im Brieftext enthalten sein sollten, wenn Sie einen Handyvertrag kündigen möchten.**

Name, Vorname, Kundennummer		Handymarke und Alter des Handys	
Grund der Kündigung		Datum der Kündigung	
Unterschrift		Kopie des Handyvertrags	

C **Schreiben Sie den Text eines Briefes, mit dem Sie Ihren Handyvertrag kündigen.**

____

____

____

____

____

____

2 **Wandeln Sie die folgenden Sätze in einen passenden Betreff um.**

Beispiel Ich möchte im Hotel ein Zimmer buchen: *Buchungsanfrage*

1 Ich möchte vom Kauf des Laufbands zurücktreten: ______________________________

2 Ich möchte den Handyvertrag kündigen: ______________________________

3 Ich brauche mehr Informationen über den Vertrag: ______________________________

4 Ich möchte meine Stelle zum 25.08.20xx kündigen: ______________________________

5 Ich möchte die Buchung stornieren: ______________________________

3 ***Sie* oder *sie*? Kreisen Sie die richtige Schreibweise ein.**

1 Können Sie/sie mir bitte eine Buchungsbestätigung zusenden?

2 Ich habe gestern versucht, Sie/sie zu erreichen. Haben Sie/sie von ihr gehört?

3 Die Hose sitzt leider nicht optimal, ich möchte Sie/sie doch zurückschicken.

26 PLUSQUAMPERFEKT IN *NACHDEM*-SÄTZEN

DAZ

1 **Markieren Sie und bestimmen Sie die Verbformen in den *nachdem*-Sätzen.**

1 Nachdem ich das Tablet ausgepackt hatte, wollte ich es aufladen.

Partizip 2 von auspacken + hatte

2 Der Bildschirm flackerte, nachdem ich das Tablet gestartet hatte.

____

3 Ich konnte das Tablet nicht mehr starten, nachdem es plötzlich ausgegangen war.

____

4 Nachdem mir viele Mängel aufgefallen waren, wollte ich das Tablet zurückschicken.

____

2 **Markieren Sie in Aufgabe 1 die Verbformen in den Hauptsätzen. In welcher Zeitform stehen sie?** _______________

3 **Ergänzen Sie die REGEL ZUM PLUSQUAMPERFEKT IN *NACHDEM*-SÄTZEN.**

sein • Vergangenheit • *haben* • Partizip

Wenn man über zwei Ereignisse in der ___________ [1] schreibt, braucht man im Nebensatz den Konnektor *nachdem*. Die Zeitform des Verbs im *nachdem*-Satz ist das Plusquamperfekt. Man bildet das Plusquamperfekt mit einem Hilfsverb (___________ [2] → *war-* oder ___________ [3] → *hatte-*) und dem ___________ [4] Perfekt (Partizip 2) des Verbs. Nebensatz: *nachdem* + Plusquamperfekt; Hauptsatz: Präteritum. Beispiel: *Nachdem ich das Tablet ausgepackt hatte, wollte ich es aufladen.*

4 **Notieren Sie korrekte Sätze mit *nachdem*.**

Beispiel: Ich wartete auf Ihre Antwort (nachdem – Kundenservice – telefonieren).
Ich wartete auf Ihre Antwort, nachdem ich mit dem Kundenservice telefoniert hatte.

1 Ich konnte Ihren Auftrag prüfen (nachdem – Ihre Anfrage – erhalten).
2 (nachdem – ich – das Gerät – prüfen) entschied ich mich für eine Rücksendung.
3 (nachdem – wir – die Details – Vertrag – lesen) wollten wir Ihnen weitere Fragen stellen.

____

____

____

27 ETWAS BEWERTEN UND BEGRÜNDEN

GUT ZU WISSEN

Jeder hat eine **Meinung,** aber jede Meinung braucht eine (gute) **Begründung.** Schließlich will man auch andere von der eigenen Meinung überzeugen. In **Bewertungen** formuliert man seine **Meinung über etwas** (z. B. einen Urlaub) und **begründet** diese mit Erfahrungen, die man damit gemacht hat. Eine gute Bewertung hat drei Teile:

1. **Meinung:** Was denke ich über ein Thema? (z. B. *Wie gefällt mir das Hotel?*)
2. **Begründung:** Warum denke ich so darüber? (z. B. *Warum finde ich das Hotel gut?*)
3. **Beispiel:** Wie kann ich die Begründung beweisen? (z. B. *Was hat mir konkret gefallen?*)

Auch wenn man seine Meinung wiedergibt, bleibt man bei einem **sachlichen** Schreibstil.

1 A Lesen Sie die folgenden Bewertungen zu Praktikumsstellen.

A: Praktikum in der Glasbläserei „Mundart“

Das Praktikum in der Glasbläserei hat mir gut gefallen, weil ich vieles selbst ausprobieren durfte. Nach der Sicherheitseinweisung wurde ich einem Mitarbeiter zugeteilt. Er hat mich den ganzen Tag mitgenommen und mir seine Aufgaben gezeigt. Dann durfte ich es selber probieren und sogar eine kleine Glaskugel blasen! Tolles Praktikum, nette Mitarbeiter. Wirklich zu empfehlen.

B: Praktikum in der Glasbläserei „Mundart“

Praktikum war gut, war nicht langweilig, aber hätte gern kürzer sein können. Ging bis 16 Uhr.

B Welche Bewertung hilft bei der Praktikumssuche weiter? Warum?

____

C Markieren Sie in der Bewertung A die Meinung, die Begründung und das Beispiel in drei verschiedenen Farben. Notieren Sie diese dann in Stichpunkten.

Meinung: ______________________________

Begründung: ______________________________

Beispiel: ______________________________

2 A Verfassen Sie eine Bewertung zu einem Praktikum. Notieren Sie kurz den Namen des Praktikumsbetriebs und Ihre Eindrücke: Wie lang waren die Arbeitszeiten? Was habe ich getan? Wie haben mich die Mitarbeiterinnen und Mitarbeiter behandelt?

____

____

B **Notieren Sie in der Tabelle zwei Bewertungen in Stichpunkten.**

	Bewertung zum Thema Arbeitszeit	Bewertung zum Thema Mitarbeiter
Meine Meinung	______________ ______________	______________ ______________
Begründung	______________ ______________	______________ ______________
Beispiel	______________ ______________	______________ ______________

C **Kreuzen Sie an, ob die Aussage sachlich oder nicht sachlich formuliert ist.**

Aussage	sachlich	nicht sachlich
Der Chef war echt blöd. Er hat mir das Handy weggenommen.		
Der Chef war streng, weil er kein Handy am Arbeitsplatz erlaubte.		
Das Praktikum war super, weil ich voll viel lernen konnte.		
Weil man gut in die Arbeitsprozesse eingeführt wird, kann ich das Praktikum in diesem Betrieb empfehlen.		

D **Formulieren Sie nun auf der Grundlage Ihrer Stichpunkte aus Aufgabe 2 B eine Bewertung. Nutzen Sie die folgenden Formulierungshilfen.**

Meinung	Begründung	Beispiel
• Ich fand das Praktikum ... • Das Praktikum kann man (nicht) empfehlen, ... • Sollte man dort ein Praktikum machen? Ich finde, ja/nein, ...	• Denn die Mitarbeiter waren ... • ..., weil man ...	• Ich durfte/musste zum Beispiel ... • Die Arbeitszeiten waren von ... bis ...

____

____

____

____

DAZ

27 BEGRÜNDEN MIT *DESHALB*

1 Entscheiden Sie sich zwischen *weil* und *deshalb*. Markieren Sie Ihre Wahl.

Das Praktikum

Das Praktikum im Gasthaus „Zur Post“ kann ich empfehlen, (weil/deshalb) die Mitarbeiter und der Chef sehr nett sind. Ich koche auch zu Hause viel, (weil/deshalb) durfte ich gleich beim Zubereiten der Salate helfen. Am Nachmittag gab es im Nebenzimmer eine Geburtstagsfeier, (weil/deshalb) durfte ich beim Eindecken der Tische helfen. Ich bekam dann auch Trinkgeld, (weil/deshalb) ich den Gästen die Getränke brachte. Ich habe meine Arbeit gut gemacht, (weil/deshalb) durfte ich auch früher nach Hause gehen. Fleiß zahlt sich aus, (weil/deshalb) habe ich jetzt auch ein Ausbildungsangebot.

2 Ergänzen Sie die REGEL ZU BEGRÜNDUNGEN (*deshalb, darum, deswegen*).

richtige Position • *darum* • zusammen • *Folge* • *deswegen* • Komma

Meistens werden Grund und Folge für eine Handlung ____________ [1] genannt. Das Adverb *deshalb* hebt dabei die ____________ [2] (die Konsequenz) hervor. Statt *deshalb* kann man ____________ [3], ____________ [4] verwenden. Der *deshalb*-Satz kann nach einem ____________ [5] stehen oder nach einem Punkt. Wichtig ist, dass man die ____________ [6] des Verbs im *deshalb*-Satz beachtet. Beispiel: *Ich finde den Beruf spannend, deshalb mache ich die Ausbildung.*

3 Verbinden Sie die Aussagen sinnvoll mit *deshalb*, *deswegen* oder *darum*.

Grund + Folge	
1 Ich finde den Beruf spannend. Ich will die Ausbildung machen.	*Ich finde den Beruf spannend, darum will ich die Ausbildung machen.*
2 Ich habe bereits mehrere Praktika in diesem Berufsfeld gemacht. Ich bin sicher, dass ich diesen Beruf nicht machen möchte.	
3 Ich bin Frühaufsteher. Ich werde nie zu spät kommen.	
4 Ich möchte immer alles richtig machen. Ich bin immer bemüht, alles so auszuführen, wie man es mir gezeigt hat.	

28 GESPRÄCHSNOTIZEN ANFERTIGEN

GUT ZU WISSEN

Es ist oft notwendig, **mündlich** wiedergegebene Informationen **schriftlich** festzuhalten. Dazu kann man **Formulare** benutzen (vor allem bei Telefonanrufen) oder sich frei Notizen in **Stichpunkten** machen. Stichpunkte sind **Teilsätze** mit den wichtigen **Schlüsselwörtern.**
Beim Anfertigen von Notizen orientiert man sich an den W-Fragen: **Wer? Was? Wann? Wo? Wie?**
Die wichtigste Frage, die man sich beim Anfertigen von Gesprächsnotizen stellen sollte, ist jedoch folgende: **Was muss ich aufschreiben, damit jemand, der nicht an dem Gespräch teilgenommen hat, versteht, was besprochen wurde?**

1 A **Unterstreichen Sie in den folgenden Sätzen die Schlüsselwörter.**

B **Notieren Sie zu den unterstrichenen Schlüsselwörtern kurze Stichpunkte.**

1 Die Besprechung findet am Dienstag um 17 Uhr im Konferenzraum B statt.

____

2 Ich hätte gern zwei Portionen Pommes, eine Limo und einen Burger.

____

3 Ich möchte den Pulli, den ich gestern gekauft habe, umtauschen, weil er nicht zur Hose passt.

____

4 Sie können Frau Meißner am 05.09., wenn sie aus dem Urlaub zurück ist, wieder unter der Durchwahl 915 erreichen.

____

5 Weil Herr Özkul morgen nicht da ist, müssen Sie für ihn das Telefon besetzen und alle Anrufer an die zuständigen Kollegen weiterleiten.

____

2 A **Besprechen Sie zu zweit Ihre jeweiligen Pläne für das kommende Wochenende. Erstellen Sie vor dem Gespräch miteinander ein „Formular“, in das Sie die wichtigen Aussagen eintragen können (W-Fragen).**

B **Notieren Sie, während Ihr Partner / Ihre Partnerin spricht, alle wichtigen Informationen in Ihrem „Formular“.**

C **Kontrollieren Sie nach dem Gespräch, ob Sie alle wichtigen Informationen erhalten haben. Fragen Sie nach, wenn Ihnen eine Information fehlt.**

3 **A Sie machen ein Praktikum bei einer Werbefirma. Am Nachmittag bekommen Sie den Auftrag, das Telefon zu besetzen und die Anrufe in einem Formular zu notieren. Ordnen Sie den einzelnen Punkten im Formular die richtigen W-Fragen zu.**

Wer ruft an? • **Was** will die Person? • **Wann**? • **Wie** erreichbar? • **Wer** hat den Anruf angenommen? • **Für wen** ist die Nachricht?

Anrufnotiz

Name des Anrufers (__________): ____________________

Termin/Rückruf (__________): ____________________

Nachricht für (__________): ____________________

Nachricht (__________): ____________________

____

____

Nummer für Rückfragen (__________): ____________________

Gesprochen mit (__________): ____________________

B Hören Sie sich den Anruf an. Füllen Sie dabei das Formular oben aus.

C Hören Sie den Anruf ein zweites Mal. Kontrollieren Sie, ob Sie das Formular richtig ausgefüllt haben.

D Die angerufene Kollegin ist bis nächste Woche im Homeoffice. Schreiben Sie ihr eine kurze E-Mail, in der Sie die Notizen des Formulars zusammenfassen. Senden Sie die E-Mail an einen Mitschüler oder an die Lehrkraft.

4 **Was mache ich, wenn …? Kreuzen Sie die passende Strategie an.**

1 Was mache ich, wenn ich nur die Antworten auf bestimmte Fragen notieren soll (z. B. welche Personen morgen zur Besprechung kommen)?

Ich notiere alles, was der Sprecher gesagt hat – nur zur Sicherheit. ☐	Ich notiere nur die Namen der Personen. ☐

2 Was mache ich, wenn ich wichtige Informationen nicht gehört habe?

Ich bitte höflich um eine Wiederholung der Information. ☐	Ich rate. ☐

28 FRAGEWÖRTER

1 Ergänzen Sie die Fragewörter. Markieren Sie die Schlüsselwörter für Ihre Entscheidung.

Markus Lang: Guten Tag, Sie sprechen mit Markus Lang.

Ulrike Meindl: Guten Tag, mein Name ist Ulrike Meindl. ____________ sind Sie zuständig?

M. Lang: Ich bin für unsere Firmenkunden zuständig. ____________ kann ich Ihnen helfen?

U. Meindl: Sie können mir mit einer Nachbestellung helfen. Ich benötige 11 Toner.

M. Lang: ____________ brauchen Sie die Toner?

U. Meindl: Ich brauche die Toner für unsere Farbdrucker in unserem Büro in Mindelheim.

M. Lang: ____________ sollen wir die Toner schicken? Mit Express-Versand oder normal?

U. Meindl: Mit Express, bitte. Das Büro ist in der Regenstr. 18 in Mindelheim.

2 Formulieren Sie Fragen.

wohin • woher • womit • wovon • wer • wo • wofür • wann

1 die Toner/brauchen/Sie

____

2 die Toner/senden/sollen/wir

____

3 kommen/die Sendung

____

4 helfen/können/Ihnen/wir

____

3 Ergänzen Sie die REGEL ZU DEN FRAGEWÖRTERN.

begleiten • Fragewörter • beginnt

Manche ____________[1] ergeben sich aus der Präposition, die das Verb ____________[2]. Wenn man dabei nach Sachen (nicht nach Personen) fragt, ____________[3] das Fragewort mit *wo-*.

Sich für etwas interessieren → Fragewort: *wo* + Präposition → *Wofür interessiert du dich?*
Auf etwas warten → Fragewort: *wo* + *r* + Präposition → *Worauf wartest du?*

29 EINE ANLEITUNG SCHREIBEN

GUT ZU WISSEN

In einer **Anleitung** muss man eine bestimmte **Tätigkeit** so genau **beschreiben**, dass der Leser / die Leserin ohne Hilfsmittel versteht, was er/sie wie tun muss, um die Tätigkeit auszuführen. Ein Beispiel dafür sind die Anleitungen für Elektrogeräte und Möbelaufbau.
In der **Einleitung** werden die **Tätigkeit** und alle **Gegenstände und Werkzeuge** aufgelistet, die man braucht. Anschließend folgt eine knappe Beschreibung der **einzelnen Arbeitsschritte** in der richtigen **Reihenfolge**. Eine gute schriftliche Anleitung verbindet die einzelnen Schritte mit **Satzverknüpfungen (Konjunktionen)** und **Adverbien**, um verständlich zu machen, was wann wie wozu zu tun ist.
Man beantwortet dabei folgende Fragen: **Was macht man wie? Welche Werkzeuge** und Materialien braucht man dafür?
Der Sprachstil ist **sachlich.** Man schreibt im **Präsens.**

1 Sammeln Sie in der Klasse Erfahrungen zum Falten von Papierfliegern.

Einen Papierflieger falten

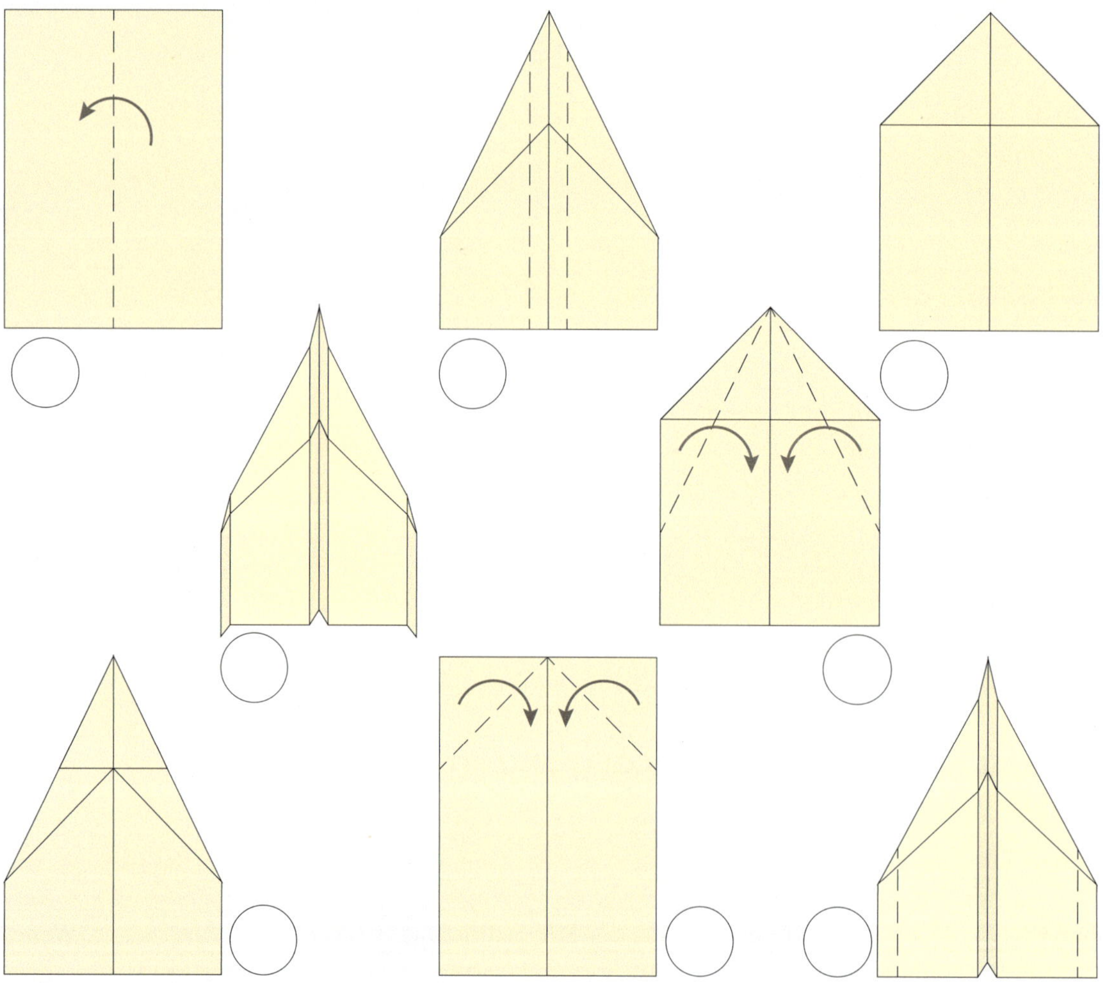

2 Bringen Sie die Bilder in eine sinnvolle Reihenfolge, indem Sie die Schritte von 1 bis 8 nummerieren.

3 Überprüfen Sie die gewählte Reihenfolge, indem Sie den Papierflieger falten.

4 Schreiben Sie zu jedem Schritt eine oder zwei kurze Notizen.

Ecke • Falte • Kante • Spitze • falten • knicken • längs • mittig

Schritt	Notizen
1	A4-Blatt längs 1x falten
2	
3	
4	
5	
6	
7	
8	

5 Geben Sie einem Partner Ihre Notizen und bitten Sie ihn, die Handgriffe auszuführen, wie beschrieben. Beobachten Sie die Durchführung mithilfe der Bilder. Notieren Sie Antworten auf die folgenden Fragen, um Ihre Anleitung zu verbessern.

1 Gibt es Probleme bei der Ausführung und muss die Anleitung angepasst werden? Wenn ja, an welcher Stelle?

2 Ist die Reihenfolge der Schritte korrekt? Wenn nein, was müssen Sie ändern?

6 Schreiben Sie eine ausführliche Anleitung. Nutzen Sie die folgenden Satzverknüpfungen.

nachdem • bevor • indem • damit • zuerst • anschließend • schließlich • um • sodass • dadurch • während

7 Formulieren Sie auch einen Einleitungssatz.

Beispiel Für ... (Tätigkeit) benötigt man ... (Materialien) und ... (Werkzeuge).

29 WECHSELPRÄPOSITIONEN

1 In der Werkstatt: Verbinden Sie die Fragen mit den passenden Antworten.

1 Wo ist die Farbe?	Sie hängt an dem Haken links.	Dativ
2 Wohin soll ich den Pinsel bringen?	Die Farbe gehört in das Regal.	
3 Wo ist der alte Fensterrahmen?	Sie gehört an den Haken links.	
4 Wo ist die Schutzmaske?	Die Farbe steht in dem Regal.	
5 Wohin gehört die Farbe?	Bring ihn zu der Werkbank.	
6 Wohin gehört die Schutzmaske?	Er steht neben der Tür.	

2 Markieren Sie in den Antworten die Präpositionen mit Artikeln und Nomen. Notieren Sie, ob das jeweilige Nomen im Akkusativ oder im Dativ steht.

3 Vervollständigen Sie die REGEL FÜR DIE NEUN WECHSELPRÄPOSITIONEN *(an, auf, hinter, in, neben, über, unter, vor, zwischen).*

Wohin → nennt die Richtung	**Wo → nennt den Ort**
Präposition + Nomen im ______	Präposition + ______
Ich gehe in die Werkstatt.	Das Werkzeug ist in der Werkstatt.
______	______
______	______
______	______
______	______

4 Ergänzen Sie je vier weitere Beispiele in Aufgabe 3.

5 Ergänzen Sie den richtigen Artikel. Notieren Sie Kasus und Fragewort daneben.

1 Man legt die Schachtel auf den Tisch. AKK: wohin
2 Die Schachtel liegt auf ______ Tisch. ______
3 Man klebt das Klebeband auf ______ offenen Seiten der Schachtel. ______
4 Das Klebeband klebt auf ______ offenen Seiten der Schachtel. ______
5 Man legt das Buch in ______ Schachtel. ______
6 Das Buch liegt in ______ Schachtel. ______

30 EINEN PRAKTIKUMSBERICHT SCHREIBEN

GUT ZU WISSEN

In der **Ausbildung und im Praktikum** muss man ein **Berichtsheft führen. Darin berichtet man knapp** und **sachlich**, welche **Aufgaben** man im Praktikum an einem Tag **erledigt** hat.
In einem Praktikumsbericht beantwortet man folgende Fragen:

Wo? In welchem Betrieb bzw. in welcher Abteilung fand das Praktikum statt?
Wann? Wie lautete das Datum und wie waren die Arbeitszeiten?
Was? Welche Aufgaben hat man erledigt?
Wer? Wer hat das Praktikum betreut bzw. wer hat mitgearbeitet?

Ein Praktikumsbericht wird im **Präteritum** verfasst.

1 **A Lesen Sie die beiden Praktikumsberichte genau durch.**

Bericht A

Ich habe heute (28.07.2022) mit dem Gesellen Herbert Wimmer zusammengearbeitet. Der alte Kerl hat mir die Aufgabe gegeben, die Zementsäcke zum Haus zu tragen. Das war echt anstrengend. Er selbst hat natürlich nicht viel geholfen, wahrscheinlich kann er nicht mehr so schwer tragen. Nächstes Mal mache ich das nicht mehr.

Bericht B

Ich war am 28.07.22 von 10 Uhr bis 14 Uhr mit der Firma Beck auf der Baustelle. Dabei habe ich mit dem Gesellen Milosz Kunisz zusammengearbeitet. Meine Aufgabe bestand darin, die Materialien, die beim Mauern gebraucht wurden, an den richtigen Ort zu bringen. Zu den Materialien zählten Zementsäcke und Ziegel. Milosz zeigte mir dabei, wie ich diese schweren Gegenstände rückenschonend tragen kann.

B Unterstreichen Sie in den Berichten A und B Wörter und Sätze, die Gefühle, Bewertungen oder Vermutungen ausdrücken.

C Was gehört zu einem Praktikumsbericht im sachlichen Stil? Kreuzen Sie an.

	ja	nein
eigene Meinung, Gedanken, Überlegungen		
Spannung		
knappe Darstellung		
wörtliche Rede		
Präteritum (Vergangenheit)		

D Werden in Text A alle W-Fragen beantwortet? Welche Informationen fehlen?

____

____

2 **Formulieren Sie Text A aus Aufgabe 1 A in einen sachlichen Bericht um.**

3 **A** **Verfassen Sie einen Einleitungssatz für einen Praktikumsbericht. Nutzen Sie die Informationen im Kasten.**

Beispiel: Am ... (Wann?) war ich im Rahmen meines Praktikums bei ... (Wer?) von ... (Uhrzeit) bis ... (Uhrzeit) in der ... (Wo?).

- Wer: Schreinerei Gladbeck; Inhaber: Jochen Gladbeck
- Was: Fensterrahmen abschleifen, Treppengeländer lasieren und zusammenbauen, Werkstatt fegen
- Wann: Dienstag, 12.04.20xx, von 7:30 Uhr bis 15:30 Uhr
- Wo: Werkstatt

B **Schreiben Sie anhand der Informationen aus dem Kasten den Praktikumsbericht. Vervollständigen Sie hierfür die folgenden Sätze sinnvoll.**

Zuerst bekam ich die Aufgabe ________

Anschließend durfte ich ________

Am Ende des Arbeitstages ________

30 PRÄTERITUM BEI TRENNBAREN VERBEN

DAZ

1 **A Markieren Sie die Verben im Präteritum, auch die trennbaren Vorsilben.**

Praktikumsbericht

Ich trat mein Praktikum im Schmuckladen am 28.07.2023 an. Die Inhaberin Frau Merk machte den Laden pünktlich um 9:00 Uhr auf. Davor bereiteten wir den Verkaufsraum vor. Ich wischte die Schränke und die Verkaufsflächen ab. Dann legte ich neue Schmuckstücke in der Vitrine aus. Anschließend saugte ich den Teppich ab und öffnete die Tür. Am Vormittag kamen mehrere Kunden. Ich durfte Frau Merk beim Verkauf helfen. Sie gab mir eine Kette, die ich reinigen sollte. Dafür tauchte ich die Kette ein paar Sekunden in das Säurebad ein. Dann spülte ich die Kette mit Wasser ab und trocknete sie mit einem sauberen Tuch ab. Um 18 Uhr ging ich nach Hause und arbeitete meinen Praktikumsbericht aus.

B Notieren Sie die markierten Verben im Infinitiv.

an-	auf-	ab-	aus-	ein-
antreten	______	______	______	______
______	______	______	______	______
______	______	______	______	______
______	______	______	______	______

C Ergänzen Sie in der Tabelle weitere Verben mit trennbaren Vorsilben.

2 **Ergänzen Sie die Verben im Präteritum.**

zusammenarbeiten • zusammenkehren • abschleifen • sein • zusammenbauen • auftragen • aufräumen • machen

Am Dienstag, den 12.04.2023, ______[1] ich ein Praktikum bei der Schreinerei Gladbeck. Ich ______[2] von 8:00 Uhr bis 16:00 Uhr in der Werkstatt. Der Geselle Marcus ______[3] mit mir ______[4]. Zuerst ______[5] ich das Treppengeländer mit Schleifpapier ______[6]. Dann ______[7] ich die Einzelteile ______[8] und ______[9] am Schluss graue Farbe ______[10]. Am Ende der Arbeit ______[11] ich die Werkzeuge ______[12] und ______[13] die Sägespäne ______[14].

TEXTE VERFASSEN: ALLES KLAR?

1 **Finden Sie die Lösung. Die Buchstaben in den roten Zahlfeldern ergeben das Lösungswort.**

1 Die Person, an die man schreibt, nennt man ...

2 Am Ende eines Briefs steht die ...

3 Der Schreibstil einer Anleitung oder eines Berichts ist ...

4 Ein Überweisungsträger ist ein ...

5 Die Zeile, die in einem Brief oder einer E-Mail vor der Anrede kommt, heißt ...

6 Eine Beschreibung, die erklärt, wie man etwas macht, ist eine ...

7 Eine Bewertung besteht aus: Meinung, Begründung und ...

8 Eine Meinung braucht immer eine gute ...

9 Bevor man einen Text schreibt, erstellt man eine ...

Lösung: __ __ __ __ __ __ __ __ __

Schätzen Sie sich ein, wenn Sie die Seiten bearbeitet haben.			Das kann ich gut	Das kann ich	Das kann ich teilweise	Das trainiere ich noch einmal
Texte planen	**23**	Einen Schreibplan entwickeln				
Texte schreiben	**24**	Formulare ausfüllen				
	25	Eine E-Mail schreiben				
	26	Einen Geschäftsbrief schreiben				
	27	Etwas bewerten und begründen				
	28	Gesprächsnotizen anfertigen				
	29	Eine Anleitung schreiben				
	30	Einen Praktikumsbericht schreiben				

SICH MIT LITERATUR BESCHÄFTIGEN: LOS!

„Das Wichtigste ist, dass Kinder Bücher lesen, dass ein Kind mit seinem Buch allein sein kann. Dagegen sind Film, Fernsehen und Video eine oberflächliche Erscheinung."

(Astrid Lindgren)

Überlegen Sie in der Klasse, was Astrid Lindgren damit gemeint haben könnte. Wie ist Ihre Meinung zu dieser Aussage?

1 **Führen Sie in Ihrer Klasse eine Umfrage zu Ihrer Mediennutzung durch. Bilden Sie drei Gruppen.**
Gruppe 1: Welche Medien (Fernsehen, Bücher, Internet, Zeitschriften, soziale Netzwerke usw.) nutzen Sie?
Gruppe 2: Wie oft nutzen Sie die einzelnen Medien (täglich, mehrmals in der Woche, ein- bis zweimal im Monat)?
Gruppe 3: Wann und wo haben Sie mit Gedichten oder literarischen Texten zu tun?

2 **Halten Sie die Ergebnisse Ihrer Gruppe schriftlich fest.**

Das hat unsere Umfrage ergeben:

3 **Präsentieren Sie die Gruppenergebnisse.**

Mit diesen Inhalten beschäftigen Sie sich auf den folgenden Seiten.

Tragen Sie das Datum ein, wenn Sie die Seiten bearbeitet haben.

			○	●
Literarische Texte lesen	**31**	Ein Gedicht kennenlernen		
	32	Ein Gedicht verstehen		
	33	Einen Romananfang lesen		
	34	Einen Romananfang zusammenfassen		

Schätzen Sie Ihre Kompetenzen auf Seite 122 ein.

31 EIN GEDICHT KENNENLERNEN

GUT ZU WISSEN

Gedichte kann man leicht erkennen, denn sie werden von ihrem Verfasser oder ihrer Verfasserin auf eine besondere Weise **optisch gestaltet.** Das geschieht zum Beispiel durch eine Gliederung der Zeilen in **Strophen.** Die Zeilen eines Gedichts nennt man **Verse.** Wenn sich Gedichte am Ende einer Zeile reimen, spricht man von **Endreimen.** In Gedichten werden oftmals **Gefühle** dargestellt. Themen wie Liebe, Natur, Trauer sowie die Jahreszeiten werden häufig behandelt. Um ein Gedicht zu verstehen, kann es helfen, dass man das Gedicht **laut liest.** Die literarische Gattung der Dichtung in Versform wird als **Lyrik** bezeichnet.

1 **A Überfliegen Sie den Text.**

Heinz Erhardt: Die polyglotte Katze

Die Katze sitzt vorm Mauseloch,
in das die Maus vor Kurzem kroch,
und denkt: „Da wart nicht lang ich,
die Maus, die fang ich!"

Die Maus jedoch spricht in dem Bau:
„Ich bin zwar klein, doch bin ich schlau!
Ich rühr mich nicht von hinnen,
ich bleibe drinnen!"

Da plötzlich hört sie – statt „miau" –
ein laut vernehmliches „wau-wau"
und lacht: „Die arme Katze,
der Hund, der hatse!

Jetzt muss sie aber schleunigst flitzen,
anstatt vor meinem Loch zu sitzen!"
Doch leider – nun, man ahnt's bereits –
war das ein Irrtum ihrerseits.

Denn als die Maus vors Loch hintritt –
es war nur ein ganz kleiner Schritt –
wird sie durch Katzenpfotenkraft
hinweggerafft! – –

Danach wäscht sich die Katze die Pfote
und spricht mit der ihr eignen Note:
„Wie nützlich ist es dann und wann,
wenn man 'ne fremde Sprache kann ...!"

B Um welche Textsorte handelt es sich? Kreuzen Sie an und begründen Sie.

Der Text ist ☐ ein Zeitungsartikel, ☐ ein Gedicht, ☐ eine Kurzgeschichte,

weil ____.

C Unterstreichen Sie die Redeanteile der Maus und die Redeanteile der Katze im Text auf Seite 110. Verwenden Sie hierfür unterschiedliche Farben.

D Nummerieren Sie die Strophen links neben dem Gedicht. Beantworten Sie die folgenden Fragen.

1 Wo sitzt die Katze in der 1. Strophe? ______ ______	4 Was denkt die Maus in der 4. Strophe? ______ ______
2 Was macht die Maus in der 2. Strophe? ______ ______	5 Was passiert der Maus in der 5. Strophe? ______ ______
3 Was glaubt die Maus in der 3. Strophe? ______ ______	6 Welchen Tipp gibt die Katze in der 6. Strophe? ______ ______

E Markieren Sie die Reimwörter im Gedicht. Es sind Paarreime: *Mauseloch – kroch*

2 Üben Sie in kleinen Gruppen, das Gedicht laut vorzulesen. Was finden Sie dabei besonders wichtig?

3 Tauschen Sie sich darüber aus, in welchen Situationen Sie Fremdsprachen hilfreich fanden oder sich gewünscht haben, Sie würden die Fremdsprache sprechen.

4 Führen Sie in Ihrer Klasse eine Umfrage durch, welche Sprachen Ihre Mitschüler neben Deutsch noch sprechen.

	Deutsch	*Türkisch*
Max		
Gül		

5 Warum kann es im Beruf wichtig sein, eine Fremdsprache zu sprechen? Sammeln Sie Gründe.

______

______

______

DAZ

31 REFLEXIVE VERBEN

1 Mehr von Katz und Maus: Verbinden Sie die Sätze.

1 Die Katze freut	euch zu viel!“
2 „Wo befindest du	sich über ihre Gedanken.
3 „Heute muss ich	sich auf ihre Beute.
4 „Wenn ich dich habe, unterhalten wir	mich nicht beeilen.“
5 „Ihr Mäuse bewegt	uns schön!“
6 Beide Tiere wundern	dich, kleine Maus?“

2 Notieren Sie aus Aufgabe 1 die Verben mit Reflexivpronomen in der Grundform.

sich freuen, ______________________________

3 Ergänzen Sie die REGEL ZU REFLEXIVEN VERBEN.

gebildet • Form • Reflexivpronomen • im Akkusativ

Bestimmte Verben brauchen ein ____________ 1. Meistens steht das Reflexivpronomen ____________ 2. Es wird deshalb auch wie das Akkusativpronomen ____________ 3. Die 3. Person hat eine besondere ____________ 4: *er/sie/es → sich*. Beispiele: *Die Katze freut sich auf ihre Beute. Freust du dich auf die Ferien?*

4 Ergänzen Sie die Reflexivpronomen.

Gestern habe ich ____________ 1 mit Elif getroffen. Wir interessieren ____________ 2 für gebrauchte Bücher und wollten auf einem Bücherflohmarkt. Elif hat ____________ 3 sehr auf den Flohmarkt gefreut. Leider fing es plötzlich an zu regnen und es fühlte ____________ 4 wie Herbst an. Wir gingen schnell nach Hause und freuten ____________ 5 auf einen heißen Kakao.

5 Formulieren Sie vollständige Sätze.

1 ich – sich erkälten – habe – auf unserem Ausflug
2 meine Schwester – sich interessieren für – gebrauchte Bücher
3 sich anfühlen – der Schnee – kalt
4 sich freuen auf – ich – meinen Geburtstag

32 EIN GEDICHT VERSTEHEN

GUT ZU WISSEN

Ein Gedicht zu erfassen, ist nicht immer einfach. Wichtig ist es, den **Inhalt** zu verstehen. Dafür sollte man das Gedicht zwei- bis dreimal **lesen** und den **Inhalt** in eigenen Worten **zusammenfassen.** Am besten geht man dazu **strophenweise** vor. Danach sollte man sich den **Aufbau** des Gedichts anschauen. Wie viele Strophen hat das Gedicht? Aus wie vielen Versen bestehen die einzelnen Strophen? Ein weiterer wichtiger Punkt ist die **Sprache** des Gedichts. Welche Wortarten werden verwendet? Welche Sprache (Umgangssprache oder gehobene Sprache) benutzt der Dichter oder die Dichterin? Gibt es **sprachliche Bilder** oder besonders lebendige Formulierungen? Zum Schluss untersucht man das Gedicht auf **Reime.** Man spricht von einem Reim, wenn bei zwei oder mehreren Wörtern der letzte betonte Vokal gleich klingt. Folgende **Endreime** kommen oft vor: Der **Paarreim** mit dem Schema aabb (zum Beispiel: *heiter – weiter – Ort – Wort*). Der **Kreuzreim** mit dem Schema abab (zum Beispiel: *Ort – fassen – dort – lassen*).

1 **Verbinden Sie die einzelnen Schritte mit den passenden Erklärungen.**

1 Inhalt des Gedichts verstehen	Anzahl der Strophen und Verse ermitteln
2 Aufbau des Gedichts analysieren	Gedicht in eigenen Worten zusammenfassen
3 Sprache des Gedichts verstehen	Kreuzreim und Paarreim unterscheiden
4 Reimschema erkennen	sprachliche Bilder, besondere Formulierungen finden

2 **A Lesen Sie sich das Gedicht mehrmals durch.**

Erich Kästner: Sachliche Romanze

Als sie einander acht Jahre kannten
(und man darf sagen: sie kannten sich gut),
kam ihre Liebe plötzlich abhanden.
Wie andern Leuten ein Stock oder Hut.

Sie waren traurig, betrugen sich heiter,
versuchten Küsse, als ob nichts sei;
und sahen sich an und wussten nicht weiter.
Da weinte sie schließlich. Und er stand dabei.

Vom Fenster aus konnte man Schiffen winken.
Er sagte, es wäre schon Viertel nach vier
und Zeit, irgendwo Kaffee zu trinken.
Nebenan übte ein Mensch Klavier.

Sie gingen ins kleinste Café am Ort
und rührten in ihren Tassen.
Am Abend saßen sie immer noch dort.
Sie saßen allein und sprachen kein Wort
und konnten es einfach nicht fassen.

B Nummerieren Sie die einzelnen Strophen des Gedichts.

C Markieren Sie die Reimwörter farbig.

32 EIN GEDICHT VERSTEHEN

3 Was stimmt? Analysieren Sie das Gedicht „Sachliche Romanze" auf Seite 113.

Das Gedicht hat
- ☐ 3 Strophen und jede Strophe hat 4 Verse.
- ☐ 4 Strophen und jede Strophe hat 5 Verse.
- ☐ 4 Strophen, die Strophen 1–3 haben 4 Verse, die Strophe 4 hat 5 Verse.

Welches Reimschema hat das Gedicht? ☐ abab (= Kreuzreim) ☐ aabb (= Paarreim)

4 Beantworten Sie folgende Fragen zum Gedicht:

Wer hat das Gedicht geschrieben? ____________________

Wie lautet der Titel des Gedichts? ____________________

5 A Kreuzen Sie an, worum es im Gedicht hauptsächlich geht.

Das Gedicht
- ☐ schildert eine schöne erste Verabredung zwischen einem Mann und einer Frau.
- ☐ handelt vom Klavierspiel eines Mannes.
- ☐ beschreibt, wie zwei Menschen feststellen, dass sie sich nicht mehr lieben.

B Sind die folgenden Aussagen falsch oder richtig?

Die Figuren ...	richtig	falsch
... sind sehr verliebt.		
... gehen zusammen in ein Café.		
... haben sich nicht mehr viel zu sagen.		
... sind schon länger ein Paar.		
... treffen sich zufällig.		
... sind nicht mehr glücklich miteinander.		
... verbringen eine schöne Zeit miteinander.		

6 „Sachliche Romanze" – was fällt Ihnen am Titel des Gedichts auf?

7 Wie gefällt Ihnen das Gedicht, nachdem Sie sich damit beschäftigt haben?

Mir gefällt (nicht), ____________________

____

Spannend finde ich, dass ____________________

____

32 WÜNSCHE UND IRREALE BEDINGUNGEN

DAZ

1 **Wünsche und Wirklichkeit: Notieren Sie drei weitere Wünsche.**

ein Haus mit Pool | Ich hätte gerne eine Insel. | glücklich | Ich wäre gerne ein Fußballstar.

2 **Ergänzen Sie die Wünsche mit den korrekten Formen von *haben* oder *sein*.**

1 Wir ______________ am liebsten ein großes Haus mit Pool (haben).

2 ______________ ihr lieber eine Insel oder viel Geld (haben)?

3 Sie ______________ gern ein Fußballstar (sein).

4 Wir ______________ gerne glücklich (sein).

3 **Formulieren Sie drei persönliche Wünsche als ganze Sätze.**

4 **Ergänzen Sie die REGEL FÜR WÜNSCHE UND IRREALE BEDINGUNGEN.**

im Nebensatz • *hätte* • irreale Bedingungen • fomuliert

Mit dem Konjunktiv 2 kann man Wünsche ausdrücken. Wunschsätze ______________ [1] man mit *wäre*, ______________ [2] oder *würde + Verb*. Oft steht eine Form von *gerne* dabei. Auch ______________ [3], also etwas, was in Wirklichkeit nicht so ist, brauchen *wäre*, *hätte* oder *würde + Verb*. Im Hauptsatz und ______________ [4] steht dann der Konjunktiv 2. Beispiel: *Wenn ich Millionär wäre, (dann) würde ich zum Mond fliegen.*

5 **Was wäre, wenn ... Ergänzen Sie die Sätze.**

1 Wenn das Wetter gut wäre, *würde* ______________________________

2 Wenn ich mir einen Beruf aussuchen könnte, ______________________________

3 Wenn wir ein Haustier hätten, ______________________________

4 Wenn ihr im Lotto gewinnen würdet, ______________________________

33 EINEN ROMANANFANG LESEN

GUT ZU WISSEN

In einem Roman wird eine **Geschichte** erzählt. Die Geschichte ist **fiktiv,** das heißt, dass sie sich der Autor oder die Autorin **ausgedacht** hat. Die Geschichte wird normalerweise in Sätzen erzählt und nicht in Versen wie ein Gedicht. Meistens ist ein Roman eine **längere Erzählung** und in **Kapitel** aufgeteilt. Es gibt im Roman eine **komplexe Handlung** und meistens auch **mehrere Handlungsstränge**. Das kann zum Beispiel bedeuten, dass die Geschichte aus der Sicht unterschiedlicher Figuren erzählt wird. Häufig steht eine **Hauptfigur** im Mittelpunkt der Geschichte, deren Entwicklung geschildert wird. Romane gehören zur Gattung der **Epik** (erzählende Texte).

1 **Kreuzen Sie an, welche Aussagen zum Thema Romane richtig oder falsch sind.**

Romane ...	**richtig**	**falsch**
... sind längere Erzählungen.		
... werden in Versen verfasst.		
... erzählen eine ausgedachte Geschichte.		
... sind meistens nur wenige Seiten lang.		
... gehören zu den erzählenden Texten (Epik).		
... sind in Strophen unterteilt.		
... haben mindestens eine Hauptfigur.		

2 **A Lesen Sie den Romananfang.**

Andreas Steinhöfel: Die Mitte der Welt (Romananfang)

Eines nasskalten Aprilmorgens bestieg Glass, die linke Hand am Griff ihres Koffers aus abgewetztem Lederimitat, die rechte am Geländer einer wackeligen Gangway, einen Ozeanriesen, der im Hafen von Boston zum Auslaufen nach Europa bereitlag. Menschen wimmelten über den Pier, Wasser schlug aufgebracht gegen die Kaimauer. In der Luft hing ein stechender, Übelkeit erregender Gestank, eine Mischung von verbranntem Teer und faulendem Fisch. Glass legte den Kopf in den Nacken und betrachtete mit zusammengekniffenen Augen die dickbauchigen Wolkenbänke, die sich über der Küste von Massachusetts stapelten. Nieselregen jagte gegen den dünnen Mantel, der ihre unmöglich mageren Beine umschlackerte. Sie war siebzehn Jahre alt und im neunten Monat schwanger.

Abschiedsrufe erklangen, weiße Taschentücher flatterten im Wind, Motoren erwachten zum Leben. Inmitten der wogenden Menschenmenge, die sich am Pier versammelt hatte, um Verwandten und Bekannten Lebewohl zu winken, stand ein Kind. Lachend erhob es eine Hand und deutete in den grauen Himmel. Hoch oben, auf salzigem Wind, tanzten Möwen wie die Papierfetzen bei einer Parade zur Feier des Unabhängigkeitstages. Die unschuldige Geste rührte Glass und reichte beinahe aus, ihren Entschluss, Amerika zu verlassen, ins Wanken zu bringen. Doch plötzlich hatte der Dampfer es eilig. Mit einem wehmütigen Tuten legte er ab und ließ den Hafen hinter sich. Sein Bug drückte tief ins Wasser. Glass wandte dem Festland den Rücken zu. Sie schaute nie zurück.

B **Markieren Sie die Stellen im Text von Seite 116 gelb, die den Ort des Geschehens beschreiben. Achten Sie dabei besonders auf Adjektive.**

C **Kreisen Sie Textstellen ein, an denen Namen (Personen/Orte) genannt werden.**

D **Nutzen Sie Ihre Markierungen, um die folgenden Fragen zu beantworten:**

1 Welcher Ort wird geschildert? Am Anfang des Romans „Die Mitte der Welt" wird ______________

______________________________ geschildert.

2 Um wen geht es in dem Textauszug? Im Textauszug geht es um ______________

____

3 Was wird im Textauszug beschrieben? Am Anfang des Romans wird beschrieben, wie ______________

____

3 **A** **Markieren Sie im Text, was Sie über die handelnde Figur erfahren.**

B **Ergänzen Sie den folgenden Steckbrief mit Ihren Ergebnissen aus Aufgabe 3 A.**

Steckbrief

Name: Glass

Alter: ______________

Wohnort: ______________

Kleidung: ______________

Situation: ______________

Reiseziel: ______________

4 **Sammeln Sie mithilfe eines Brainstormings, was Sie noch über Glass erfahren möchten.**

5 **Überlegen Sie, wie die Geschichte weitergehen könnte.**

____

____

____

DAZ

33 LANGE SÄTZE KNACKEN

1 Markieren Sie die Satzteile, die neu zur Kernaussage dazukommen.

Kernaussage: Phil hat gelacht.

1 Phil hat über einen kurzen Witz gelacht.

2 Phil hat über einen kurzen, aber lustigen Witz gelacht.

3 Phil hat über einen kurzen, aber lustigen Witz, den Dianne erzählt hat, gelacht.

4 Phil hat über einen kurzen, aber lustigen Witz, den Dianne erzählt hat, bevor der Bus gekommen ist, gelacht.

5 Phil hat über einen kurzen, aber lustigen Witz, den Dianne erzählt hat, bevor der Bus gekommen ist, der leider Verspätung hatte, gelacht.

2 Üben Sie, Satz 5 aus Aufgabe 1 flüssig zu lesen.

3 Notieren Sie einen eigenen, möglichst langen Satz. Achten Sie auf die Kommas.

____

____

____

4 Beantworten Sie die Fragen und markieren Sie Antworten im Text.

Eines nasskalten Aprilmorgens bestieg Glass, die linke Hand am Griff ihres Koffers aus abgewetztem Lederimitat, die rechte am Geländer einer wackeligen Gangway, einen Ozeanriesen, der im Hafen von Boston zum Auslaufen nach Europa bereitlag. (aus: Andreas Steinhöfel: Die Mitte der Welt) Kernaussage: ________ ________ ________ ________ ________	Wer macht etwas? Glass Was macht die Person? ________ Wann geschieht das? ________ Wie macht sie das? ________ ________ Was für eine Information zu dem Schiff gibt es? ________ Wo liegt das Schiff? ________ Wohin fährt das Schiff? ________ Was macht das Schiff in diesem Moment? ________ ________

34 EINEN ROMANANFANG ZUSAMMENFASSEN

GUT ZU WISSEN

Wenn Sie eine **Zusammenfassung** eines Romanauszugs schreiben, müssen Sie den **Inhalt des Textes** wiedergeben. Die Zusammenfassung sollte **kürzer als** der **Ausgangstext** sein und Sie sollten das Geschehen **mit eigenen Worten** wiedergeben. Eine Zusammenfassung wird in der **Gegenwartsform** (Präsens) geschrieben.
Als Erstes sollten Sie den **Romanauszug** gründlich **lesen.** Danach **markieren** Sie die **wichtigsten Stellen** und teilen den Text in **Sinnabschnitte** ein. Hier kann es Ihnen auch helfen, die **W-Fragen** zu beantworten: Wer? Wann? Was? Wo? Warum? Wie? Es ist außerdem hilfreich, den einzelnen **Sinnabschnitten Überschriften** zu geben.
Eine Zusammenfassung besteht aus drei Teilen: **Einleitung, Hauptteil** und **Schluss.** Die Einleitung enthält die wichtigsten **Informationen zum Roman:** Autor, Titel, Textsorte, Erscheinungsjahr, Thema. Im Hauptteil wird mithilfe der W-Fragen der Inhalt wiedergegeben. Der Hauptteil darf keine eigene Meinung enthalten. Im Schlussteil können Sie in einem **Fazit** den Text kurz selbst beurteilen und beispielsweise beschreiben, wie Sie sich beim Lesen gefühlt haben.

1 **A Lesen Sie den folgenden Romananfang.**

Kerstin Gier: Silber. Das erste Buch der Träume (Romananfang)

Der Hund schnüffelte an meinem Koffer. Für einen Drogenspürhund war er ein erstaunlich flauschiges Exemplar, vielleicht ein Hovawart, und ich wollte ihm gerade die Ohren kraulen, als er die Lefzen anhob und ein bedrohliches „Wuff" von sich gab. Dann setzte er sich hin und drückte energisch die Nase an die Kofferwand. Der Zollbeamte schien darüber genauso erstaunt zu sein wie ich, er schaute zweimal vom Hund zu mir und wieder zurück, ehe er nach dem Koffer griff und sagte: „Na, dann wollen wir doch mal schauen, was unsere Amber da aufgespürt hat."
Na, großartig. Kaum eine halbe Stunde auf britischem Boden, und schon wurde ich verdächtigt, Drogen zu schmuggeln. Die echten Schmuggler in der Reihe hinter mir freuten sich bestimmt gerade diebisch, dank mir konnten sie nun unbehelligt mit ihren Schweizer Uhren oder Designerdrogen durch die Absperrung spazieren. Welcher Zollbeamte mit Verstand winkte denn ein fünfzehnjähriges Mädchen mit blondem Pferdeschwanz aus der Reihe anstatt beispielsweise dieses nervös wirkenden Typs mit dem verschlagenen Gesicht da hinten? Oder dieses verdächtig blassen Jungen mit strubbeligen Haaren, der im Flugzeug schon eingeschlafen gewesen war, bevor wir die Startbahn erreicht hatten. Kein Wunder, dass der jetzt so schadenfroh grinste. Seine Taschen waren wahrscheinlich gestrichen voll mit Schlaftabletten.
Aber ich beschloss, mir nicht die gute Laune verderben zu lassen, schließlich wartete hinter der Absperrung ein wunderbares neues Leben auf uns, mit genau dem Zuhause, das wir uns immer erträumt hatten. [...]

„Was zur Hölle ...?“, fragte der Zollbeamte, und sein Kollege hielt sich die Nase zu, während er mit spitzen Fingern anfing, einzelne Wäschestücke zur Seite zu räumen. Für die Zuschauer musste es so aussehen, als würden meine Klamotten bestialisch stinken.

„Entlebucher Biosphärenkäse“, erklärte ich, während mein Gesicht vermutlich eine ähnliche Farbe annahm wie der weinrote BH, den der Mann gerade in den Händen hielt. [...] Ganz so schlimm stinkend hatte ich ihn allerdings nicht in Erinnerung. „Schmeckt besser, als er riecht, ehrlich.“

Amber, der dumme Hund, schüttelte sich. Ich hörte die Leute kichern, die echten Schmuggler rieben sich garantiert gerade die Hände.

B Teilen Sie den Romananfang in Sinnabschnitte ein. Schreiben Sie zu jedem Sinnabschnitt zwei bis drei Stichwörter neben den Text.

C Beantworten Sie zur Vorbereitung des Hauptteils die W-Fragen zum Text.

Wer erzählt die Geschichte?	**Was** passiert am Flughafen?
Wo spielt der Romananfang?	**Warum** ist die Ich-Erzählerin am Flughafen?
Wie sieht die Ich-Erzählerin aus?	**Warum** hat der Spürhund angeschlagen?

2 Unterstreichen Sie in der Zusammenfassung, welche Information in die Einleitung, den Hauptteil und den Schluss gehört.

Zusammenfassung des Romananfangs von „Silber“

Achtung, Fehler!

Das Mädchen wird vom Zoll aus der Warteschlange gewinkt und muss ihren Koffer öffnen. Währenddessen denkt das Mädchen, dass kein vernünftiger Zollbeamte ein fünfzehnjähriges Mädchen kontrollieren würde und sich nun alle echten Schmuggler freuen, weil sie einfach weitergehen können.

Der Roman beginnt mit der Ankunft eines Mädchens an einem Flughafen in Großbritannien. Als sie am Zoll vorbeikommt, schlägt ein Drogenspürhund namens Amber an. Am Ende des Romanauszugs stellt sich heraus, dass der Hund Amber gar keine Drogen gerochen hat, sondern nur den Entlebucher Biosphärenkäse, den die Erzählerin in ihrem Koffer hat. Der Käse stinkt ganz fürchterlich und wahrscheinlich hat das auch Amber gedacht. Der Roman stammt aus dem Jahr 2013 und wurde in Frankfurt am Main im Fischer Verlag veröffentlicht.

Im ersten Kapitel des Romans „Silber. Das erste Buch der Träume“ von Kerstin Gier geht es um die Erlebnisse der Ich-Erzählerin bei ihrer Ankunft in Großbritannien.

34 LANGE SÄTZE BAUEN

1 **Ordnen Sie die Fragewörter zu und beantworten Sie die Fragen.**

Der blasse Junge schaut in diesem Moment wegen der Zollkontrolle schadenfroh in meine Richtung.

wie: modal → Weise	~~wann: temporal → Zeit~~	warum: kausal → Grund	wohin: lokal → Richtung

Der blasse Junge schaut

in diesem Moment	wegen der Zollkontrolle	schadenfroh	in meine Richtung.
wann	____________	____________	____________

Wann war das Ereignis? ______________________________

Warum schaut der Junge? ______________________________

Wie schaut er? ______________________________

Wohin schaut er? ______________________________

2 **Ergänzen Sie die REGEL FÜR DIE REIHENFOLGE DER ERGÄNZUNGEN.**

Ergänzungen • Lange • Merkwort

____________ [1] Sätze haben neben Subjekt, Verb und Objekt oft viele ____________ [2], also weitere Informationen. Die Reihenfolge der Ergänzungen kann man sich mit einem ____________ [3] einprägen: TEKAMOLO: temporal vor kausal und modal vor lokal.

3 **TEKAMOLO: Bringen Sie die Satzteile in die richtige Reihenfolge.**

1 zur Arbeit – immer mit dem Fahrrad – ich fahre – dienstags

____

2 obwohl er erkältet ist – Marko ist – gestern – schwimmen gegangen – lange

____

3 nach dem Streit mit ihren Eltern – ging Johanna – in ihr Zimmer – beleidigt

____

4 zum Fußballtraining – Ahmad – letzte Woche – zu spät – ist gekommen – wegen des Streiks

______________________________.

SICH MIT LITERATUR BESCHÄFTIGEN: ALLES KLAR

1 **Markieren und notieren Sie die elf versteckten Fachbegriffe aus der Literatur.**

Die Wörter sind von links nach rechts und von oben nach unten versteckt. Umlaute sind mit zwei Buchstaben geschrieben.

N	O	K	U	F	I	N	U	E	R	N	A	G	E	D	I	C	H[7]	T	G
X	Q	A	I	W	C	B	L	U	K	K	Z	T	P	Y	W	R	A	C	D
R	N	P	M	A	I	I	P	A	T	L[1]	Y	R	I	K	K	B	E	A	M
A	U	I[2]	W	R	G	X	M	T	H	S	H	A	K	D	Y	E	R	Y	Y
B	P	T	M	D	R	R[8]	O	M	A	N	Q	U	M	D	O	I	Z	Z	S
S	U	E	L	N	T	T	L	G	N	A	A	V	C	G	H	T	A	I	I
K	X	L	R	O	M	H	E	E	D	Q	C	C	E	N	P	V	E	R	S[4]
V	S	T	R	O	P	H	E[6]	B	L	P	D	C	N	Y	C	H	H	L	B
Y	R	Z	E	N	E	U	X	I	U	E	A	D	A	D	N	E	L	C	I
D	Q	G	I	M	N	T	Q	C	N	V	T	I	A	B	J	F	E[3]	C	X
V	C	A	M[5]	R	K	N	Q	C	G	S	F	A	A	U	T	O	R	I	N

Lösungssatz:

1	2	3	4		5	6	7	8	!

2 **Welches Buch möchten Sie anderen empfehlen? Schreiben Sie einen kurzen Klappentext.**

____

____

____

____

Schätzen Sie sich ein, wenn Sie die Seiten bearbeitet haben.

			Das kann ich gut	Das kann ich	Das kann ich teilweise	Das trainiere ich noch einmal
Literarische Texte lesen	**31**	Ein Gedicht kennenlernen				
	32	Ein Gedicht verstehen				
	33	Einen Romananfang lesen				
	34	Einen Romananfang zusammenfassen				

GRAMMATIK UND RECHTSCHREIBUNG: LOS!

„Hätte ich gewusst, dass es so wichtig ist, einen sprachlich korrekten Lebenslauf – damit meine ich Rechtschreibung, Zeichensetzung und Grammatik – abzugeben, hätte ich mich mehr damit beschäftigt."

1 **Sehen Sie sich die folgende Grafik an. Was verdeutlicht sie?**

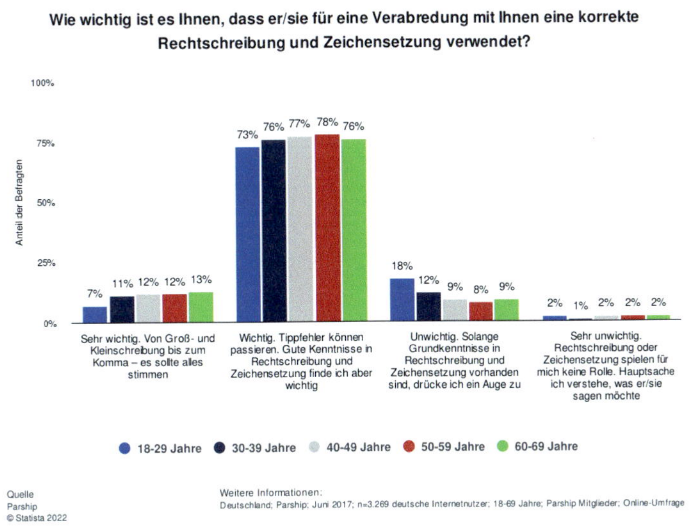

2 **Haben Sie selbst schon einmal erlebt, dass ein Fehler in der Rechtschreibung, Zeichensetzung oder Grammatik zu Missverständnissen oder Nachteilen führte?**

Mit diesen Inhalten beschäftigen Sie sich auf den folgenden Seiten.

Tragen Sie das Datum ein, wenn Sie die Seiten bearbeitet haben.

			○	●
Grundwissen Grammatik	**35**	Wortarten kennen		
	36	Groß- oder kleinschreiben		
	37	Zeiten kennen und verwenden		
	38	Das Verb regiert den Satz		
Richtig schreiben	**39**	Haupt- und Nebensätze verbinden		
	40	Kommas richtig setzen		
	41	Das oder dass?		
	42	Aussagen von anderen wiedergeben		
	43	Schwierige Wörter trainieren		

Schätzen Sie Ihre Kompetenzen auf Seite 150 ein.

35 WORTARTEN KENNEN

GUT ZU WISSEN

Die Wörter einer Sprache kann man nach Wortarten ordnen. Man unterscheidet folgende Wortarten:

Bezeichnungen		**Beispiele**
veränderbar		
das Nomen/Substantiv	→ Hauptwort	*Baum, Katze, Glück*
das Verb	→ Tätigkeitswort	*schreiben, telefonieren*
das Adjektiv	→ Eigenschaftswort	*lang, kurz*
der Artikel	→ Begleiter/Geschlechtswort	*der, die, das, dem, eine*
das Pronomen	→ Fürwort	*ich, dein, sich, welches, diese*
unveränderbar		
das Numerale	→ Zahlwort	*eins, zweitens, viele*
das Adverb	→ Umstandswort	*heute, draußen, immer, gern*
die Präposition	→ Verhältniswort	*in, unter, auf, zwischen*
die Konjunktion	→ Bindewort	*und, als, weil, obwohl, wenn, denn*
die Interjektion	→ Empfindungswort	*oh!, ach!*

1 **Bestimmen Sie die Wortarten. Tragen Sie die Wörter aus den Sprechblasen in die Tabelle ein.**

Ich freue mich.

Heute bekommen Sie Ihre letzte Infusion.

Ihre Laborwerte sind gut. Ich entlasse Sie am Freitag.

Nomen	Verb	Pronomen

Adjektiv	Adverb	Präposition

2 **Notieren Sie, welche Wortart immer großgeschrieben wird:** ______________________

3 Welche Adjektivpaare sind hier enthalten? Notieren Sie.

sauberbilligneuniedrigbreittieftrockenschmutzigteueralthochschmalflachfeucht

4 Überarbeiten Sie den Text über Gesundheits- und Krankenpfleger.

Ersetzen Sie die eingeklammerten Verben durch aussagekräftigere Verben. Jedes Verb darf nur einmal vorkommen. Im Wortkasten sind auch andere Wortarten enthalten.

helfen • aktuell • Krankenhaus • erledigen • lang • Infusion • verabreichen • Diät • dokumentieren • übernehmen • informieren • schlimm • Dokumentation • sicher • Ärztin • einfach • als • schwer • Pflegedienst

Gesundheits- und Krankenpfleger/-innen haben verschiedene Aufgaben, z. B.:

1 nach ärztlicher Anordnung kranken und pflegebedürftigen Menschen Medikamente (geben) ______

2 gegebenenfalls die Grundpflege (machen) ______

3 über gesundheitsfördernde Maßnahmen (sprechen) ______

4 Werte wie Blutdruck, Puls und Temperatur (festhalten) ______

5 Organisationsaufgaben (machen) ______

5 A Schreiben Sie den Text in der richtigen Groß- und Kleinschreibung auf.

FLORENCE NIGHTINGALE

DIE BRITISCHE KRANKENSCHWESTER FLORENCE NIGHTINGALE BEGRÜNDETE DIE MODERNE WESTLICHE KRANKENPFLEGE. SIE ENGAGIERTE SICH FÜR NOTLEIDENDE UND KRANKE, WAS SIE LETZTENDLICH ZU EINER AUSBILDUNG ZUR KRANKENSCHWESTER MOTIVIERTE. DAFÜR GING SIE NACH DEUTSCHLAND, DA IN ENGLAND ZU DER ZEIT KEINE AUSBILDUNG AUF DIESEM GEBIET MÖGLICH WAR. SPÄTER UNTERSTÜTZTE SIE MIT ANDEREN KRANKENSCHWESTERN DIE ÄRZTE IN EINEM MILITÄRLAZARETT. DIE PFLEGE ERFOLGTE UNTER EINFACHSTEN BEDINGUNGEN, HINZU KAMEN VIELE BÜROKRATISCHE HÜRDEN. DENNOCH WAR FLORENCE NIGHTINGALE ERFOLGREICH. INNERHALB WENIGER MONATE VERSORGTE SIE MIT DEN ANDEREN KRANKENSCHWESTERN ETWA 10.000 SOLDATEN. SIE WAR DER MEINUNG, DASS ES EIN WISSEN ÜBER DIE PFLEGE GEBEN SOLLTE. DIESES WISSEN SCHRIEB SIE AUF. DAMIT LEGTE SIE DEN GRUNDSTEIN FÜR DIE PFLEGETHEORIE.

B Unterstreichen Sie alle Nomen, Verben und Adjektive. Nutzen Sie unterschiedliche Farben.

DAZ

35 PRÄPOSITIONEN MIT DEM GENITIV

1 **Was passt zusammen? Verbinden Sie die Satzteile sinnvoll.**

Wegen seiner Krankheit	ging sie zur Arbeit.
Während der Untersuchung	müssen Besucher die Besuchsregeln beachten.
Trotz ihrer Schmerzen	war der Patient sehr schwach.
Außerhalb der Sprechzeiten	begleiten die Eltern das Kind.
Innerhalb des Krankenhauses	war die Praxis geschlossen.

2 **Notieren Sie die vollständigen Sätze aus Aufgabe 1 in Ihr Heft. Markieren Sie die Präpositionen.**

3 **A Markieren Sie im Text die Präpositionen und die Wortgruppen, die davon abhängen.**

Die Spanische Grippe

Während des Ersten Weltkriegs (1914–1918) brach die Spanische Grippe aus. Nicht nur innerhalb Europas starben sehr viele Menschen. Auch außerhalb dieses Kontinents gab es sehr viele Opfer. Wegen der großen Zahl an Kranken waren Ärzte und Pflegepersonal oft überfordert. Ihr Arbeitseinsatz war grenzenlos. Trotz vieler Versuche, die Krankheit in den Griff zu bekommen, konnte man erst 1920 eine Verbesserung feststellen.

B Notieren Sie, in welchem Kasus diese Wortgruppen stehen. ____________________

4 **Ergänzen Sie die Endungen der Wörter, die von den Präpositionen abhängen.**

Wegen sein____ [1] gut____ [2] Gesundheitszustand____ [3] konnte der Patient früher nach Hause. Er war sehr froh darüber und bewegte sich gleich außerhalb sein____ [4] Wohnung. Während sein____ [5] Krankenhausaufenthalt____ [6] schien es undenkbar, dass er solche Fortschritte machen würde. Dennoch machte er trotz sein____ [7] Schmerzen täglich Bewegungsübungen und Spaziergänge.

5 **Ergänzen Sie die REGEL ZU PRÄPOSITIONEN MIT GENITIV.**

Genitiv • Kasus • *außerhalb* • Präpositionen • *wegen*

Präpositionen bestimmen, in welchem __________ [1] die davon abhängigen Wörter stehen. Nach den __________ [2] *innerhalb* und __________ [3], *während*, *trotz* und __________ [4] steht der __________ [5]. Beispiel: *während der Operation; innerhalb des Krankenhauses*

GUT ZU WISSEN

Satzanfänge, Eigennamen und Nomen schreibt man groß.
Typische Endungen von Nomen sind *-heit, -keit, -ung, -schaft, -nis, -tum.*
die Gesundheit, die Freundlichkeit, die Verbesserung, die Landschaft, die Erkenntnis, das Wachstum
Höfliche Anreden *(Sie, Ihnen, ...)* **schreibt man groß.** Die Anrede *Sie* ist nicht mit dem Personalpronomen *sie* zu verwechseln.
Die Anredepronomen *(du, ihr, ...)* werden im Allgemeinen kleingeschrieben. In Briefen kann man sie auch großschreiben.
Adjektive und Verben schreibt man klein.
Wenn Adjektive und Verben als Nomen verwendet werden, schreibt man sie groß.
viel Schönes, etwas Besonderes, zum Bewerben

1 Welche Berufe kennen Sie?

Arbeiten Sie zu zweit. Sagen Sie in Gedanken das Alphabet. Wenn Ihr Partner „Stopp" sagt, denken Sie sich beide einen Beruf aus, der mit diesem Buchstaben beginnt. Schreiben Sie einen vollständigen Satz auf, der etwas über diesen Beruf aussagt. Wechseln Sie die Rollen. Tauschen Sie anschließend Ihre Sätze aus. Korrigieren Sie die Groß- und Kleinschreibung.

2 A Markieren Sie die Stellen im Text, die großgeschrieben werden müssen.

Achtung, Fehler!

ausbildungsberufe in deutschland

mit einer ausbildung stellen wir häufig die weichen für unsere berufliche entwicklung. manchmal fällt es schwer, zu entscheiden, welchen weg man einschlagen mochte, denn es gibt wirklich eine vielzahl von interessanten berufen. ca. 300 anerkannte ausbildungsberufe gibt es in deutschland! das sind sehr viele, die verschiedenen berufsfeldern zugeordnet werden, wie z. b. elektro, metall, soziales oder wirtschaft und verwaltung. wenn man zunächst ein interessantes berufsfeld auswählt und sich dann vom großen zum kleinen oder vom groben zum feinen orientiert, wird man erstaunt sein, welche berufe es gibt.

B Schreiben Sie den Text in korrekter Groß- und Kleinschreibung.

3 **Bilden Sie weitere Nomen mit den Endungen *-heit, -keit, -ung, -schaft, -nis, -tum*. Ergänzen Sie jeweils den Artikel.**

-heit	-keit	-ung
die Gesundheit	______	______
______	______	______

-schaft	-nis	-tum
______	______	______
______	______	______

4 **Formulieren Sie eine Regel zum Artikel bei Nomen mit den Endungen *-heit, -keit, -ung, -schaft, -nis, -tum*.**

______

______

______

5 **A Ergänzen Sie die fehlenden Anfangsbuchstaben im folgenden Schreiben. Achten Sie auf die korrekte Schreibweise der Pronomen.**

Sehr geehrte Frau Russo,

__ch[1] habe __hr[2] Schreiben erhalten. Gerne komme __ch[3] zu dem von __hnen[4] vorgeschlagenen Termin bei __hnen[5] vorbei. Meine Schwester wird __ich[6] begleiten, da __ie[7] __ie[8] sicherlich auch tatkräftig unterstützen kann.

Bis bald

__hre[9] Rosita Müller

B Schreiben Sie einen Satz, in dem Sie sich bei Frau Müller für die erhaltene E-Mail bedanken.

______

______

36 ADJEKTIVE UND VERBEN ALS NOMEN

1 A Markieren Sie im Text die Nomen, die aus Verben gebildet wurden.

Rund um das Bewerben

Ich bewerbe mich um einen Ausbildungsplatz. Das Bewerben nimmt einige Zeit in Anspruch. Zunächst mache ich mich ans Lesen von Online-Stellenbörsen und Zeitungsanzeigen. Ich will mich nicht ins Blaue bewerben. Wenn ich etwas Passendes gefunden habe, mache ich mich ans Schreiben eines aussagekräftigen Lebenslaufs und Anschreibens. Meine Freundin hilft mir beim Schreiben. Mein Schreiben sieht jetzt richtig gut aus. Dann bereite ich mich auf das Vorstellungsgespräch vor. Beim Vorbereiten überlege ich mir Antworten auf häufig gestellte Fragen. Meine Freundin wünscht mir jetzt schon alles Gute. Wenn alles geklappt hat, werde ich sie zum Essen einladen.

B Markieren Sie im Text die Nomen, die aus Adjektiven gebildet wurden.

C Notieren Sie die markierten Nomen und die Wörter, die darauf hinweisen, dass aus dem Verb/Adjektiv ein Nomen wurde.

Beispiel das Bewerben – das

2 Ergänzen Sie die REGEL ZU ADJEKTIVEN UND VERBEN ALS NOMEN.

Adjektive • Artikel • Präpositionen • mit einem Artikel • Pronomen • groß

Verben und ______ [1] kann man als Nomen verwenden. Man erkennt dies an ihren Begleitern. Das können ______ [2] *(**das** Lesen)*, ______ [3] *(**durch** Lesen)* und Präpositionen, die ______ [4] verschmolzen sind *(**zum** Lesen)*, ______ [5] *(**mein** Lesen)* oder unbestimmte Numerale *(**viel** Gutes)* sein. Dann schreibt man diese Verben und Adjektive als Nomen ______ [6].

3 Wandeln Sie die markierten Wörter in Nomen um. Bilden Sie damit neue Sätze.

1 **Er arbeitet** gut. *Seine Arbeiten ...* ______

2 Es ist hilfreich, viele Kontakte zu **knüpfen**. ______

3 Sie **argumentiert** überzeugend. ______

4 Wir **überlegen** lange. Das hat uns geholfen. ______

5 Sie **redet** laut und stört die Nachbarn. ______

37 ZEITEN KENNEN UND VERWENDEN

GUT ZU WISSEN

Verben drücken aus, was jemand macht oder was passiert. Sie können auch mitteilen, wann dies geschieht.
Es gibt regelmäßige und unregelmäßige Verben:

	Infinitiv	**Präteritum**	**Partizip Perfekt**
regelmäßig:	*hören*	*hörte*	*gehört*
unregelmäßig:	*kommen*	*kam*	*gekommen*

Plusquamperfekt **Präteritum** **Perfekt** **Präsens** **Futur**

Tempus	**wird verwendet, ...**	**Beispiele**
Präsens (Gegenwart)	um auszudrücken, dass etwas gerade oder regelmäßig geschieht.	*Marie hört Musik.* *Yannic kommt spät.*
Perfekt (vollendete Gegenwart)	wenn man etwas mündlich erzählt, was schon vergangen ist.	*Marie hat Musik gehört.* *Yannic ist spät gekommen.*
Präteritum (Vergangenheit)	wenn man schriftlich über etwas erzählt oder berichtet, was vergangen ist.	*Marie hörte Musik.* *Yannic kam spät.*
Plusquamperfekt (Vorvergangenheit)	wenn man ausdrücken will, dass etwas vor einem zurückliegenden Ereignis geschah.	*Marie hatte Musik gehört.* *Yannic war spät gekommen.*
Futur I (Zukunft I)	um etwas Zukünftiges auszudrücken.	*Marie wird Musik hören.* *Yannic wird spät kommen.*

1 **Notieren Sie jeweils das Präteritum und das Partizip Perfekt.**

finden ______________________________

arbeiten ______________________________

anbieten ______________________________

bewerben ______________________________

entfernen ______________________________

beginnen ______________________________

helfen ______________________________

2 Setzen Sie das passende Verb in der richtigen Zeit ein.

wissen • sein • säubern • haben • herausstellen • dauern • ziehen • gehören • legen

Der Beruf der Gebäudereinigerin / des Gebäudereinigers ______[1] ein anerkannter Ausbildungsberuf. Wer __________[2] schon, dass dieses Berufsfeld *in den letzten Jahren* die meisten Beschäftigten im Handwerk __________[3]. Die Ausbildung __________[4] drei Jahre. Das Reinigen von Innenräumen, Fassaden oder anderen Außenbereichen ____________[5] zum Aufgabenbereich. Ob man *später* sogar Bahnen, Busse oder sogar Schiffe ____________ ___________[6], _________ sich ____________________[7]. Auch wenn *schon im 17. Jahrhundert* sogenannte Wäscher mit Bürsten von Stadt zu Stadt __________[8], um dort Fassaden zu reinigen, ____________[9] die Industrialisierung den Grundstock für das Handwerk und seine Entstehung.

3 A Markieren Sie alle Verben im Text.

Elena berichtet ihrer Freundin aus ihrem Alltag als Gebäudereinigerin:

Um 8 Uhr habe ich mit meiner Arbeit begonnen. Zuerst habe ich meinen Einsatzplan gelesen. Die Aufgaben sind vielfältig gewesen. Für eine Baustellenreinigung habe ich die entsprechenden Materialien aus dem Lager geholt und mich dann mit Kollegen auf den Weg gemacht. Im Laufe des Vormittags haben wir alles gesäubert und anschließend den Müll entsorgt. Nach der Mittagspause sind wir zu einem kleinen Büro gefahren. Dort habe ich alle Tische abgewischt, die Schränke abgestaubt und die Papierkörbe geleert. Ein Kleber auf dem Boden hat sich zu einer echten Herausforderung entwickelt. Endlich ist es mir gelungen, diesen zu entfernen.

B Notieren Sie, in welcher Zeitform Elena erzählt: ________________________________

C Wandeln Sie Elenas mündlichen Bericht in einen schriftlichen Bericht um.

D Was wird Elena morgen bei ihrer Arbeit tun? Schreiben Sie vier Sätze.

____

____

____

____

____

DAZ

37 *WERDEN* RICHTIG VERWENDEN

1 Vergleichen Sie die beiden Sätze. Kreuzen Sie Zutreffendes an.

	Futur	Präsens Passiv	Die Handlung steht im Mittelpunkt.	Die ausführende Person steht im Mittelpunkt.
Das Gesundheitsamt wird die Hygienestandards überprüfen.				
Die Hygienestandards werden überprüft.				

2 Formulieren Sie die Sätze im Futur. Unterstreichen Sie dann alle Verben.

1 Ich benutze das Desinfektionsmittel. ______________________________

2 Ich kaufe neue Seife. ______________________________

3 Bilden Sie Sätze im Passiv Präsens.

die Handtücher • regelmäßig • wechseln

1 ______________________________

die Arbeitsflächen • wir • desinfizieren

2 ______________________________

in einer sauberen Umgebung • die Anzahl der Milben • minimieren

3 ______________________________

die Hygienevorschriften • du • hoffentlich • ausdrucken

4 ______________________________

4 Ergänzen Sie die REGEL ZU *WERDEN*.

Das Verb *werden* hat verschiedene Funktionen.

Es kann __________[1] im Satz stehen *(Ich werde Azubi.)* als Vollverb.

Man braucht es, um einen Vorgang im __________[2] auszudrücken *(Sie wird gebracht.)*.

Eine Handlung, die in der __________[3] stattfindet, braucht *werden + Infinitiv (Ich werde dich sehen.)*.

38 DAS VERB REGIERT DEN SATZ

GUT ZU WISSEN

Das Verb nimmt eine **wichtige Position** im Satz ein. **In Hauptsätzen** steht es **an zweiter Stelle:**

Der Busfahrer	***gibt***	*mir ein Ticket.*	
Vorfeld	**Verb**	Mittelfeld	

Das bedeutet auch, dass **davor nur ein Satzglied** steht.

Ist das Verb **mehrteilig,** spricht man von einer **Verbklammer.** Die veränderbare Form **(das finite Verb)** steht an zweiter Stelle, die andere Verbform am Satzende.

Der Busfahrer	***hat***	*mir ein Ticket*	***gegeben***.
Der Busfahrer	***kann***	*mir das Ticket*	***ausstellen***.
Von dem Busfahrer	***wurde***	*mir jetzt das Ticket*	***ausgestellt.***
Der Busfahrer	***stellt***	*mir das Ticket*	***aus.***
Vorfeld	**Verb**	Mittelfeld	**Verb**

1 **Bilden Sie weitere Sätze. Achten Sie auf die Position der Verben. Bei manchen Sätzen gibt es mehrere Möglichkeiten.**

die Ausbildung zum Berufskraftfahrer im Personenverkehr • drei Jahre • dauern

Busfahrer • Personen von Ort zu Ort • befördern können

ausstellen • das Ticket • die Busfahrerin

Vorfeld	**Verb**	Mittelfeld	**Verb**
Die Ausbildung zum Berufs-kraftfahrer im Personenverkehr	*dauert*	*drei Jahre.*	

DAZ

38 UNTRENNBARE VERBEN

1 **A Notieren und sortieren Sie alle Verbteile aus dem Text.**

Alltag hinter dem Steuer

Viele Fahrgäste sind an der Bushaltestelle eingestiegen. Dennoch ist der Bus an allen Haltestellen pünktlich losgefahren. Einige Touristen haben sich bei dem Busfahrer nach passenden Verbindungen erkundigt. Diese hat er beraten. Später hat ein unhöflicher Fahrgast einige Regeln missachtet. Er hat damit dem Fahrer die Arbeit erschwert.

sind eingestiegen ______________________

____

____

____

____

-ge-

~~-ge-~~

B Tragen Sie die Sätze aus dem Text in die Tabelle ein.

Vorfeld	Verb	Mittelfeld	Verb
Viele Fahrgäste	*sind*	*an der Bushaltestelle*	*eingestiegen.*

2 **Ergänzen Sie die REGEL ZU UNTRENNBAREN VERBEN.**

Perfekt • *be-* • *er-* • *ge-* • *miss-* • untrennbar

Verben mit der Vorsilbe ________ [1], *emp-, ent-,* ________ [2], *ge-,* ________ [3], *ver-* und *zer-* sind ________ [4]. Bei der Bildung des Partizip 2 (Partizip Perfekt), das z. B. für das ________ [5], Plusquamperfekt und Passiv benötigt wird, wird kein ________ [6] benutzt.

3 **Trennbar oder untrennbar? Ergänzen Sie die richtige Form des Partizip 2.**

1 ausgeben, *aus*gegeben
2 ausstellen, ______stellt
3 bekommen, ______kommt
4 verkaufen, ______kauft
5 abfahren, ______fahren
6 bestellen, ______stellt
7 zerlegen, ______legt
8 erholen, ______holt
9 mitkommen, ______kommen

4 **Bilden Sie Sätze im Perfekt mit den Verben aus Aufgabe 3.**

39 HAUPT- UND NEBENSÄTZE VERBINDEN

GUT ZU WISSEN

Die Konjunktionen *weil, da, nachdem, während, sobald, wenn, damit, obwohl, dass* verbinden Haupt- und Nebensätze.

Zwischen Haupt- und Nebensatz steht immer ein Komma.

Im Nebensatz steht die gebeugte/finite Verbform am Ende.

Beispiel: *Das Auto fährt langsamer, weil es einen Anhänger **hat**.*

1 **A Setzen Sie die jeweils passende Konjunktion in den Text ein.**

nachdem • weil • damit • wenn

Fliesenlegen

__________[1] man sich für eine Ausbildung zum Fliesenleger / zur Fliesenlegerin entscheidet, sind die Einsatzorte vielfältig. Man kann auf Baustellen, in Wohnhäusern oder im Freien arbeiten. Häufig muss man die Kundschaft auch beraten, __________[2] sie zum Beispiel wissen will, welche Fliesenarten sich für den jeweiligen Bereich eignen. __________[3] sich die Kundin oder der Kunde für Fliesen entschieden hat, kann es losgehen. __________[4] später die Fliesen richtig liegen und der Belag nicht uneben oder schief ist, lernt man in der Ausbildung auch, wie man den Untergrund bearbeitet.

B Überprüfen Sie die Schreibweise der eingesetzten Konjunktionen.

C Markieren Sie alle gebeugten/finiten Verben.

D Unterstreichen Sie die Nebensätze.

E Schreiben Sie einen Merksatz zur Position des gebeugten/finiten Verbs im Hauptsatz und Nebensatz.

____

____

____

39 HAUPT- UND NEBENSÄTZE VERBINDEN

2 **Verbinden Sie jeweils die beiden Hauptsätze mit einer passenden Konjunktion aus GUT ZU WISSEN auf Seite 135.**

1 Archäologen legten 1852 ein großes römisches Bodenmosaik frei. Dieses nutzte man als Vorlage für moderne Fliesen.

2 Mosaikfliesen sind heute sehr gefragt. Sie sind keine Erfindung der Neuzeit.

3 Fliesen des 17. Jahrhunderts aus den Niederlanden werden meist Delfter Fliesen genannt. Delft verlor als Fliesenproduzent ab 1650 an Bedeutung.

3 **Unterstreichen Sie die Nebensätze in Ihren Sätzen aus Aufgabe 2.**

4 **Stellen Sie die Nebensätze aus Aufgabe 2 an eine andere Stelle im Satz.**

Beispiel: Nachdem wir uns die Mosaikfliesen ausgesucht hatten, hat der Fliesenleger sie verlegt. Der Fliesenleger hat die Mosaikfliesen verlegt, nachdem wir sie uns ausgesucht hatten.

39 PRÄPOSITIONALE AUSDRÜCKE

DAZ

1 Worin unterscheiden sich die folgenden Sätze?

1 Nachdem ich die Schule beendet habe, will ich Fliesenleger werden.

2 Nach der Schule will ich Fliesenleger werden.

____

2 Bilden Sie Hauptsätze mit präpositionalen Ausdrücken.

1 Weil meine Noten gut sind, bekomme ich einen Ausbildungsplatz bei der Firma Fliesenfantasien.

Wegen ____

____

2 Bevor ich mit der Ausbildung beginne, will ich noch einen Monat reisen.

____

____

3 Während ich reise, will ich die Zeit zum Entspannen nutzen.

____

____

3 Ergänzen Sie die REGEL ZU PRÄPOSITIONALEN AUSDRÜCKEN.

mündlichen • schriftlichen • präpositionalen Ausdruck • Nebensatz • Kasus

Manchmal kann ein ganzer ______________[1] durch einen ______________[2] verkürzt werden. Die Präposition bestimmt dann den ______________[3] des folgenden Nomens. Solche kurzen Formulierungen sind vor allem im ______________[4] Bereich wichtig. In der ______________[5] Sprache sind Nebensätze üblicher.

4 Formulieren Sie jeden Satz in einen Satz mit Haupt- und Nebensatz um.

1 Vor meiner Entscheidung, Fliesenleger zu werden, habe ich mich intensiv mit diesem Handwerk auseinandergesetzt.

2 Seit der Zusage des Betriebs bin ich glücklich und aufgeregt zugleich.

40 KOMMAS RICHTIG SETZEN

GUT ZU WISSEN

Kommas werden gesetzt
– bei Aufzählungen:
Beispiel: *Sie ist motiviert, interessiert, aufgeschlossen und offen für vieles.*
Vor ***und, oder, entweder – oder, sowohl – als auch*** steht **kein** Komma.

– zwischen Haupt- und Nebensatz:
Beispiel: *Wenn er rechtzeitig kommen will, muss er sich beeilen.*
Beispiel: *Er muss sich beeilen, wenn er rechtzeitig kommen will.*

– **bei *um zu, ohne zu, anstatt zu* und Infinitiv:**
Beispiel: *Sie hat einen früheren Zug genommen, um pünktlich da zu sein.*

1 Erklären Sie die Zeichensetzung in den folgenden Sätzen.

Tierpfleger/-innen können in Zoos, Tierheimen, Tierkliniken, Zuchtbetrieben oder Forschungseinrichtungen arbeiten.	Komma bei Aufzählung
Tierpfleger/-innen sind auch an Wochenenden und Feiertagen im Einsatz, da die Tiere selbstverständlich auch an diesen Tagen versorgt werden müssen.	______
Tierunterkünfte müssen gereinigt und desinfiziert werden.	______
Es ist klar, dass eine Tierpflegerin / ein Tierpfleger auch bei ärztlichen Untersuchungen und Behandlungen der Tiere hilft.	______
Während der Ausbildung lernt man vieles über die Haltung, Ernährung, Pflege und Zucht von Tieren, um später die vielfältigen Aufgaben bewältigen zu können.	______

2 A Verbinden Sie die Satzteile sinnvoll.

Anna arbeitet als Tierpflegerin in einer Tierklinik	der seit mehreren Tagen an Durchfall leidet
Zuvor hat sie eine dreijährige Ausbildung gemacht	um Ängste zu nehmen
Sie versorgt kranke oder verletzte Tiere	bei der sie vieles gelernt hat
Heute wird ein Hund eingeliefert	freuen sich alle
Eine wichtige Aufgabe ist das Gespräch mit den Besitzerinnen und Besitzern	und unterstützt bei Behandlungen und Eingriffen
Wenn die vierbeinigen Patienten entlassen werden	in der viele Tiere behandelt werden

B Schreiben Sie die vollständigen Sätze auf. Ergänzen Sie fehlende Satzzeichen im Satz und am Ende. Markieren Sie Ihre ergänzten Satzzeichen und begründen Sie diese.

40 UM ... ZU, OHNE ... ZU, ANSTATT ... ZU

DAZ

1 **Ergänzen Sie die Hauptsätze sinnvoll durch einen Infinitivsatz mit *zu*.**

1 Ich will als Tierpfleger arbeiten, um ______________________________.

2 Anstatt ______________________________, helfe ich im Tierheim aus.

3 Manche Menschen kaufen Tiere, ohne ______________________________

2 **Markieren Sie in Aufgabe 1 die Kommas.**

3 **Verbinden Sie die Sätze. Benutzen Sie *um ... zu, anstatt ... zu, ohne ... zu*.**

1 Wir gehen dorthin. Wir schauen die exotischen Tiere an.
2 Wir gehen nicht dorthin. Wir kaufen unsere Eintrittskarten im Voraus.
3 Am Wochenende gehen wir in den Zoo. Wir bleiben nicht zu Hause.

4 **A Markieren Sie im Text *um ... zu, anstatt ... zu, ohne ... zu*.**

B Ergänzen Sie die Kommas.

Achtung, Fehler!

Im Zoo

Viele Besucher kommen in die Zoos um die Tiere anzuschauen und etwas über sie zu erfahren. Jedes Mal kann man etwas Neues entdecken ohne sich zu langweilen. Die Tierpfleger beobachten das Verhalten der Tiere ohne sie zu stören. Sie lassen sich auch einiges einfallen um die Tiere durch abwechslungsreiche Tagesabläufe anzuregen und zu beschäftigen. Um den Tieren eine möglichst natürliche Umgebung zu bieten wird die Gestaltung der Tiergehege gut geplant. In vielen Zoos werden bedrohte Arten gezüchtet. So ist ihr Überleben gesichert anstatt in der Natur auszusterben. Jeder Einzelne kann sich einbringen um bedrohte Tierarten zu schützen. Respekt

C Schreiben Sie den korrigierten Text ab.

5 **Ergänzen Sie die REGEL ZU *UM ... ZU, OHNE ... ZU, ANSTATT ... ZU*.**

Hauptsatz • *anstatt* • Ende • Komma • *zu*

Um, ______________[1] und *ohne* leiten einen Infinitivsatz ein. Am ______________[2] des Satzes steht ein Infinitiv mit ______________[3]. Diese Sätze werden mit einem ______________[4] abgetrennt. Sie können vor oder nach dem ______________[5] stehen.

Beispiel: Jeder Einzelne kann sich einbringen, **um** bedrohte Tierarten **zu** schützen.

Hauptsatz + Komma + Infinitivsatz

41 *DAS* ODER *DASS*?

GUT ZU WISSEN

Die Konjunktion ***dass*** leitet einen Nebensatz ein. Dies kommt sehr häufig vor und steht vor allem in Redewendungen wie:

*Ich hoffe, **dass** … • Ich meine, **dass** … • Wir glauben, **dass** … • Die Autorin ist der Meinung, **dass** … • Sie ist davon überzeugt, **dass** … • Ich denke, **dass** …*

Das kann ein Artikel oder Pronomen sein:

*Ich schaue mir **das** Profil an, **das** mir meine Freundin empfohlen hat.*

Als Pronomen bezieht es sich auf das vorausgehende Nomen.

1 Markieren Sie Verben, die zu dem Wortfeld *sagen* gehören. Arbeiten Sie zu zweit.

Die Wörter sind von links nach rechts und von oben nach unten versteckt. Umlaute sind mit zwei Buchstaben geschrieben.

V	E	R	M	U	T	E	N	G
U	P	E	P	B	N	L	R	L
Y	M	R	S	E	B	Z	K	A
Y	E	Z	J	R	E	A	E	U
R	I	A	I	I	D	W	H	B
S	N	E	T	C	A	P	R	E
F	E	H	K	H	U	X	N	N
A	N	L	K	T	E	E	E	M
U	P	E	E	E	R	F	V	C
Z	W	N	J	N	N	S	Y	E

2 Viele Jugendliche wollen Influencer oder Influencerin werden. Verbinden Sie die folgenden Sätze mit *das* oder *dass*.

1 Meine Freundin Marie hat mir das Profil einer Influencerin empfohlen. Es gefällt mir aber überhaupt nicht.

____

____

2 Ich bin mir sicher. Sie schaut es sich häufig an.

____

3 Die Influencerin macht Werbung für ein Produkt. Das Produkt ist überteuert.

____

____

3 **Finden Sie Synonyme für *sagen* und notieren Sie diese.**

____

____

4 **Diskutieren Sie, welche Bedeutung die Synonyme aus Aufgabe 3 haben.**

5 **Ergänzen Sie in den folgenden Sätzen *das* oder *dass*.**

1 Sie behauptet, __________ ich immer recht haben will.

2 Aleyna versichert, __________ sie __________ auch so sieht.

3 Er missbilligt, __________ ich so viel Zeit im Internet verbringe. __________ gefällt ihm überhaupt nicht.

6 **Antworten Sie mit *dadurch dass*.**

1 Wie sichert sich die Influencerin die Aufmerksamkeit der Klatschpresse?

sich in Szene setzen • permanent

____

____

2 Wodurch ist sie erfolgreich?

mitbringen • Geduld und Ausdauer

____

____

3 Weshalb kann Josiah Wedgwood, ein englischer Unternehmer aus dem 18. Jahrhundert, als Wegbereiter der heutigen Influencer gesehen werden?

begeistern • das englische Königshaus für seine Produkte • gewinnen • als Fürsprecher

____

____

____

DAZ

41 INFINITIV MIT *ZU* ODER *DASS*-SÄTZE

1 A Bilden Sie hier und im Heft Sätze mit den folgenden Satzanfängen. Verwenden Sie den Infinitiv mit *zu*.

Beispiel Ich finde es gut, die Ratschläge und Erfahrungen anderer zu hören.

1 Ich finde es gut: für Produkte werben – neue Kaufinteressenten gewinnen – mich inspirieren lassen

____

____

____

2 Ich habe keine Lust mehr: meine Zeit mit Werbung verbringen – ständig mein Privatleben zeigen müssen – die Konkurrenz auskundschaften

3 Die Influencerin empfiehlt mir: das Produkt kaufen – den Rabatt nutzen – das Rezept nachkochen

B Markieren Sie *zu* und die Infinitive.

2 Ergänzen Sie die REGEL ZU INFINITIVSÄTZEN MIT *ZU*.

unterschiedlichen • Subjekt • Infinitiv • *dass*-Satz

Sätze, in denen ein *dass* steht, sind Nebensätze. Statt *dass* kann man auch *zu* + ______________ [1] benutzen. Beispiel: *Ich hoffe, dass ich ihn sehe. → Ich hoffe, ihn zu sehen.* Das funktioniert nur, wenn das ______________ [2] im Hauptsatz und im Nebensatz gleich ist. Bei zwei ______________ [3] Subjekten im Haupt- und im Nebensatz muss man einen ______________ [4] machen. Beispiel: *Ich hoffe, dass er mich sieht.*

3 Bilden Sie Sätze. Entscheiden Sie, ob Sie einen Infinitivsatz mit *zu* oder einen *dass*-Satz benutzen.

1 Er hat mir geraten (mein Profilbild austauschen). Ich hoffe (meine Freundin mir dabei helfen).

____

____

2 Ich finde es gut (er mir Tipps geben). So habe ich die Chance (mein Profil interessanter gestalten).

____

____

42 AUSSAGEN VON ANDEREN WIEDERGEBEN

GUT ZU WISSEN

Wenn Sie die **Aussage einer anderen Person wiedergeben,** müssen Sie dies **sprachlich verdeutlichen.** Man nennt das *indirekte Rede*.
Sie haben **zwei Möglichkeiten:**

1 Sie leiten Ihre Wiedergabe mit ***dass*** ein.
Beispiel: *Die Berufsberaterin sagt, dass es in diesem Bereich noch Ausbildungsplätze gibt.*

2 Sie benutzen den **Konjunktiv.**
Beispiel: *Die Berufsberaterin sagt, in diesem Bereich **gebe** es noch Ausbildungsplätze.*

Der Konjunktiv wird **mit dem Stamm des Verbs und der passenden Personalendung** gebildet.
mach/en *er/sie/es mach**e***
*sie mach**en***
Wenn die Form des Konjunktivs mit dem Präsens identisch ist, benutzt man meistens eine Form von *würden*: *sie **würden** machen*
Die Konjunktivformen von ***haben*** und ***sein*** kommen **häufig** vor.
er/sie/es habe *er/sie/es sei*

1 Ergänzen Sie das Verb in der richtigen Form.

Tarik zu Sven: Ich habe mich als Fachlagerist beworben.

Sven zu Ayla: Tarik sagt, dass er sich als Fachlagerist beworben ________.

Sven zu Dilek: Tarik sagt, er ________ sich als Fachlagerist beworben.

2 Markieren Sie, was sich in Svens Sätzen durch die indirekte Rede verändert.

3 Notieren Sie, welche Wortart sich verändert. ____________________

4 Geben Sie die folgenden Aussagen von Tarik in der indirekten Rede wieder. Wählen Sie eine Möglichkeit.

1 „Während der Ausbildung lernt man die Prozesse in der Logistik kennen."
Tarik sagt,

____

____

2 „Manchmal arbeitet man auch mit gefährlichen Gütern."

____

3 „Lieferungen sind auf Vollständigkeit zu prüfen."

____

5 **A Lesen Sie den Text.**

Tariks Praktikum

Tarik hat bereits ein Praktikum in diesem Bereich gemacht. Dazu hat ihm seine Berufsberaterin geraten.

Sein Praktikumsanleiter zeigte ihm vieles. „Das Lager befindet sich dort“, sagte er und deutete auf einen großen Bereich des Betriebs. „Hier wird die Ware angenommen und dort wird sie gelagert. Mit einer entsprechenden Software behalten die Mitarbeiter den Überblick. So fällt es ihnen auch leicht, Lieferungen für andere Abteilungen im Betrieb oder für den Versand zusammenzustellen.“

B Notieren Sie, woran man erkennt, was gesagt wird. ______________________________

C Markieren Sie die direkte Rede im Text.

D Notieren Sie in der indirekten Rede, was der Praktikumsanleiter sagt. Verwenden Sie jeweils einen *dass*-Satz und einen Satz im Konjunktiv.

Beispiel Tariks Praktikumsanleiter sagt, dass sich das Lager dort befindet.
Oder: Tariks Praktikumsanleiter sagt, das Lager befinde sich dort.

6 **Setzen Sie die folgenden Sätze aus Tariks Bericht in die indirekte Rede.**

„Ich muss bei der Arbeit im Lager Sicherheitsschuhe tragen.“

____

____

„Der Betrieb stellt mir diese zur Verfügung.“

____

____

„Meine Sprachkenntnisse helfen mir in dem internationalen Betrieb.“

____

____

„Viele meiner Kollegen sprechen zwei Sprachen.“

____

____

42 INDIREKTE REDE: KONJUNKTIV 1

DAZ

1 Vervollständigen Sie in der Tabelle rechts die indirekte Rede. Tariks sagt, ...

2 Unterstreichen und vergleichen Sie die Verbformen und die Pronomen.

Direkte Rede	Indirekte Rede = Konjunktiv 1
Tarik erzählt von seiner Arbeit:	Ersin berichtet von Tarik. Tarik sagt,
„Ich arbeite gut mit meinen Kollegen zusammen."	er arbeite gut mit seinen Kollegen zusammen.
„Die Firma hat 50 Beschäftigte".	die Firma habe 50 Beschäftigte.
„Die Arbeitszeit ist ziemlich lang."	die Arbeitszeit sei ziemlich lang.
„Ich finde das Praktikum gut."	___
„Die Mittagspause ist sehr kurz."	___
„Wir sind ein gutes Team."	___

3 Geben Sie die Rede in der indirekten Rede im Konjunktiv 1 wieder.

Ausbildungsleiter R. Jochim: „Ihr seid nun Teil des Teams in der Lagerbranche. Das Lagerwesen kann manchmal herausfordernd sein, aber es ist auch sehr lohnend. Hier gibt es immer etwas zu tun. Alle sind für einen reibungslosen Ablauf der Prozesse entscheidend. Eine erfolgreiche Ausbildung bietet viele Chancen, einen guten Arbeitsplatz zu finden."

Tarik berichtet: „Der Ausbildungsleiter sagt, wir seien nun Teil ... ___

___

___

4 Ergänzen Sie die REGEL ZUR INDIREKTEN REDE.

Personalpronomen • indirekte Rede • Aussagen • Anführungszeichen • gesagt

Mit dem Konjunktiv 1 kann man ___ [1] von anderen wiedergeben. Man berichtet also, was eine andere Person ___ [2] oder gemeint hat. Die indirekte Rede wird deshalb nicht in ___ [3] gesetzt. Bei der Umwandlung von direkter Rede in ___ [4] ändern sich oft die Verbform und das ___ [5].

Beispiel: *„Wir sind ein gutes Team." → Tarik meint, sie seien ein gutes Team.*

43 SCHWIERIGE WÖRTER TRAINIEREN

GUT ZU WISSEN

Fehler in der Rechtschreibung sind peinlich: im beruflichen Bereich, im Alltag und im Privaten. Hier hilft nur eines: **trainieren, trainieren, trainieren.**

Auf der Umschlaginnenseite dieses Arbeitshefts finden Sie wichtige Rechtschreibstrategien, die Sie dabei unterstützen. Nutzen Sie diese!

Das hilft Ihnen bei den folgenden Aufgaben und es wird Ihnen auch bei allen übrigen Aufgaben helfen, bei denen Sie schriftlich formulieren müssen.

1 **Lesen Sie noch einmal die Rechtschreibstrategien und -regeln in der Umschlaginnenseite Ihres Arbeitsheftes.**

2 **Tragen Sie die Wörter in der korrekten Schreibweise in die entsprechende Spalte der Tabelle ein. Machen Sie sich bewusst, welche Rechtschreibstrategie Ihnen hilft.**

ä oder e? äu oder eu?	**ä/äu**	**e/eu**
das Geb**?**de • kr**?**ftig • die **?**le • gr**?**lich • **?**rgerlich • die S**?**re • **?**ßerlich • minderw**?**rtig • aufw**?**rts • **?**hrlich • die F**?**hre • abw**?**gen		
r oder rr?	**r**	**rr**
die He**?**en • he**?**aus • der Ve**?**at • he**?**ein • das Geschi**?** • der Sta**?** • der I**?**tum • sta**?** • die Wa**?**e • die Schnu**?** • die Vo**?**aussetzung • stö**?**isch		

d oder t?	d	t
bekann**?** • der En**?**wurf • das Gerä**?** • der Ran**?** • der Spin**?** • der Befun**?** • en**?**lich • en**?**schuldigen • mil**?** • wüten**?** • dich**?** • dringen**?**		
tz oder z?	**tz**	**z**
die Är**?**tin • das Her**?** • tro**?**dem • der Kran**?** • stür**?**en • plö**?**lich • einpflan**?**en • die Schnau**?**e • abwäl**?**en • die Schwei**?** • der Wi**?** • die Hei**?**ung		
k oder ck?	**k**	**ck**
das Pa**?**et • versi**?**ern • der Ha**?**en • der Ma**?**ler • das La**?**muspapier • der Dru**?**knopf • zwin**?**ern • zwi**?**en • der Archite**?**t • dire**?**t • schau**?**eln • die Wer**?**statt		

3 Überprüfen Sie, ob die Wörter richtig geschrieben sind. Arbeiten Sie zu zweit.

4 Diktieren Sie sich gegenseitig Wörter aus dieser Liste.

DAZ

43 NOMEN: PLURALBILDUNG

1 **A Bilden Sie den Plural der folgenden Nomen. Ordnen Sie diese in die Tabelle ein. Beachten Sie, dass bei manchen Nomen die Vokale a, o, u zu ä, ö oder ü werden.**

der Job • die Großstadt • der Parkplatz • der Sportverein • das Arbeitszimmer • das Handy • die Bäckerei • der Betriebsrat • das Arbeitsamt • das Werbeschild • das Fließband • der Parkplatz • das Passbild • die Brezel • die Kopie • das Büro • das Fußballtrikot • das Team • die Kopfschmerztablette • der Inder • das Krankenhaus • der Arbeitgeber • das Päckchen • der Apfel • die Überweisung • der Feiertag

-e
-er
-(e)n
-s
ohne Endung

B Ergänzen Sie in der Tabelle weitere Nomen im Plural.

2 **Notieren Sie den Artikel, den alle Nomen im Plural haben:** ____________________

3 **A Notieren Sie die folgenden Wörter mit Artikel im Plural. Ordnen Sie diese in eine Tabelle ein.**

das Zeugnis • die Blutspenderin • das Verhängnis • die Patientin • die Rumänin • das Ergebnis • die Verkäuferin • das Erlebnis

-nis	-in

B Markieren Sie die Pluralendungen.

4 **Formulieren Sie die REGEL ZUR PLURALBILDUNG.**

Nomen mit der Endung *-nis* bilden den Plural mit ______________________________.

Nomen mit ____.

5 **A Manche Nomen bilden nur den Singular oder nur den Plural. Legen Sie eine Tabelle an und ordnen Sie die folgenden Wörter ein.**

das Obst • die Masern • die Polizei • die Ferien • das Eis • die Kosten • die Eltern • die Geschwister

nur Singular	nur Plural
…	…

B Bilden Sie zu jedem dieser Nomen einen sinnvollen Satz.

6 **Ergänzen Sie im Text die Pluralendungen. Achten Sie auch auf den Kasus.**

Ausbildung im Handwerk

Handwerker_____ haben viel zu tun, ihre Auftragsbuch_____ sind häufig sehr voll. Für Schulabgänger_____ und Schulabgängerin_____ lohnt es sich, einen Ausbildungsplatz in einem der vielen Bereich_____ des Handwerks zu erlernen. Dann hat man beste Aussicht_____ auf dem Arbeitsmarkt. Bei Startschwierigkeit_____ gibt es sogar Unterstützungsangebot_____. Später kann man sich durch Fortbildung_____ weiterqualifizieren und sogar den Meister oder Techniker machen.

Maschine_____ und Werkzeug_____ werden von den Handwerker_____ sorgfältig gepflegt, um die Arbeitsablauf__________ sicherzustellen. Sicherheitsausrüstung_____ wie zum Beispiel Arbeitsschuh_____ und Handschuh_____ müssen in vielen Bereich_____ getragen werden. Auch die Azubi_____ lernen dies. Durch die Arbeit und den Austausch mit den erfahrenen Kollege_____ entwickeln sie ihre Fähigkeit_____ weiter.

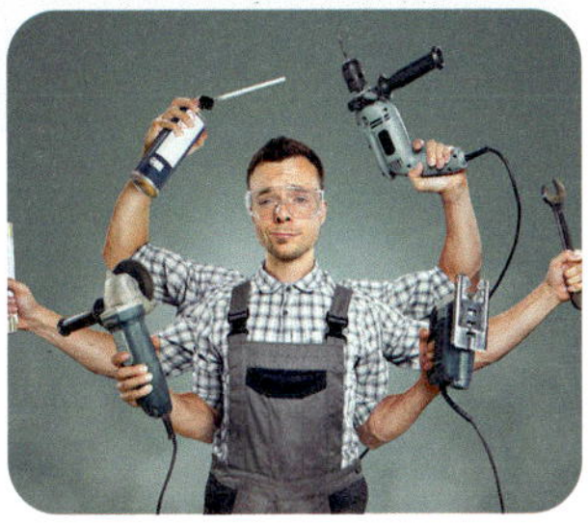

GRAMMATIK UND RECHTSCHREIBUNG: ALLES KLAR?

1 **Finden Sie die Lösung. Umlaute sind mit zwei Buchstaben geschrieben. Die Buchstaben in den blauen Zahlfeldern ergeben den Lösungssatz.**

1 Wortart, die man kleinschreibt
2 Komma steht bei ...
3 Konjunktiv von *sie sind*: *sie* ...
4 Das Verb steht im Nebensatz an ... Stelle.
5 Er hat sich ... (bewerben).
6 Hier steht das Verb an zweiter Stelle.
7 Wo findet man die richtige Schreibweise?
8 Wie heißt die Zeitform im Satz *Ich hatte trainiert*?

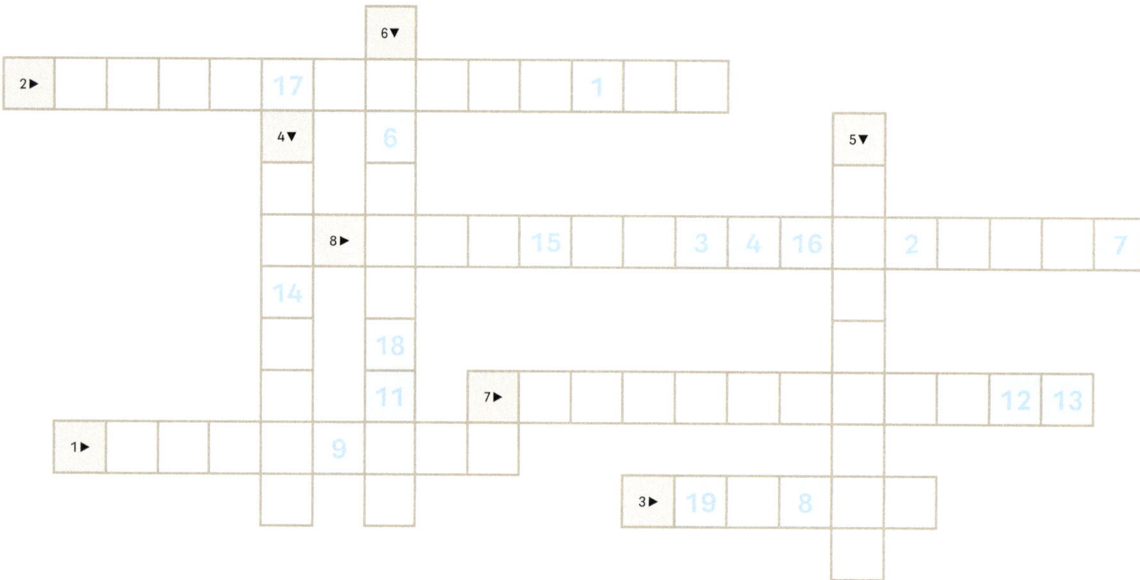

1	2	3	4	5	6	7	8	9
				M				

10	11	12	13	14
M				

15	16	17	18	19	
					!

Schätzen Sie sich ein, wenn Sie die Seiten bearbeitet haben.

			Das kann ich gut	Das kann ich	Das kann ich teilweise	Das trainiere ich noch einmal
Grundwissen Grammatik	**35**	Wortarten kennen				
	36	Groß- oder kleinschreiben				
	37	Zeiten kennen und verwenden				
	38	Das Verb regiert den Satz				
Richtig schreiben	**39**	Haupt- und Nebensätze verbinden				
	40	Kommas richtig setzen				
	41	Das oder dass?				
	42	Aussage von anderen wiedergeben				
	43	Schwierige Wörter trainieren				

SICH BEWERBEN: LOS!

Wissen Sie schon, was Sie werden wollen?

Haben Sie schon einen Ausbildungsplatz?

Wissen Sie schon, was Sie nach der Schule machen wollen?

Hatten Sie schon mal eine Einladung zu einem Vorstellungsgespräch?

Haben Sie schon Bewerbungen geschrieben?

Es ist nicht einfach, sich für einen Beruf zu entscheiden und den passenden Ausbildungsplatz zu finden, aber es ist wegweisend für Ihre Zukunft.

1 **Sind Ihnen alle 10 Ausbildungsberufe bekannt? Tauschen Sie sich aus.**

TOP 10 der Ausbildungsberufe 2021

TOP 10!

1. Kraftfahrzeugmechatroniker – Kraftfahrzeugmechatronikerin
2. Kaufmann für Büromanagement – Kauffrau für Büromanagement
3. Kaufmann im Einzelhandel – Kauffrau im Einzelhandel
4. Fachinformatiker – Fachinformatikerin
5. Medizinischer Fachangestellter – Medizinische Fachangestellte
6. Industriekaufmann – Industriekauffrau
7. Anlagenmechaniker für Sanitär-, Heizungs- und Klimatechnik – Anlagenmechanikerin für Sanitär-, Heizungs- und Klimatechnik
8. Industriemechaniker – Industriemechanikerin
9. Verkäufer – Verkäuferin
10. Zahnmedizinischer Fachangestellter – Zahnmedizinische Fachangestellte

2 **Tauschen Sie sich über Ihre ersten Erfahrungen in der Arbeitswelt aus.**

Mit diesen Inhalten beschäftigen Sie sich auf den folgenden Seiten.

Tragen Sie das Datum ein, wenn Sie die Seiten bearbeitet haben. ○

Schätzen Sie Ihre Kompetenzen auf Seite 175 ein.

44 MEINE INTERESSEN UND STÄRKEN

GUT ZU WISSEN

Was ist der Unterschied zwischen Interessen und Stärken?
Interessen sind all die Dinge, die Sie gern machen: Ihre Neigungen und Vorlieben, Ihre Hobbys, Leidenschaften und „Steckenpferde". Es sind die **Beschäftigungen**, zu denen Sie **Lust** haben.
Stärken sind Ihre besonderen **Begabungen** und **Fähigkeiten auf einem bestimmten Gebiet,** durch die Sie in der Lage sind, sehr gute Leistungen zu erbringen. Das können auch **soziale** und **personale Kompetenzen** sein, also die **Fähigkeit,** mit anderen **Menschen umzugehen** und das **eigene Leben** zu **gestalten.**
Jeder Mensch bringt unterschiedliche persönliche Stärken mit.

1 **Haben Sie schon mal überlegt, dass sich hinter Ihrer Freizeitbeschäftigung ein berufliches Interesse verbergen könnte? Ordnen Sie zu.**

Planen und Organisieren • ~~Zubereiten und Kochen~~ • Pflegen, Helfen und Erziehen • Bedienen und Verkaufen • Montieren und Reparieren • Fotografieren und Gestalten • Dokumentieren und Verwalten

Freizeitbeschäftigung	Berufliches Interesse
Kerim backt gern Kuchen und probiert neue Rezepte aus.	*Zubereiten und Kochen*
Marie verkauft gern ihre Kleidung, die sie nicht mehr anzieht, auf dem Flohmarkt. Sie berät gern die Kunden.	
Büsra kümmert sich gern um die Organisation von Partys.	
Lukas geht in seiner Freizeit gern für seine Nachbarin einkaufen.	
Hussein repariert gern Dinge wie Fahrräder oder kleinere Maschinen.	
Lisa hat alle Dokumente immer ordentlich abgelegt und erstellt gern neue Ordner auf ihrem Tablet.	
Kevin fotografiert gerne auf Hochzeiten und gestaltet Fotobücher.	

2 **Tauschen Sie sich über Ihre persönlichen Freizeitbeschäftigungen aus und leiten Sie mögliche berufliche Interessen ab. Arbeiten Sie mit einer Tabelle wie in Aufgabe 1.**

3 Hier sind die Silben ausgewählter Kompetenzen durcheinandergeraten. Setzen Sie die Silben zu dem richtigen Nomen zusammen. Ergänzen Sie außerdem den Artikel.

1 keit – Be – bar – last *die Belastbarkeit*

2 mö – ver – lungs – Ein – füh – gen ______

3 be – schaft – reit – Hilfs ______

4 fä – keit – hig – tik – Kri ______

5 fä – keit – Team – hig ______

6 falt – Sorg ______

7 be – wor – ant – Ver – tungs – sein – wusst ______

8 tät – Krea – vi – ti ______

4 Ordnen Sie die in Aufgabe 3 genannten Kompetenzen ihren Beschreibungen zu.

Beschreibung	Kompetenz
Ich kann gut damit umgehen, wenn mich jemand auf meine Fehler aufmerksam macht.	*die Kritikfähigkeit*
Ich arbeite gern mit anderen Menschen zusammen.	
Ich meistere schwere Aufgaben.	
Ich bin ordentlich.	
Auf mich ist Verlass!	
Ich helfe gern anderen Menschen.	
Ich spüre es, wenn jemand traurig ist.	
Ich probiere gern Neues aus.	

5 Welche sozialen und personalen Kompetenzen haben Sie? Wählen Sie zwei Kompetenzen aus Aufgabe 4 aus und notieren Sie jeweils Beispiele dazu.

Meine Stärken	Beispiel

45 SICH UND ANDERE EINSCHÄTZEN

GUT ZU WISSEN

Für **Bewerbungen** und **Vorstellungsgespräche** ist es wichtig zu wissen, welche **Stärken in einem Beruf** nötig sind. Um herauszufinden, ob der Beruf zu Ihnen passt, sollten Sie wissen, welche Stärken Sie mitbringen und welche Fähigkeiten Sie sich noch aneignen müssen.
Es gibt verschiedene Möglichkeiten, die Ihnen helfen, Ihr **persönliches Stärkenprofil** zu erstellen. Sie können online bei unterschiedlichen Anbietern **Tests** durchführen oder an praktischen **Kompetenzfeststellungsverfahren,** die bei Ihnen an der Schule durchgeführt werden, teilnehmen.
Ein **schriftlicher Test** zum Stärkenprofil eignet sich gut, um herauszufinden, wie Sie sich selbst einschätzen. Außerdem können Sie sich von anderen Personen einschätzen lassen und hinterher prüfen: Stimmt die **Fremdwahrnehmung** mit der **eigenen Wahrnehmung** überein?

1 **Machen Sie den Test! Kreisen Sie die Punkte ein, die auf Sie zutreffen. Bitte beachten Sie, dass es hierbei nicht um gut oder schlecht geht.**

Stärkenprofil

0 = das kann ich gar nicht
1 = das kann ich ein bisschen
2 = das kann ich gut
3 = hier bin ich Profi

Nr.	Beschreibung	Punkte	Persönliche Stärken
1	Ich kann gut damit umgehen, wenn mich jemand auf meine Fehler aufmerksam macht.	0 – 1 – 2 – 3	Kritikfähigkeit
2	Ich arbeite gern mit anderen Menschen zusammen.	0 – 1 – 2 – 3	Teamfähigkeit
3	Ich erledige Aufgaben pünktlich und halte Termine ein.	0 – 1 – 2 – 3	Zuverlässigkeit
4	Ich arbeite ordentlich und gehe mit Sachen angemessen um.	0 – 1 – 2 – 3	Sorgfalt
5	Ich helfe gern anderen Menschen.	0 – 1 – 2 – 3	Hilfsbereitschaft
6	Ich repariere gern Sachen und arbeite mit den Händen.	0 – 1 – 2 – 3	Handwerkliches Geschick
7	Ich erkenne, wie Maschinen arbeiten.	0 – 1 – 2 – 3	Technisches Verständnis
8	Ich sehe schnell, was zu tun ist, und versuche, die Aufgaben ohne Hilfe zu lösen.	0 – 1 – 2 – 3	Selbstständigkeit

Nr.	Beschreibung	Punkte	Persönliche Stärken
9	Ich probiere gern Neues aus.	0 – 1 – 2 – 3	Kreativität
10	Ich kann mich gut ausdrücken und gut zuhören.	0 – 1 – 2 – 3	Kommunikationsfähigkeit
11	Ich plane gern (z. B. Feste) und überlege, was zu tun ist.	0 – 1 – 2 – 3	Organisationsfähigkeit
12	Ich bleibe auch in schwierigen Situationen ruhig.	0 – 1 – 2 – 3	Geistige Belastbarkeit
13	Ich kann gut körperlich arbeiten und schwere Sachen tragen.	0 – 1 – 2 – 3	Körperliche Belastbarkeit
14	Ich halte Absprachen ein, denn auf mich ist Verlass.	0 – 1 – 2 – 3	Verantwortungsbewusstsein
15	Ich spüre es, wenn jemand traurig ist.	0 – 1 – 2 – 3	Einfühlungsvermögen

2 **Notieren Sie die persönlichen Stärken, die in Ihrem Stärkenprofil die meisten Punkte von Ihnen bekommen haben.**

Meine Stärken

3 **Notieren Sie, in welchen Bereichen Sie sich noch verbessern wollen.**

Das muss ich noch üben

4 **Jetzt geht es darum, wie Sie von anderen wahrgenommen werden. Bilden Sie Paare und machen Sie jeweils den Test für Ihre Partner / Ihre Partner. (Test für ....)**

Nr.	Beschreibung	Punkte	Persönliche Stärken
1	Ich kann gut damit umgehen, wenn mich jemand auf meine Fehler aufmerksam macht.	0 – 1 – 2 – 3	Kritikfähigkeit
2	Ich arbeite gern mit anderen Menschen zusammen.	0 – 1 – 2 – 3	Teamfähigkeit
3	Ich erledige Aufgaben pünktlich und halte Termine ein.	0 – 1 – 2 – 3	Zuverlässigkeit
4	Ich arbeite ordentlich und gehe mit Sachen angemessen um.	0 – 1 – 2 – 3	Sorgfalt
5	Ich helfe gern anderen Menschen.	0 – 1 – 2 – 3	Hilfsbereitschaft
6	Ich repariere gern Sachen und arbeite mit den Händen.	0 – 1 – 2 – 3	Handwerkliches Geschick
7	Ich erkenne, wie Maschinen arbeiten.	0 – 1 – 2 – 3	Technisches Verständnis
8	Ich sehe schnell, was zu tun ist, und versuche, die Aufgaben ohne Hilfe zu lösen.	0 – 1 – 2 – 3	Selbstständigkeit
9	Ich probiere gern Neues aus.	0 – 1 – 2 – 3	Kreativität
10	Ich kann mich gut ausdrücken und zuhören.	0 – 1 – 2 – 3	Kommunikationsfähigkeit
11	Ich plane gern (z. B. Feste) und überlege, was zu tun ist.	0 – 1 – 2 – 3	Organisationsfähigkeit
12	Ich bleibe auch in schwierigen Situationen ruhig.	0 – 1 – 2 – 3	Geistige Belastbarkeit
13	Ich kann gut körperlich arbeiten und schwere Sachen tragen.	0 – 1 – 2 – 3	Körperliche Belastbarkeit
14	Ich halte Absprachen ein, denn auf mich ist Verlass.	0 – 1 – 2 – 3	Verantwortungs-bewusstsein
15	Ich spüre es, wenn jemand traurig ist.	0 – 1 – 2 – 3	Einfühlungsvermögen

5 **Füllen Sie die Tabelle für Ihre Partnerin / Ihren Partner aus.**

Vorhandende Stärken	Das sollte noch geübt werden
______________________	______________________
______________________	______________________
______________________	______________________

6 **Vergleichen Sie nun die Testergebnisse. Wie schätzen Sie sich selbst ein und wie werden Sie eingeschätzt? Diskutieren Sie die Gemeinsamkeiten und Unterschiede.**

GUT ZU WISSEN

Mit einer **Stellenanzeige** sucht ein Betrieb neue Bewerber und Bewerberinnen. Egal ob es sich um ein **Ausbildungsplatzangebot,** einen **Minijob** oder eine **Vollzeitarbeitsstelle** handelt, eine Stellenanzeige ist immer gleich aufgebaut.
Der Betrieb **benennt und beschreibt die Stelle,** die besetzt werden soll. Außerdem steht in der Stellenanzeige, **wann** die Stelle zu besetzen ist und wie das **Anforderungsprofil** aussieht, also welche **Qualifikationen** und **Fähigkeiten** Voraussetzung sind, um sich zu bewerben. Der Betrieb stellt seine **Leistungen** dar und am Ende stehen die **Kontaktdaten,** wie Adresse, Ansprechpartner etc., an die die **Bewerbungsunterlagen** geschickt werden sollen.

1 Wo sind Stellenanzeigen überall zu finden? Sammeln Sie in der Klasse.

______________ ______________ ______________

______________ ______________

2 Lesen Sie die Stellenanzeige 1. Verbinden Sie die Fragen mit den richtigen Aussagen in der Stellenanzeige.

Stellenanzeige 1

Wir suchen zum 1.9.20xx einen Auszubildenden / eine Auszubildende als Verkäufer/-in für unseren Biomarkt Natur in Osnabrück.

Das erwarten wir:
- Interesse an unseren Produkten
- einen guten Hauptschulabschluss
- Freude am Ein- und Ausräumen von Waren und an der Beratung von Kunden
- kaufmännisches Denken
- Kommunikationsfähigkeit und Kontaktbereitschaft
- Teamgeist und Belastbarkeit

Das bieten wir:
- einen Ausbildungsplatz in einem innovativen Biomarkt
- die Möglichkeit der Weiterbeschäftigung nach Bestehen der Ausbildung

Die vollständigen Bewerbungsunterlagen richten Sie bitte an:
Biomarkt Natur, Herrn Reinhold, Brücker Str. 47, 36789 Osnabrück

Wir freuen uns auf Ihre Bewerbung!

- Wann beginnt die Ausbildung?
- Um welchen Ausbildungsberuf handelt es sich?
- Wohin soll die Bewerbung geschickt werden?
- Was bietet der Betrieb?
- Welche Anforderungen werden gestellt?

3 Lesen Sie die Stellenanzeigen 2 und 3.

Stellenanzeige 2

Sie möchten als Fachkraft im Gastgewerbe arbeiten?

Wir, die Kurklinik Bad Meeresbergen, bieten einen Ausbildungsplatz zum 01.08. als Fachkraft im Gastgewerbe an. Sie arbeiten gern in der Küche oder am Büfett? Sie dekorieren gern Speisen oder Räume und bereiten gern einfache Gerichte zu? Dann sind Sie bei uns genau richtig. Es erwartet Sie ein dynamisches und freundliches Team in einer modernen Kurklinik.

Wenn Sie einen Hauptschulabschluss mitbringen, kontaktfreudig sind und gern im Team arbeiten, gut rechnen und organisieren können und darüber hinaus noch belastbar sind und auch am Wochenende arbeiten möchten, dann schicken Sie Ihre Bewerbung bitte an:

Kurklinik Bad Meeresbergen

Frau Anya Schicker, Meeresberger Landstr. 87, 37522 Bad Meeresbergen

Stellenanzeige 3

Wir, die Autolackiererei Schmucke, suchen einen Auszubildenden / eine Auszubildende ab August als Fahrzeuglackierer/Fahrzeuglackiererin.

Zu den Aufgaben gehören das Beurteilen und Beheben von Lackschäden. Außerdem gestaltest und beschichtest du Fahrzeuge mit Lacken. Du hast Interesse an einer modernen computergesteuerten Lackierstraße? Du bringst mindestens einen Hauptschulabschluss, gute Noten in Mathe und Technik mit? Du bist kreativ, sorgfältig und geschickt? Dann bist du bei uns richtig! Wir freuen uns auf deine Bewerbung!

Bitte schicke deine schriftlichen Unterlagen an:

Autolackiererei Schmucke
Frau Schmucke
Becker Landstr. 67
65422 Berghausen

4 Analysieren Sie die Stellenanzeigen 1, 2 und 3.

	Stellenanzeige 1	Stellenanzeige 2	Stellenanzeige 3
Beruf			
Ab wann			
Anforderungen			
Tätigkeiten			
Benefits			
Kontaktdaten			

5 **Welcher Ausbildungsplatz passt zu welcher Bewerberin / zu welchem Bewerber? Lesen Sie noch einmal die Stellenanzeigen 1, 2 und 3. Begründen Sie Ihre Entscheidungen.**

Sara ist 18 Jahre und macht in diesem Jahr ihren Hauptschulabschluss. Mit ihren Freundinnen probiert sie oft neue Rezepte aus. Sie ist kontaktfreudig und arbeitet gern im Team. Ihr Vater hat ein Restaurant, in dem sie schon öfter geholfen hat.

Ausbildungsplatz: ____________________

____

Begründung: ____________________

____

Michelle ist 16 Jahre, hat ihren Hauptschulabschluss erhalten und interessiert sich schon immer für Autos. Ihre Lieblingsfächer sind Mathematik und Kunst. Sie ist kreativ und in ihrer Freizeit sprüht sie gern Graffitis. Sie spart auf den Führerschein.

Ausbildungsplatz: ____________________

____

Begründung: ____________________

____

Simon ist 17 Jahre und macht in diesem Jahr seinen Hauptschulabschluss. Deutsch und Mathe mag er nicht so gern, er ist kontaktfreudig und zu Hause kocht er gern mit Freunden gesundes Essen. Er hat ein Praktikum im Supermarkt absolviert, das ihm gut gefallen hat.

Ausbildungsplatz 1: ____________________

____

Begründung: ____________________

____

Ausbildungsplatz 2: ____________________

____

Begründung: ____________________

____

Achmed ist 17 Jahre und hat einen guten Hauptschulabschluss. Er ist kontaktfreudig und kommt schnell mit Menschen ins Gespräch. Für Autos interessiert er sich schon immer und möchte gern Automobilverkäufer werden. Den „Führerschein auf Probe" hat er schon.

Ausbildungsplatz: ____________________

____

Begründung: ____________________

____

6 Recherchieren Sie im Internet nach Internetportalen, die offene Ausbildungsplätze anbieten. Notieren Sie mindestens drei Adressen.

Portal 1: ______________________________

Portal 2: ______________________________

Portal 3: ______________________________

7 Arbeiten Sie zu zweit. Vergleichen Sie die Internetportale. Einigen Sie sich auf ein Portal und suchen Sie gemeinsam eine interessante Stellenanzeige.

Portal: ______________________________

Stellenanzeige: ______________________________

8 Ergänzen Sie die Tabelle zu dieser Stellenanzeige.

	Stellenanzeige
Beruf	
Ab wann	
Anforderungen	
Tätigkeiten	
Benefits	
Kontaktdaten	

9 Stellen Sie anschließend Ihre Ergebnisse in der Klasse vor.

10 Entwickeln Sie zu zweit eine eigene Stellenanzeige für einen Ausbildungsberuf Ihrer Wahl. Achten Sie darauf, dass alle wichtigen Informationen (siehe Tabelle, Aufgabe 8) vorhanden sind.

11 Präsentieren Sie Ihre Ergebnisse in der Klasse. Diskutieren Sie, auf welche Stellenanzeige Sie sich bewerben würden.

GUT ZU WISSEN

Egal, ob Sie sich um einen **Praktikumsplatz,** einen **Ausbildungsplatz** oder einen **Minijob** bemühen – nur mit einer guten **Bewerbung** werden Sie erfolgreich sein. Mit der Bewerbung stellen Sie sich vor, Sie **werben** für sich selbst! Sie **erklären** und **begründen**, warum Sie die **richtige Person für die Stelle** sind. Sie grenzen sich von anderen ab und stellen heraus, dass Sie besonders gut geeignet sind.
Eine Bewerbung kann je nach Stelle **telefonisch, schriftlich** oder **online** erfolgen.
Mit der **telefonischen Bewerbung** vermitteln Sie oft schon einen **ersten Eindruck.** Beim Telefonat ist es deshalb wichtig, dass Sie **gut vorbereitet** sind und genau wissen, was Sie von Ihrem Gesprächspartner wissen möchten. Sie sollten aber auch gut gewappnet sein, wenn er oder sie etwas von Ihnen wissen möchte.

1 **Wann bewerben Sie sich telefonisch, schriftlich oder online?**

2 **Hören oder lesen Sie den Text.**

Nicos Praktikumsplatzsuche: das Telefongespräch

Nico ist spät dran. Bereits in zwei Wochen beginnt sein schulisches Betriebspraktikum und er hat sich bisher um nichts gekümmert. Jetzt passt es gut, weil er heute nur fünf Stunden hat. Sein Onkel hat ihm eine Telefonnummer von einem Altenpflegeheim gegeben.
Da ruft er jetzt gleich mal an. Er muss ja sowieso gerade auf den Bus warten. Die Nummer hat er im Telefon gespeichert. „Ist zwar ein bisschen laut hier, aber wird schon gehen“, denkt er sich.
„Hallo, ich bin auf der Suche nach einem Praktikumsplatz. Haben Sie einen?“, fragt er die Dame am anderen Ende der Leitung, deren Namen er leider nicht verstanden hat.
„Mit wem spreche ich bitte? Ich verstehe Sie nur schlecht, es ist sehr laut bei Ihnen!“, sagt die Dame.
„Ich bin Nico. Ich bin auf der Suche nach einem Praktikumsplatz. Haben Sie einen?“
„Leider habe ich gerade kaum Zeit. Es ist Essenszeit. Ja, wir nehmen Schulpraktikanten. Wann müssen Sie das Praktikum denn machen?“, fragt die Dame.
„Äh, weiß nicht genau, das habe ich mir irgendwo aufgeschrieben. Moment, bitte!“ Er fängt an, in seinem Rucksack zu kramen, und findet schließlich den Zettel mit den Praktikumsdaten.
„Vom 19.02. bis 09.03.“, antwortet er.
Die Dame wirkt ungeduldig. „Ja, das ginge. Da haben wir noch keinen Praktikanten hier in der Küche.“
„Oh nee, in die Küche will ich aber überhaupt gar nicht. Wollte eigentlich in den pflegerischen Bereich“, sagt Nico leicht genervt.
„Warum sagen Sie das denn nicht gleich?“, erwidert die Dame. „Dafür ist Frau Meyer zuständig. Die ist gerade im Urlaub. Schicken Sie ihr doch einfach Ihre Bewerbungsunterlagen. Auf Wiedersehen.“
„Vielen Dank auch“, sagt Nico gereizt.
„Na, toll. Das hat ja mal wieder *super* geklappt“, denkt sich Nico. Trotzdem wird er die Unterlagen fertig machen. „Aber wie hieß diese Frau doch gleich? Mist, hätte ich doch nur mitgeschrieben.“

3 **Markieren Sie im Text auf Seite 161, wo Nico sich falsch verhalten hat und etwas verbessern sollte.**

4 **Vergleichen Sie Ihre Markierungen.**

5 **Erarbeiten Sie Tipps, damit Ihr Telefonat besser verläuft als das von Nico. Arbeiten Sie zu zweit.**

	Tipps
Worauf muss ich **vor** dem Telefonat achten?	Ich informiere mich über den Praktikumsbetrieb und weiß, in welcher Abteilung ich ein Praktikum machen möchte. Ich lege mir ______ Ich ______ Ich ______
Wie beginne ich das Telefonat?	„Guten Tag, ______ ______ ______
Was frage ich meinen Gesprächs-partner?	„Wie war noch mal Ihr Name?" ______ Ich notiere mir den Namen meines Gesprächspartners. „Haben Sie ______ „Welche Abteilungen ______ „An wen ______
Was sage ich am Ende des Telefonats?	„Vielen Dank für ______ „Ich ______
Wie sollte ich mich im Tele-fongespräch verhalten?	Ich vermeide die Umgangssprache und drücke mich richtig aus. Ich bin ______ Ich spreche ______

6 **Arbeiten Sie zu zweit. Einigen Sie sich auf einen Betrieb, in dem Sie gern ein Praktikum absolvieren würden. Formulieren Sie ein Telefongespräch mithilfe der Tipps von Seite 162.**

7 **Üben Sie den Dialog und präsentieren Sie ihn in der Klasse.**

8 **Markieren Sie die 10 wichtigsten Tipps zur telefonischen Kontaktaufnahme.**

- B Ich bedanke mich für das Gespräch.
- M Ich habe es eilig und keine Zeit zum Telefonieren.
- L Ich kenne den Praktikumszeitraum.
- G Ich weiß, wie der Betrieb heißt.
- U Ich drücke mich richtig aus und verwende keine Umgangssprache.
- A Ich informiere mich über den Betrieb.
- D Ich notiere mir den Namen meines Gesprächspartners.
- E Ich suche nach dem Praktikumszeitraum.
- U Ich lege mir Zettel und Stift bereit.
- P Ich beende das Gespräch und lege schnell auf.
- S Ich spreche langsam und deutlich.
- N Ich weiß, in welcher Abteilung ich das Praktikum machen möchte.
- W Ich vergesse, nach dem Namen meines Gesprächspartners zu fragen.
- I Ich habe Zeit und Ruhe zum Telefonieren.

Lösungswort aus den Buchstaben der 10 Tipps: ______________________

48 DIE SCHRIFTLICHE BEWERBUNG

GUT ZU WISSEN

Die **schriftliche Bewerbung** ist eine **Werbung** in eigener Sache. Zur vollständigen schriftlichen Bewerbung gehören ein **Deckblatt,** ein **Anschreiben,** ein **tabellarischer Lebenslauf,** ein **Foto** und sämtliche **Zeugnisse** sowie andere **Bescheinigungen,** beispielsweise Beurteilungen von Praktika in Betrieben. In den Unterlagen dürfen **keine Rechtschreibfehler** zu finden sein. Alles muss **ordentlich** aussehen, damit Sie einen positiven Eindruck hinterlassen und zu einem Vorstellungsgespräch eingeladen werden.
Das **Anschreiben** muss überzeugend formuliert sein und neugierig machen. Sie beziehen sich dabei auf eine Stellenanzeige. Mit dem **Lebenslauf** stellen Sie sich vor, indem Sie Ihre **persönlichen Daten,** die **Schulbildung,** aber auch **Erfahrungen** und **Kenntnisse** darstellen. Das **Deckblatt** ist der Blickfang der Bewerbung, denn es liegt obenauf. Auf dem Deckblatt wird zwar nur der Ausbildungsberuf, Ihr Name und Ihre Adresse genannt sowie ein **Foto** von Ihnen platziert, aber es spielt eine entscheidende Rolle, weil es zuerst gesehen wird. Alle Unterlagen kommen in eine **Bewerbungsmappe:** zuerst das Deckblatt, dann das Anschreiben, dann der Lebenslauf und zum Schluss weitere Unterlagen.

1 **Ordnen Sie die Überschriften den Abschnitten im tabellarischen Lebenslauf zu.**

Praktika • Persönliche Daten • Unterschrift • Hobbys • Schulbildung • Besondere Kenntnisse

Lebenslauf

____

Name:	Yannis Dehaan
Anschrift:	An der Mühle 7
	08739 Berlin
Telefon:	030-23125 989
Mobil:	0172-9973186
E-Mail:	Yannis.Dehaan@beispiel.de
Geburtsdatum/-ort:	27.05.2006 in Berlin
Familienstand:	ledig

____

08/2013 – 07/2017	Grundschule an der Havel
08/2017 – 07/2023	Brandenburger Tor Hauptschule,
voraussichtlich im Sommer 2023	Hauptschulabschluss (Berufsbildungsreife)

____

November 2022 4-wöchiges Praktikum in der Autolackiererei Marker, Berlin

_______________________: MS Office

_______________________: Fußball, Fahrradfahren, Musik

_______________________ *Yannis Dehaan*

2 **Schreiben Sie den folgenden ausformulierten Lebenslauf in einen tabellarischen Lebenslauf um.**

Ausformulierter Lebenslauf

Ich heiße Sara Winkler, bin 17 Jahre alt und wurde am 27.03.2005 in Kiel geboren. Mit 4 Jahren bin ich nach Wuppertal gezogen und mit 6 eingeschult worden. Vor meinem Wechsel auf die Hauptschule bin ich nach Göttingen gezogen und habe dort 6 Jahre die Hauptschule besucht. In der 9. Klasse habe ich ein Praktikum bei meinem Vater im Restaurant absolviert. Ich mache dieses Jahr meinen Hauptschulabschluss. Meine Lieblingsfächer sind Deutsch und Sport. Außerdem koche ich gern und probiere neue Rezepte aus.

3 **Machen Sie sich Notizen zu Ihrem eigenen tabellarischen Lebenslauf.**

Meine Schulbildung	
Meine Hobbys	
Meine Praktika	

4 **Besprechen Sie Ihre Formulierungen für die Bereiche Schulbildung, Hobbys und Praktika.**

5 **Schreiben Sie nun Ihren eigenen tabellarischen Lebenslauf am Computer. Achten Sie auf die Überschriften, das Schriftbild und die Rechtschreibung.**

6 **Lesen Sie das Anschreiben und ordnen Sie schriftlich zu.**

der Empfänger • Ort/Datum • die Unterschrift • der Betreff • die Grußformel • die Textabschnitte • die Anrede • der Absender

Sara Winkler
Baumstr. 8
51789 Göttingen
Mobil: 0174-9091317
E-Mail: Sara-Winkler@beispiel.de

Göttingen, 01.03.20xx

Kurklinik Bad Meeresbergen
Frau Anya Schicker
Meeresberger Landstr. 87
37522 Bad Meeresbergen

Bewerbung um einen Ausbildungsplatz als Fachkraft im Gastgewerbe

Sehr geehrte Frau Schicker,

mit großem Interesse habe ich Ihre Stellenanzeige im Internet auf der Seite des Jobcenters gelesen und bewerbe mich um den Ausbildungsplatz als Fachkraft im Gastgewerbe.

Als Aushilfskraft im Restaurant konnte ich schon Erfahrungen in der Küche und im Service sammeln. Ich habe einfache Speisen zubereitet und Tische eingedeckt und dekoriert. Vor allem der Kontakt zu den Gästen hat mir sehr gut gefallen. Die Arbeit am Wochenende und wechselnde Schichten haben mir keine Schwierigkeiten bereitet.

Derzeit besuche ich die 10. Klasse der Hauptschule in Göttingen. In diesem Sommer werde ich voraussichtlich den Hauptschulabschluss erhalten, mit guten Noten in Deutsch und Mathematik.

Mir bereitet es Freude, im Team zu arbeiten und zu organisieren, weshalb ich mich in der Schule in der Schülervertretung als Schülersprecherin einbringe.

Die Ausbildung würde ich gern bei Ihnen absolvieren, weil Sie als Kurklinik ein breites und interessantes Gebiet im Gastgewerbe abdecken und ich meine ersten beruflichen Erfahrungen im Restaurant erweitern möchte.

Gern stelle ich mich Ihnen persönlich vor und freue mich auf eine Einladung zum Vorstellungsgespräch.

Mit freundlichen Grüßen

Sara Winkler

7 **Vergleichen Sie das Anschreiben von Sara auf Seite 166 mit der Stellenanzeige (Seite 158). Warum würden Sie Sara zu einem Vorstellungsgespräch einladen?**

Ich würde Sara einladen, weil ______________________________

____

8 **Füllen Sie die Lücken. Beziehen Sie sich auf eine Stelle, die Sie interessiert.**

Mein Anschreiben

Mit großem Interesse habe ich Ihre Anzeige gelesen und bewerbe mich hiermit für den

Ausbildungsplatz als ______________________________.

Zurzeit besuche ich die Schule ____________________ und werde im Sommer

____________________ voraussichtlich meinen Hauptschulabschluss machen.

Besonders interessieren mich ______________________________.

Während meines Praktikums bei ____________________ habe ich schon Erfahrungen in

______________________________ sammeln dürfen.

Ich arbeite gern im Team, ______________________________

______________________________ *(Beispiel anführen).*

Mein Organisationstalent konnte ich schon bei ______________________________

______________________________ unter Beweis stellen.

Gerne würde ich Sie von meinen Stärken in einem Vorstellungsgespräch überzeugen.

9 **Schreiben Sie nun Ihr eigenes Anschreiben am Computer. Beachten Sie dabei alle Punkte der folgenden Checkliste.**

- ☐ Der Absender mit Telefonnummer und E-Mail ist vollständig.
- ☐ Empfänger und Ansprechpartner sind richtig geschrieben.
- ☐ Ort und aktuelles Datum stehen an der richtigen Stelle.
- ☐ Die Betreffzeile ist gut formuliert.
- ☐ Rechtschreibung und Grammatik wurden kontrolliert und sind fehlerfrei.
- ☐ Die Zeilenabstände, das Schriftbild und die Absätze stimmen.
- ☐ Die Unterschrift ist vorhanden.
- ☐ Es ist konkret beschrieben, warum Sie diese Ausbildung machen wollen.
- ☐ Sie haben begründet, warum Sie zu dem Betrieb passen.
- ☐ Die Bewerbung macht neugierig.

48 DIE SCHRIFTLICHE BEWERBUNG

10 Was gehört auf das Deckblatt in einer Bewerbungsmappe?

______________________	______________________
______________________	______________________

11 Beurteilen Sie die Fotos. Welches eignet sich für eine Bewerbung?

1 

2 

3 

4 

12 Welche Kleidung wählen Sie für das Foto in Ihrer Bewerbung?

____

13 Erstellen Sie am Computer ein Deckblatt für Ihre Bewerbungsmappe.

14 Bringen Sie die Bestandteile einer Bewerbungsmappe in die richtige Reihenfolge.

Zeugnisse • Lebenslauf • Anschreiben • Deckblatt • Praktikumsnachweis

1 ______________________

2 ______________________

3 ______________________

4 ______________________

5 ______________________

15 Drucken Sie Ihr Anschreiben, Ihren Lebenslauf und das Deckblatt aus und sortieren Sie die Unterlagen in der richtigen Reihenfolge in eine Bewerbungsmappe.

49 DIE ONLINE-BEWERBUNG

GUT ZU WISSEN

Inzwischen bevorzugen immer mehr Unternehmen die **Bewerbung online**. Das heißt, Sie müssen entweder Ihre **Bewerbungsunterlagen in PDF-Dateien umwandeln** und per **Mail** schicken oder sie in die dafür vorgesehenen **Bewerbungstools** des Unternehmens hochladen. **Zeugnisse** und **Bescheinigungen** müssen **gescannt** werden, damit Sie sie ebenfalls hochladen können. Ihre **E-Mail-Adresse** sollte seriös sein und aus Ihrem **Vor- und Nachnamen** bestehen. Außerdem ist es wichtig, darauf zu achten, dass **alle Unterlagen** mitgeschickt werden. In der Betreffzeile der E-Mail steht der gleiche Betreff wie im Anschreiben, der Text der **E-Mail informiert kurz** über den Grund des Schreibens und verweist auf die Anhänge. Für E-Mail-Bewerbungen gelten die gleichen Regeln wie für Bewerbungen, die mit der Post verschickt werden.

1 **Erarbeiten Sie zu zweit eine Checkliste: Schreiben Sie auf, worauf Sie achten müssen, wenn Sie die Bewerbung digital versenden.**

Checkliste: Online-Bewerbung	
1.	______________________
2.	______________________
3.	______________________
4.	______________________
5.	______________________

2 **Ergänzen Sie die fehlenden Wörter im Text der E-Mail.**

Sehr geehrte Frau Schmucke,

anbei übersende ich Ihnen meine ______________________ für die ausgeschriebene ______________________ zur Fahrzeuglackiererin ab dem 01.08.20xx. In der Anlage befinden sich das ______________________, mein ______________________, meine letzten beiden Schulzeugnisse und ein Praktikumsnachweis. Über eine ______________________ zum Vorstellungsgespräch würde ich mich freuen.

Mit freundlichen Grüßen

Sara Winkler

3 Formulieren Sie eine E-Mail zu Ihrer eigenen Bewerbung (Seite 167).

An	
Betreff	

4 Arbeiten Sie zu zweit. Lesen Sie sich gegenseitig Ihre E-Mail vor und vergleichen Sie Ihre Mail mit der Mustermail von Sara.

5 Manche Unternehmen bieten auf ihrer Homepage Online-Bewerbungsformulare an. Ordnen Sie die Vorteile richtig zu.

Kostenersparnis • schnelle Einschätzung • gute Vergleichbarkeit • Zeitersparnis • Status-Check möglich • schnelle Bearbeitung • man vergisst nichts

Vorteile für den Bewerber / die Bewerberin	Vorteile für das Unternehmen

6 Vergleichen Sie Ihre Ergebnisse. Sprechen Sie über die Vorteile. Was könnte mit Kosten- oder Zeitersparnis alles gemeint sein? Gibt es auch Nachteile?

50 DAS VORSTELLUNGSGESPRÄCH

GUT ZU WISSEN

Eine **Einladung** zum **Vorstellungsgespräch** ist aufregend und ein weiterer großer Schritt in die Ausbildung. Es ist wichtig, den Betrieb **persönlich von sich zu überzeugen.** Deshalb muss ein Vorstellungsgespräch sehr gut **vorbereitet** werden, und zwar **inhaltlich** und **organisatorisch.** Inhaltlich bedeutet, dass Sie sich **ausführlich über den Betrieb informieren,** auf **mögliche Fragen vorbereiten** und sich **selbst vorstellen** können. Organisatorisch heißt, dass Sie Ihre Anfahrt **planen** und die Bereitstellung aller notwendigen **Unterlagen** organisieren.
Besonders wichtig ist der **erste Eindruck,** den Sie vermitteln. Ihr **Erscheinungsbild,** Ihre **Körpersprache, Gestik** und **Mimik** sowie Ihre **Umgangsformen** sind hier gefragt.

1 Der erste Eindruck zählt. Ordnen Sie zu.

Kleidung • Blickkontakt • Frisur • Styling • Parfüm • freundliche Ausstrahlung • Mimik und Gestik • Hände und Arme unverschränkt • Hygiene • offener Gesichtsausdruck • Sitzhaltung • Make-up

Erscheinungsbild	Körpersprache

2 Was ist mit Mimik und Gestik gemeint? Ordnen Sie die passenden Begriffe aus der Tabelle zu und finden Sie weitere Beispiele.

3 Elif hat ein Vorstellungsgespräch in einer Tischlerei und Paul bei einem Friseur. Welche Kleidung ist passend? Kreuzen Sie an.

4 **Ordnen Sie die Kleidungsstücke den verschiedenen Stilen zu. Finden Sie noch weitere Beispiele.**

T-Shirt • Bluse • bequeme Hose • Anzug • Kostüm • Krawatte • unauffällige Jeans

Casual-Stil bedeutet: locker, modisch. Zum Beispiel: ______________________________

____

Business-Casual-Stil bedeutet: sportlich-elegant, modisch-schick, locker-formell. Zum Beispiel:

____

____

Business-Stil bedeutet: professionell, formell, seriös. Zum Beispiel: ______________________

____

5 **Welchen Kleidungsstil würden Sie Paul und Elif empfehlen und warum?**

Ich würde Paul den ______________________ empfehlen, weil ______________

____

Ich würde Elif den ______________________ empfehlen, weil ______________

____

6 **Diskutieren Sie, welcher Stil für welche Berufe geeignet ist. Machen Sie Vorschläge zur passenden Bekleidung im Vorstellungsgespräch.**

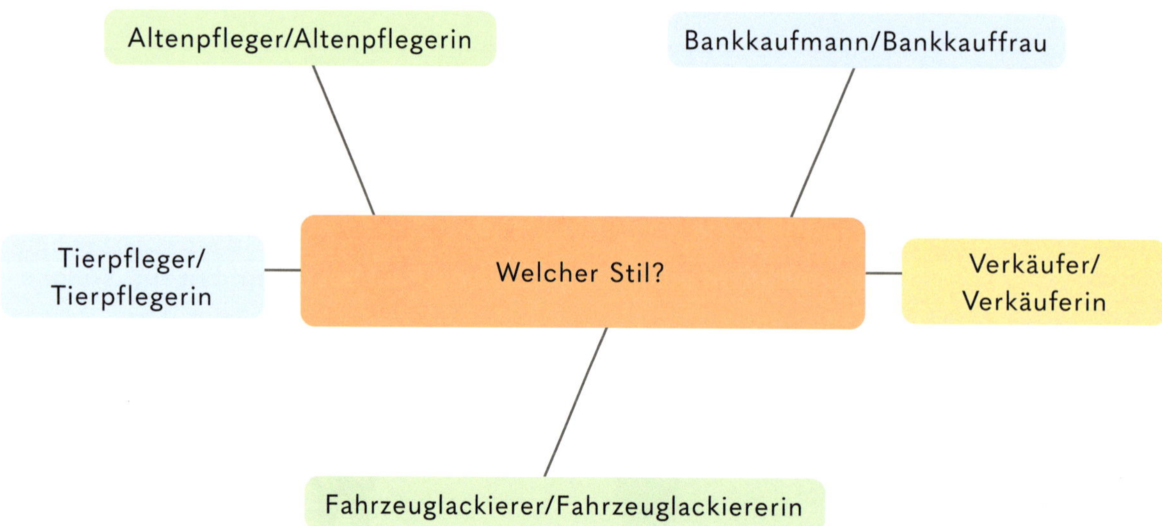

7 Wie läuft das Vorstellungsgespräch ab? Nummerieren Sie in der richtigen Reihenfolge.

- ☐ Sie stellen sich vor und begründen, warum die Stelle zu Ihnen passt.
- ☐ Sie haben die Möglichkeit, Fragen zu stellen.
- ☐ Der Arbeitgeber stellt den Betrieb vor und beschreibt den Ausbildungsplatz.
- ☐ Das Gespräch wird vom Arbeitgeber beendet. Sie verabschieden sich und bedanken sich für das Gespräch.
- ☐ Der Arbeitgeber fragt oder erzählt etwas, um das Gespräch aufzulockern.

8 Hören und lesen Sie, wie Sara sich im Gespräch vorstellt.

Sara stellt sich vor

„Ich heiße Sara Winkler und lebe seit 6 Jahren in Göttingen. Ich bin in Kiel geboren und habe in Wuppertal die Grundschule besucht. In Göttingen besuche ich die Hauptschule und mache dieses Jahr meinen Abschluss. Meine Lieblingsfächer sind Deutsch und Sport.

Ich habe ein Praktikum im Restaurant meines Vaters gemacht und konnte so erste Erfahrungen in der Gastronomie sammeln. Ich habe einfache Speisen zubereitet und Tische eingedeckt und dekoriert. Die Arbeit am Wochenende und wechselnde Schichten haben mir keine Schwierigkeiten bereitet. Vor allem der Kontakt zu den Gästen hat mir sehr gut gefallen.

Ich bewerbe mich bei Ihnen für die Stelle als Fachkraft im Gastgewerbe, weil Sie als Kurklinik ein breites und interessantes Gebiet im Gastgewerbe abdecken. Ich möchte meine ersten beruflichen Erfahrungen in diesem Bereich erweitern. Ich habe folgende Eigenschaften, die meiner Meinung nach gut zu diesem Beruf passen: Ich arbeite sehr gerne im Team und bin gut organisiert. Der Umgang mit Lebensmitteln und der Kontakt mit Menschen interessiert mich und macht mir Spaß. Besonders gut an Ihrem Betrieb gefällt mir die Spezialisierung Ihrer Klinik auf Kuren für Eltern gemeinsam mit ihren Kindern."

9 A Üben Sie Ihre „Vorstellungsrede". Nutzen Sie dazu Ihren Lebenslauf und beziehen Sie sich auf eine konkrete Stellenanzeige.

B Machen Sie eine Audioaufnahme Ihrer „Vorstellungsrede" mit einem Smartphone.

C Spielen Sie sich gegenseitig Ihre Audioaufnahmen vor. Notieren Sie, was Sie an den Vorstellungen gut finden und was Sie verbessern würden. Geben Sie sich gegenseitig Rückmeldung.

10 Beantworten Sie die Fragen, die Ihnen im Vorstellungsgespräch gestellt werden können.

- Was sind Ihre Lieblingsfächer? Warum sind das Ihre Lieblingsfächer?
- Welches Praktikum hat Ihnen besonders gefallen?
- Warum möchten Sie den Beruf erlernen?
- Was sind Ihre Stärken?
- Warum möchten Sie in unseren Betrieb?

11 **Gute Vorbereitung heißt auch, Fragen für das Vorstellungsgespräch vorzubereiten. Setzen Sie die Fragen richtig zusammen.**

Wie sind • die Probezeit? • arbeite ich zusammen? • Wie lange dauert • Urlaub nehmen? • die Aussichten, übernommen zu werden? • jetzt fertig? • Wann darf ich das erste Mal • Mit wem • Sind wir

1 ______________________________

2 ______________________________

3 ______________________________

4 ______________________________

5 ______________________________

12 **Markieren Sie in Aufgabe 11 die Fragen, die Sie stellen dürfen, grün und die, die nicht geeignet sind, rot.**

13 **Tauschen Sie sich über Ihre Ergebnisse aus und notieren Sie weitere Beispiele für geeignete und ungeeignete Fragen im Vorstellungsgespräch.**

14 **Letzter Check vor einem Vorstellungsgespräch: Ergänzen Sie die Sätze.**

informiert • unterwegs • Fragen • begründen • Unterlagen • geduscht • Kleidung • vorstellen • gekämmt • Uhrzeit • Ausbildung • Namen

1 Ich habe mich auf mögliche ______________ vorbereitet und kann mich ______________.

2 Ich habe mich über den Betrieb ______________.

3 Ich weiß, wie lange ich ______________ bin und zu welcher ______________ ich an welcher Adresse sein soll.

4 Ich kenne die ______________ meiner Ansprechpartner im Vorstellungsgespräch.

5 Ich habe alle ______________ bereitgelegt, um sie mitzunehmen.

6 Ich weiß, warum ich mich auf diese ______________ bewerbe, und kann das auch gut ______________.

7 Meine ______________ ist sauber und ordentlich.

8 Ich bin ______________ und ______________.

BEWERBEN: ALLES KLAR?

1 **Finden Sie das Lösungswort. Umlaute sind mit zwei Buchstaben geschrieben. Die Buchstaben in den Farbfeldern ergeben die gesuchte Lösung.**

1 Wenn ich etwas nicht gut kann, dann ist das eine ...
2 Etwas, das ich gut kann, ist eine ...
3 Mein Brief in der Bewerbungsmappe heißt ...
4 Bewegungen von Händen und Armen nennt man ...
5 Ein anderes Wort für Gesichtsausdruck ist ...
6 In meiner Bewerbungsmappe sind ein Deckblatt, ein Anschreiben und ein ...
7 In der Stellenanzeige stellt sich der ... vor.
8 Eine Bewerbung kann telefonisch, schriftlich oder ... erfolgen.
9 Auf ein Bewerbungsgespräch muss ich mich inhaltlich und ... vorbereiten.
10 In der Stellenanzeige stehen die ..., die ich mitbringen muss.

1									

2							

3											

4						

5					

6										

7							

8						

9															

10															

Lösung: ___ ___ ___ ___ ___ ___ D ___ ___ ___ ___ P ___ ___ ___ Z

Schätzen Sie sich ein, wenn Sie die Seiten bearbeitet haben.

			Das kann ich gut	Das kann ich	Das kann ich teilweise	Das trainiere ich noch einmal
Mein Wunschberuf	**44**	Meine Interessen und Stärken				
	45	Sich und andere einschätzen				
Meine Bewerbung	**46**	Stellenanzeigen lesen und auswerten				
	47	Die telefonische Bewerbung				
	48	Die schriftliche Bewerbung				
	49	Die Online-Bewerbung				
	50	Das Vorstellungsgespräch				

NÜTZLICHE ÜBERSICHTEN

Personalpronomen

	Nominativ	Akkusativ	Dativ
Singular	ich du er sie es	mich dich ihn sie es	mir dir ihm ihr ihm
Plural	wir ihr sie Sie	uns euch sie Sie	uns euch ihnen Ihnen

Possessivartikel

		maskulin **der Onkel**	**neutral** **das Kind**	**feminin** **die Tante**	**Plural** **die Eltern**
Nominativ **WER?**	ich du er es sie	mein Onkel dein Onkel sein Onkel sein Onkel ihr Onkel	mein Kind dein Kind sein Kind sein Kind ihr Kind	meine Tante deine Tante seine Tante seine Tante ihre Tante	meine Eltern deine Eltern seine Eltern seine Eltern ihre Eltern
	wir ihr sie Sie	unser Onkel euer Onkel ihr Onkel Ihr Onkel	unser Kind euer Kind ihr Kind Ihr Kind	unsere Tante eure Tante ihre Tante Ihre Tante	unsere Eltern eure Eltern ihre Eltern Ihre Eltern
Akkusativ **WEN?**		meinen Onkel ... euren Onkel ...	mein Kind ... euer Kind ...	meine Tante ... eure Tante ...	meine Eltern ... eure Eltern ...
Dativ **WEM?**		meinem Onkel ... eurem Onkel ...	meinem Kind ... eurem Kind ...	meiner Tante ... eurer Tante ...	meinen Eltern ... euren Eltern ...

1 Deklination des Nomens mit bestimmtem und unbestimmtem Artikel

	maskulin	neutral	feminin	Plural
Nominativ	der Berg ein Berg	das Tal ein Tal	die Stadt eine Stadt	die Wälder viele Wälder
Akkusativ	den Berg einen Berg	das Tal ein Tal	die Stadt eine Stadt	die Wälder viele Wälder
Dativ	dem Berg einem Berg	dem Tal einem Tal	der Stadt einer Stadt	den Wälder**n** vielen Wälder**n**
Genitiv	des Berg**es** eines Berg**es**	des Tal**es** eines Tal**s**	der Stadt einer Stadt	der Wälder vieler Wälder

2 Adjektivdeklination mit und ohne Artikel

	maskulin	neutral	feminin	Plural
Nominativ	der Berg der kleine Berg ein kleiner Berg kein kleiner Berg – kleiner Berg	das Tal das kleine Tal ein kleines Tal kein kleines Tal – kleines Tal	die Stadt die kleine Stadt eine kleine Stadt keine kleine Stadt – kleine Stadt	die Wälder die kleinen Wälder --------------- keine kleinen Wälder – kleine Wälder
Akkusativ	den Berg den kleinen Berg einen kleinen Berg keinen kleinen Berg – kleinen Berg	das Tal das kleine Tal ein kleines Tal kein kleines Tal – kleines Tal	die Stadt die kleine Stadt eine kleine Stadt keine kleine Stadt – kleine Stadt	die Wälder die kleinen Wälder --------------- keine kleinen Wälder – kleine Wälder
Dativ	dem Berg dem kleinen Berg einem kleinen Berg keinem kleinen Berg – kleinem Berg	dem Tal dem kleinen Tal einem kleinen Tal keinem kleinen Tal – kleinem Tal	der Stadt der kleinen Stadt einer kleinen Stadt keiner kleinen Stadt – kleiner Stadt	den Wälder**n** den kleinen Wälder**n** --------------- keinen kleinen Wälder**n** – kleinen Wälder**n**
Genitiv	des Berg**es** des kleinen Berg**es** eines kleinen Berg**es** keines kleinen Berg**es** !!! kleinen Berg**es**	des Tal**es** des kleinen Tal**es** eines kleinen Tal**es** keines kleinen Tal**es** !!! kleinen Tal**es**	der Stadt der kleinen Stadt einer kleinen Stadt keiner kleinen Stadt – kleiner Stadt	der Wälder der kleinen Wälder --------------- keiner kleinen Wälder – kleiner Wälder

KONJUGATION DER VERBEN

1 sein

Infinitiv	sein
Präteritum	war
Partizip 2	gewesen

		Präsens	Präteritum	Perfekt	Plusquamperfekt	Futur 1
Singular	ich du er/sie/es	bin bist ist	war warst war	bin gewesen bist gewesen ist gewesen	war gewesen warst gewesen war gewesen	werde sein wirst sein wird sein
Plural	wir ihr sie/Sie	sind seid sind	waren wart waren	sind gewesen seid gewesen sind gewesen	waren gewesen wart gewesen waren gewesen	werden sein werdet sein werden sein

2 haben

Infinitiv	haben
Präteritum	hatte
Partizip 2	gehabt

		Präsens	Präteritum	Perfekt	Plusquamperfekt	Futur 1
Singular	ich du er/sie/es	habe hast hat	hatte hattest hatte	habe gehabt hast gehabt hat gehabt	hatte gehabt hattest gehabt hatte gehabt	werde haben wirst haben wird haben
Plural	wir ihr sie/Sie	haben habt haben	hatten hattet hatten	haben gehabt habt gehabt haben gehabt	hatten gehabt hattet gehabt hatten gehabt	werden haben werdet haben werden haben

3 Regelmäßige Verben (mit *haben* im Perfekt)

Infinitiv	lachen
Präteritum	lachte
Partizip 2	gelacht

		Präsens	Präteritum	Perfekt	Plusquamperfekt	Futur 1
Singular	ich du er/sie/es	lache lachst lacht	lachte lachtest lachte	habe gelacht hast gelacht hat gelacht	hatte gelacht hattest gelacht hatte gelacht	werde lachen wirst lachen wird lachen
Plural	wir ihr sie/Sie	lachen lacht lachen	lachten lachtet lachten	haben gelacht habt gelacht haben gelacht	hatten gelacht hattet gelacht hatten gelacht	werden lachen werdet lachen werden lachen

4 Unregelmäßige Verben (mit *haben* im Perfekt)

		Präsens	Präteritum	Perfekt	Plusquamperfekt	Futur 1
Singular	ich du er/sie/es	trage trägst trägt	trug trugst trug	habe getragen hast getragen hat getragen	hatte getragen hattest getragen hatte getragen	werde tragen wirst tragen wird tragen
Plural	wir ihr sie/Sie	tragen tragt tragen	trugen trugt trugen	haben getragen habt getragen haben getragen	hatten getragen hattet getragen hatten getragen	werden tragen werdet tragen werden tragen

5 Unregelmäßige Verben (mit *sein* im Perfekt)

		Präsens	Präteritum	Perfekt	Plusquamperfekt	Futur 1
Singular	ich du er/sie/es	gehe gehst geht	ging gingst ging	bin gegangen bist gegangen ist gegangen	war gegangen warst gegangen war gegangen	werde gehen wirst gehen wird gehen
Plural	wir ihr sie/Sie	gehen geht gehen	gingen gingt gingen	sind gegangen seid gegangen sind gegangen	waren gegangen wart gegangen waren gegangen	werden gehen werdet gehen werden gehen

		Präsens	Präteritum	Perfekt	Plusquamperfekt	Futur 1
Singular	ich du er/sie/es	fahre fährst fährt	fuhr fuhrst fuhr	bin gefahren bist gefahren ist gefahren	war gefahren warst gefahren war gefahren	werde fahren wirst fahren wird fahren
Plural	wir ihr sie/Sie	fahren fahrt fahren	fuhren fuhrt fuhren	sind gefahren seid gefahren sind gefahren	waren gefahren wart gefahren waren gefahren	werden fahren werdet fahren werden fahren

6 Modalverben

Infinitiv	**dürfen**	**können**	**mögen**	**sollen**	**müssen**	**wollen**
Präteritum	durfte	konnte	mochte	sollte	musste	wollte
Partizip 2	gedurft	gekonnt	gemocht	gesollt	gemusst	gewollt

lachen + Modalverb müssen					
		Präsens	**Präteritum**	**Perfekt**	**Plusquamperfekt**
Singular	ich du er/sie/es	muss lachen musst lachen muss lachen	musste lachen musstest lachen musste lachen	habe lachen müssen hast lachen müssen hat lachen müssen	hatte lachen müssen hattest lachen müssen hatte lachen müssen
Plural	wir ihr sie/Sie	müssen lachen müsst lachen müssen lachen	mussten lachen musstet lachen mussten lachen	haben lachen müssen habt lachen müssen haben lachen müssen	hatten lachen müssen hattet lachen müssen hatten lachen müssen

UNREGELMÄSSIGE VERBEN

Hier finden Sie eine Auswahl unregelmäßiger Verben. Wenn das Verb eine Vorsilbe hat, werden diese ebenso gebildet.

denken	denkt	dachte	hat gedacht
bedenken	bedenkt	bedachte	hat bedacht

Die meisten Verben bilden das Perfekt mit *haben*. Viele Bewegungsverben und Verben, die den Übergang von einem Zustand in einen anderen ausdrücken, bilden das Perfekt häufig mit *sein*.

bekommen	bekommt	bekam	hat bekommen
kommen	kommt	kam	ist gekommen

INVINITIV	**PRÄSENS 3. Person Singular (er/es/sie/man)**	**PRÄTERITUM 3. Person Singular (er/es/sie/man)**	**PERFEKT 3. Person Singular (er/es/sie/man)**
beginnen	beginnt	begann	hat begonnen
beweisen	beweist	bewies	hat bewiesen
bieten	bietet	bot	hat geboten
binden	bindet	band	hat gebunden
bitten	bittet	bat	hat gebeten
bleiben	bleibt	blieb	ist geblieben
brechen	bricht	brach	hat/ist gebrochen
bringen	bringt	brachte	hat gebracht
denken	denkt	dachte	hat gedacht
empfehlen	empfiehlt	empfahl	hat empfohlen
entscheiden	entscheidet	entschied	hat entschieden
essen	isst	aß	hat gegessen
fahren	fährt	fuhr	hat/ist gefahren
finden	findet	fand	hat gefunden
fliegen	fliegt	flog	ist geflogen
fließen	fließt	floss	ist geflossen
frieren	friert	fror	hat/ist gefroren
geben	gibt	gab	hat gegeben
gehen	geht	ging	ist gegangen
gelingen	gelingt	gelang	ist gelungen
geschehen	geschieht	geschah	ist geschehen
gewinnen	gewinnt	gewann	hat gewonnen
hängen	hängt	hing (ohne Akkusativobjekt) hängte (den Mantel)	hat gehangen hat gehängt
heißen	heißt	hieß	hat geheißen
helfen	hilft	half	hat geholfen

UNREGELMÄSSIGE VERBEN

INVINITIV	PRÄSENS 3. Person Singular (er/es/sie/man)	PRÄTERITUM 3. Person Singular (er/es/sie/man)	PERFEKT 3. Person Singular (er/es/sie/man)
kennen	kennt	kannte	hat gekannt
kommen	kommt	kam	ist gekommen
lassen	lässt	ließ	hat gelassen
lesen	liest	las	hat gelesen
liegen	liegt	lag	hat gelegen
mögen	mag	mochte	hat gemocht
nehmen	nimmt	nahm	hat genommen
nennen	nennt	nannte	hat genannt
rennen	rennt	rannte	ist gerannt
rufen	ruft	rief	hat gerufen
scheinen	scheint	schien	hat geschienen
schlagen	schlägt	schlug	hat geschlagen
schließen	schließt	schloss	hat geschlossen
schneiden	schneidet	schnitt	hat geschnitten
schreiben	schreibt	schrieb	hat geschrieben
schweigen	schweigt	schwieg	hat geschwiegen
schwimmen	schwimmt	schwamm	hat/ist geschwommen
sehen	sieht	sah	hat gesehen
sitzen	sitzt	saß	hat gesessen
sprechen	spricht	sprach	hat gesprochen
stehen	steht	stand	hat gestanden
steigen	steigt	stieg	ist gestiegen
streiten	streitet	stritt	hat gestritten
tragen	trägt	trug	hat getragen
tun	tut	tat	hat getan
unterscheiden	unterscheidet	unterschied	hat unterschieden
vergessen	vergisst	vergaß	hat vergessen
verlieren	verliert	verlor	hat verloren
verschwinden	verschwindet	verschwand	ist verschwunden
wachsen	wächst	wuchs	ist gewachsen
sich wenden wenden	wendet sich wendet	wandte sich (an jemanden) wendete (das Auto)	hat sich gewandt hat gewendet
werfen	wirft	warf	hat geworfen
wissen	weiß	wusste	hat gewusst
ziehen	zieht	zog	hat/ist gezogen

VERBEN MIT PRÄPOSITIONEN

Manche Verben haben Ergänzungen mit einer festen Präposition. Die Präposition bestimmt dann auch den Kasus (Akkusativ oder Dativ) der Ergänzung, z. B.:

achten auf + Akk.		**Präpositionalergänzung**	
	Achtet	*auf*	*den Tonfall!*
	Verb	Präposition +	Akkusativ

INFINITIV + PRÄPOSITION	**KASUS**	**Vorfeld**	**VERB (Position 2)**	**MITTELFELD**	**ENDE**
ab|hängen von	+ Dat.	*Die Zusage*	*hängt*	*von dem Termin*	*ab.*
achten auf	+ Akk.		*Achtet*	*auf den Tonfall des Moderators!*	
an|kommen auf	+ Akk.	*Heute*	*kommt*	*es auf die Gesprächsführung*	*an.*
arbeiten an	+ Dat.	*Die Forscherinnen*	*arbeiten*	*an der Entschlüsselung des Rätsels.*	
sich ärgern über	+ Akk.	*Die Journalistin*	*ärgert*	*sich über die Lesermeinung.*	
auf|passen auf	+ Akk.	*Die Pflegekräfte*	*passen*	*auf ihre Schutzbefohlenen*	*auf.*
sich auf|regen über	+ Akk.	*Die Zeitungsleser*	*regen*	*sich über die Rechtschreibfehler*	*auf.*
aus|geben für	+ Akk.	*Die Verbraucher*	*geben*	*mehr Geld für Energie*	*aus.*
berichten über	+ Akk.	*Die Zeugin*	*berichtet*	*über den Vorfall.*	
sich beschweren bei	+ Dat.	*Der Käufer*	*beschwert*	*sich beim Händler.*	
bestehen aus	+ Dat.	*Die Fortbildung*	*besteht*	*aus einzelnen Modulen.*	
sich bewerben bei	+ Dat.	*Sie*	*wollte*	*sich bei der Stadt*	*bewer-ben.*
diskutieren über	+ Akk.	*Stundenlang*	*diskutierten*	*die Abgeordneten über die Gesetzesvorlage.*	
ein|laden zu	+ Dat.	*Wir*	*laden*	*Sie zu einem Vorstellungsgespräch*	*ein.*
sich entschei-den für	+ Akk.		*Entschei-dest*	*du dich dafür?*	
sich entschuldi-gen bei	+ Dat.	*Wer*	*hat*	*sich bei wem*	*ent-schul-digt?*
sich entschuldi-gen für	+ Akk.	*Wer*	*hat*	*sich wofür*	*ent-schul-digt?*
sich erinnern an	+ Akk.		*Erinnern*	*Sie sich an mich?*	
gehören zu	+ Dat.		*Gehört*	*dieser Kasus zu dieser Präposition?*	

VERBEN MIT PRÄPOSITIONEN

INFINITIV + PRÄPOSITION	KASUS	Vorfeld	VERB (Position 2)	MITTELFELD	ENDE
sich gewöhnen an	+ Akk.	*Wann*	*gewöhnst*	*du dich endlich an den neuen Ablauf?*	
glauben an	+ Akk.		*Glauben*	*Sie an das Gute im Menschen?*	
handeln von	+ Dat.	*Der Roman*	*handelt*	*von zwei Schwestern.*	
kämpfen für	+ Akk.	*Die Gewerkschaften*	*kämpfen*	*für mehr Rechte.*	
sich konzentrie-ren auf	+ Akk.		*Konzentrie-ren*	*Sie sich auf die Kernaussage.*	
sich kümmern um	+ Akk.	*Der Verein*	*kümmert*	*sich um die Belange der Radfahrer.*	
passen zu	+ Dat.		*Passt*	*dieser Job wirklich zu mir?*	
sagen zu	+ Dat.	*Was*	*sagst*	*du zu meinem Berufswunsch?*	
schicken an	+ Akk.		*Schicke*	*die E-Mail bitte auch an unseren Chef.*	
teil|nehmen an	+ Dat.	*Meine Abteilung*	*nimmt*	*an dem Betriebsausflug*	*teil.*
sich treffen mit	+ Dat.	*Die Azubis*	*treffen*	*sich wöchentlich mit den Ausbildern.*	
sich unterhalten mit	+ Dat.	*Wann*	*hast*	*du dich mit ihr zuletzt*	*unter-halten?*
sich unterhalten über	+ Akk.		*Habt*	*ihr euch über eure Pläne*	*unter-halten?*
sich verlassen auf	+ Akk.		*Kannst*	*du dich auf diese Mitarbeiter*	*verlas-sen?*
sich vor|bereiten auf	+ Akk.	*Du*	*musst*	*dich intensiv auf die Präsentation*	*vorberei-ten.*
warnen vor	+ Dat.	*Experten*	*warnen*	*vor einem Fachkräftemangel.*	
warten auf	+ Akk.	*Der Aufschwung*	*lässt*	*auf sich*	*warten.*
sich wenden an	+ Akk.		*Wenden*	*Sie sich an die Fachabteilung.*	

QUELLENVERZEICHNIS

Textquellenverzeichnis

Texte, die mit einem (*) gekennzeichnet sind, wurden aus didaktischen Gründen verändert und/oder gekürzt.

Erhardt, Heinz: Die polyglotte Katze, S. 110. In: ders.: Der große Heinz Erhardt; Lappan Verlag 2022, S. 39

Gier, Kerstin: Silber. Das erste Buch der Träume (Romananfang), S. 119; S. Fischer, Frankfurt am Main 2013, S. 9 ff. (*)

Huth, Friederike: Plastik im Meer: Die Folgen der Vermüllung für Umwelt und Tiere, S. 65. In: www.peta.de/themen/plastik-muell-im-meer/; PETA Deutschland e.V. 2022 (letzter Aufruf: 11.01.2024) (*)

Kästner, Erich: Sachliche Romanze, S. 113. In: ders.: Lärm im Spiegel. Gedichte. Zürich: Atrium 2014, S. 7; Erstveröffentlichung: Curt Weller & Co., Leipzig 1929

Steinhöfel, Andreas: Die Mitte der Welt (Romananfang), S. 116 + S. 118; Carlsen Verlag, Hamburg 2004, S. 9 f. (*)

Wagner, Mariana: Ringförmige Sonnenfinsternis, S. 59. Gruner + Jahr o. J. (*)

Unbenannte und unbekannte Autoren

Ausformulierter Lebenslauf (Originalbeitrag), S. 165

BBiG: Pflichten der Auszubildenden: § 13 Verhalten während der Berufsausbildung, S. 79. In: www.gesetze-im-internet.de/bbig_2005/__13.html (letzter Aufruf: 11.01.2024) (*)

Bewertungen: Praktikum in der Glasbläserei „Mundart" (Originalbeitrag), S. 96

Brand in der Lagerhalle gelöscht (Originalbeitrag), S. 145

Chancen und Grenzen des Ehrenamts (Originalbeitrag), S. 75

Das Alpaka, S. 62. Gruner + Jahr o. J. (*)

Das Holi-Fest in Indien (Originalbeitrag), S. 56

Der Notruf (Originalbeitrag), S. 37

Die Termindiskussion (Originalbeitrag), S. 45

Ein Tag im Leben von Leonie (Originalbeitrag), S. 12

Nicos Ausbildungsplatzsuche: das Telefongespräch (Originalbeitrag), S. 161

Praktikumsberichte (Originalbeitrag), S.105

Sara stellt sich vor (Originalbeitrag), S. 173

Tariks Praktikum (Originalbeitrag), S. 144

Top 10 der Ausbildungsberufe 2021, S. 151. In: www.destatis.de/DE/Themen/Gesellschaft-Umwelt/Bildung-Forschung-Kultur/Berufliche-Bildung/Tabellen/liste-azubi-rangliste-top20.html#111984 (letzter Aufruf: 11.01.2024)

Zecken krabbeln nach oben, S. 52; dpa 2020 (*)

Bildquellenverzeichnis

Cover Cornelsen/VDL/shutterstock.com/Radachynskyi Serhii; **S. 7** (unten) Cornelsen/Uwe Rogal; **S. 7** (oben) stock.adobe.com/Maridav; **S. 11** stock.adobe.com/Derariad; **S. 12** stock.adobe.com/Bro Vector; **S. 15** stock.adobe.com/VRD; **S. 16** ClipDealer GmbH; **S. 18** stock.adobe.com/ileezhun; **S. 24** stock.adobe.com/2009 Werner Münzker/Copyright/Himmelssturm; **S. 27** Shutterstock.com/Prostock-studio; **S. 28** (links) Shutterstock.com/Jiri Miklo; **S. 28** (rechts) Shutterstock.com/Ollyy; **S. 30** Copyright©2000–2006 Adobe Systems, Inc. All Rights Reserved.; **S. 35** Shutterstock.com/Jasen Wright; **S. 37** stock.adobe.com/Zerbor; **S. 47** (rechts) stock.adobe.com/Phovoir/auremar; **S. 47** (links) stock.adobe.com/auremar; **S. 51** Cornelsen/Uwe Rogal; **S. 52** stock.adobe.com/Henrik Larsson; **S. 49** stock.adobe.com/Asier; **S. 54** Copyright©2000–2006 Adobe Systems, Inc. All Rights Reserved; **S. 56** stock.adobe.com/andessa; **S. 59** Cornelsen/Uwe Rogal; **S. 62** stock.adobe.com/Miller Prime Photo; **S. 65** Shutterstock.com/chaiyapruek youprasert; **S. 68** dpa Picture-Alliance/dpa-infografik GmbH; **S. 74** stock.adobe.com/cirquedesprit; **S. 83** Cornelsen/Uwe Rogal; **S. 94** stock.adobe.com/Boris Zerwann/Zerbor; **S. 99** Shutterstock.com/Mascha Tace; **S. 102** Cornelsen/Uwe Rogal; **S. 105** stock.adobe.com/sveta; **S. 110** stock.adobe.com/ByAlice; **S. 117** stock.adobe.com/ronstik; **S. 123** Statista.com; **S. 124** stock.adobe.com/scusi; **S. 125** stock.adobe.com/caifas; **S. 135** stock.adobe.com/Peeradontax; **S. 137** stock.adobe.com/redchanka; **S. 140** stock.adobe.com/Mono; **S. 144** stock.adobe.com/T. Michel; **S. 145** stock.adobe.com/chrupka; **S. 149** stock.adobe.com/photoschmidt; **S. 151** stock.adobe.com/guukaa; **S. 154** Shutterstock.com/Roman Samborskyi; **S. 159** stock.adobe.com/scusi; **S. 168** (Mitte rechts) Shutterstock.com/Edler von Rabenstein; **S. 168** (links) stock.adobe.com/Janina_PLD; **S. 168** (unten) stock.adobe.com/Copyright: Klaus Eppele/Klaus Eppele; **S. 168** (Mitte links) Shutterstock.com/damato; **S. 168** (rechts) stock.adobe.com/Daniel Ernst; **S. 171** (rechts) Shutterstock.com/Tom Wang; **S. 171** (links) Shutterstock.com/Josep Curto

LÖSUNGEN

WEGE ZUM LERNERFOLG

Modul 1
Klassenregeln für ein gutes Miteinander

Seite 8

Aufgabe 1
Lösungsbegriffe: Pflichtbewusstsein; Toleranz; Zusammenarbeit; Pünktlichkeit; Motivation; Ordnung; Sauberkeit

Aufgabe 2
1 Pünktlichkeit; 2 Ordnung; 3 Motivation; 4 Sauberkeit; 5 Pflichtbewusstsein; 6 Zusammenarbeit; 7 Toleranz

Seite 9

Aufgabe 3
1 Ich bin leise, sobald die Lehrkraft das Klassenzimmer betritt.
2 Ich verhalte mich meinen Mitschülern gegenüber auch bei falschen Antworten respektvoll.
3 Ich spreche nur, wenn mich die Lehrkraft aufgerufen hat.
4 Ich passe während des Unterrichts auf und bleibe an meinem Platz sitzen.
5 Ich komme immer pünktlich.
6 Ich nehme meine Hausaufgaben und meine benötigten Materialien zur Schule mit.

Seite 10

Aufgabe 1
Modalverben; übrige Verben
1 Du sollst pünktlich in den Unterricht kommen.
2 Alle müssen sich respektvoll zueinander verhalten.
3 Wir dürfen unsere Handys nur in den Pausen benutzen.
4 Die Lehrkräfte wollen ohne Störungen unterrichten.

Aufgabe 2

ich muss	wir müssen
du musst	ihr müsst
er/sie/es muss	sie/Sie müssen

ich kann	wir können
du kannst	ihr könnt
er/sie/es kann	sie/Sie können

Aufgabe 3
1 Wir möchten im Unterricht aufpassen.
2 Ihr könnt euch gegenseitig helfen.

Aufgabe 4
können[1]; sollen[2]; müssen[3]; wollen[4]; dürfen[5]; zweiten[6]; Verb[7]; Infinitiv[8]; letzten[9]; Verbklammer[10]

Aufgabe 5
(individuelle Lösung)
1 Ihr müsst euren Müll in den Mülleimer werfen.
2 Wir dürfen Mitschülerinnen und Mitschüler nicht auslachen.
3 Wir sollen uns vor dem Sprechen melden.

Modul 2
Sich gut auf den Unterricht vorbereiten

Seite 11

Aufgabe 1
1 Hausaufgabenheft; 2 Stundenplan; 3 Wecker; 4 Fahrplan; 5 Ordner; 6 Register; 7 Federmäppchen

Seite 12

Aufgabe 2 B

Ein Tag im Leben von Leonie

Leonie ist gerade von der Schule nach Hause gekommen. Sie stellt ihre Schultasche in die Ecke und bereitet sich ein Mittagessen zu. Nach dem Essen legt sie sich auf die Couch und schaltet den Fernseher ein. Kurz darauf ist sie eingeschlafen. Ein paar Stunden später wird sie vom Anruf ihrer Freundin geweckt. Sie verabredet sich mit ihr zu einem Spaziergang in der Stadt. Um ihre Hausaufgaben könne sie sich auch später kümmern, denkt sie. Sie treffen ein paar Freunde und es wird ein lustiger Nachmittag. Um 20 Uhr kommt

sie nach Hause zurück. Sie isst zu Abend und checkt nebenbei ihre sozialen Netzwerke am Handy. Dabei stolpert sie über ein Handyspiel und versucht, den Highscore zu knacken. Dazu legt sie sich wieder auf die Couch und schläft gegen 24 Uhr ein.
Als sie wach wird, ist es draußen schon hell. Sie erschrickt, als sie auf die Uhr sieht: 7:55 ist dort zu lesen. Gleich geht die Schule los! Frühstück fällt heute also aus. Nachdem sie nach längerer Suche in ihrem Kleiderschrank endlich etwas Passendes zum Anziehen gefunden hat, nimmt sie ihre Schultasche und läuft zur Bushaltestelle. Als sie nachschauen will, wann der nächste Bus kommt, bemerkt sie, dass ihr Handy-Akku leer ist. Kurz vor der Pause kommt sie schließlich in der Schule an. Ihr Lehrer ist verärgert, weil sie schon wieder zu spät kommt. Sie hat Hunger, aber weder Pausenbrot noch Geld dabei. Nach der Pause hat ihre Klasse Deutsch. Leonies Arbeitsbuch liegt zu Hause, die Hausaufgaben hat sie nicht erledigt, da sie gestern keine Zeit hatte und außerdem gar nicht mehr weiß, was sie aufhatten. Nach der zweiten Ermahnung fühlt Leonie sich unwohl und hat gar keine Lust mehr auf Schule.

Seite 13

Aufgabe 1

informell im Singular	informell im Plural	formell
Gib mir den Stift!	Macht eure Hausaufgaben!	Schließen Sie die Tür!
Hilf mir bitte!	Seid leise!	Wiederholen Sie das noch einmal!
Komm morgen wieder!	Bringt morgen einen Taschenrechner mit!	Kommen Sie bitte her!

Aufgabe 2
Erledig(e) deine Hausaufgaben! Führ(e) ein Hausaufgabenheft! Beacht(e) den Stundenplan! Plan(e) deine Lernzeiten! Studier(e) den Fahrplan! Bereite dir ein Frühstück/Pausenbrot! Stell(e) dir den Wecker! Pack(e) deine Schultasche! Geh(e) rechtzeitig ins Bett! Such(e) dir passende Kleidung! Lad(e) dein Handy!

Aufgabe 3
Vergrößern Sie bitte den Text! Erklären Sie mir bitte ein Wort! Entschuldigen Sie bitte die Verspätung! Wiederholen Sie bitte den Satz! Helfen Sie mir bitte bei einer Aufgabe! Geben Sie mir bitte ein Beispiel! Sprechen Sie bitte etwas lauter! Bitte geben Sie uns heute wenig Hausaufgaben!

Aufgabe 4
Aufforderungen[1]; eine[2]; mehrere[3]; formelle[4]; informelle[5]; ersten[6]; bitte[7]

Modul 3
Aktiv am Unterricht teilnehmen

Seite 14

Aufgabe 1
Ich frage gleich nach, wenn ich etwas nicht verstehe.
Im Unterricht gut mitzuarbeiten, wird oft mit einer guten Note belohnt.
Durch eine aktive Mitarbeit kann ich im Unterricht viel mehr lernen.
Eine falsche Antwort zu geben, muss mir nicht peinlich sein.
Wenn ich etwas zu einem Thema weiß, melde ich mich und erzähle es allen.
Ich muss für Prüfungen zu Hause weniger lernen, wenn ich im Unterricht gut aufgepasst habe.

Seite 15

Aufgabe 4 A
Transkript Hörtext

Kein Platz für Tagträume

Leonie sitzt im Unterricht. Es ist Donnerstag, die sechste Stunde, kurz vor den Weihnachtsferien. Es ist ein bisschen kalt im Klassenzimmer – eigentlich viel zu kalt zum Lernen.
Sie sieht aus dem Fenster, hinüber zum Eisstadion. Heute Nachmittag wird sie sich dort mit ihren Freundinnen treffen und ein paar Bahnen auf den Schlittschuhen drehen. Es ist immer wunderschön, dort zur Musik

über die Eisfläche zu gleiten und den Alltag zu vergessen. Anschließend werden sie sich sicherlich wieder einen heißen Kakao kaufen. Wenn sie Glück hat, verkauft die Kioskbesitzerin sogar ihre leckeren selbstgemachten Zimtsterne. So einen holen sie sich dann bestimmt auch. Wenn sie nur daran denkt, läuft ihr das Wasser schon im Mund zusammen.
„Leonie, wie sieht es bei Ihnen aus?" Sie schreckt aus ihrem Tagtraum hoch. „Ja.", antwortet sie erschrocken – in der Hoffnung, dem Lehrer sei nicht aufgefallen, dass sie gerade überhaupt nicht bei der Sache war. „Das ist aber schön. Dann haben wir jetzt fünf Personen aus der Klasse, die heute Nachmittag freiwillig auf dem Weihnachtsmarkt für unser Spendenprojekt die Holzspielzeuge der Bauabteilung verkaufen. Treffpunkt ist um 14 Uhr an der Turnhalle. Ziehen Sie sich bitte warm an."
Das hat Leonie nun von ihrem Tagtraum – in Zukunft passt sie im Unterricht lieber auf. Das Eislaufen muss sie jetzt wohl auf das Wochenende verschieben, aber vielleicht hat sie Glück und auch auf dem Weihnachtsmarkt gibt es Kakao und Zimtsterne.

Aufgabe 4 B
1 Es ist Donnerstag.
2 Die Weihnachtsferien stehen bevor.
3 Leonie freut sich auf das Schlittschuhlaufen.
4 Sie will sich einen Kakao und einen Zimtstern kaufen.
5 Sie muss Holzspielzeug verkaufen.
6 Es helfen fünf Personen aus der Klasse mit.
7 Sie lernt daraus, im Unterricht aufmerksamer zu sein.

Aufgabe 5
(individuelle Lösung)
1 Ich muss nach der Pause leider gehen, weil ich einen dringenden Arzttermin habe.
2 Ich habe nicht aufgepasst, weil ich meinem Sitznachbarn die Aufgabe erklärt habe.
3 Entschuldigung, ich bin zu spät gekommen, weil mein Fahrrad kaputtgegangen ist.

Seite 16

Aufgabe 1
Fragewörter; Verben
1 Wie beteiligt man sich gut am Unterricht?
2 Wann melde ich mich?
3 Warum ist man im Unterricht am besten immer aufmerksam?
4 Was nützt mir eine gute Mitarbeit?

Aufgabe 2
Verben
1 Schreibt man im Unterricht immer alles mit?
2 Lachen die Lehrkräfte bei falschen Antworten?
3 Stellt man im Unterricht Fragen?
4 Spart man sich mit einer guten Mitarbeit bei der Prüfungsvorbereitung Zeit?

Aufgabe 3
Indirekte Fragen
1 Ich möchte gerne wissen, ob man im Unterricht immer alles mitschreibt.
2 Können Sie mir sagen, ob die Lehrkräfte bei falschen Antworten lachen?
3 Kannst du mir sagen, wann ich mich melde?
4 Ich möchte gerne wissen, was mir eine gute Mitarbeit nützt.

Aufgabe 4
Fragewörtern[1]; ersten[2]; zweiten[3]; Ja-/Nein-Fragen[4]; Verb[5]; Indirekte Fragen[6]

Aufgabe 5
1 Wo findet man weitere Informationen zu einem Thema?
2 Sind falsche Antworten schlimm?
3 Bekommt man für eine aktive Mitarbeit gute Noten?
4 Wieso schreibt man im Unterricht stichpunktartig mit?

Modul 4
Meinen Arbeitsplatz gestalten

Seite 17

Aufgabe 1
1 Suche dir einen Platz, an dem du möglichst ungestört lernen kannst!
2 Stuhl und Tisch sollten die richtige Höhe haben: Deine Unterarme sollten locker auf

dem Tisch liegen können, in Bildschirme schaut man am besten waagerecht.
3 Achte auf genügend Licht! Es sollte so einfallen, dass deine Hand beim Schreiben keinen Schatten wirft.
4 Entferne nicht benötigte Dinge von deinem Tisch, damit du genügend Platz hast und nicht abgelenkt wirst.
5 Lege dir alle benötigten Materialien bereit!
6 Schalte dein Handy und den Fernseher ab!
7 Lüfte vor dem Lernen noch einmal!
8 Stelle dir ein Getränk bereit!

Seite 18

Aufgabe 3
Fünf Gegenstände, die auf den Schreibtisch gehören: Block, Federmäppchen, Ordner, Getränk, Arbeitsheft.
Fünf Gegenstände, die nicht auf den Schreibtisch gehören: Fingernagellack, Tagebuch, Handy, Kappe, Musikbox.
Aufgabe 4
(individuelle Lösung)
Deutsch, Mathematik, Englisch, Ethik usw.
Aufgabe 5
Arbeitsblätter müssen immer gleich gelocht und hinter dem jeweiligen Register abgeheftet werden, damit man sie schnell findet.

Seite 19

Aufgabe 1 B
Sie sind aus mehreren Wörtern zusammengesetzt.
Aufgabe 1 C

Nomen + Nomen	Adjektiv + Nomen	Verb + Nomen	Präposition + Nomen
die Hausaufgabe der Schultag die Papiertonne	die Frischluft das Altpapier	die Rechenaufgabe der Schreibtisch	der Vorgarten

Aufgabe 2
zwei[1]; Nomen[2]; Basis[3]; Informationen[4]; Artikel[5]; letzten[6]; Verben[7]; Präpositionen[8]; Buchstaben[9]

Aufgabe 3
der Unterarm; der Radiergummi; das Klassenzimmer; der Zeigestab; der Stundenplan; die Schreibtischlampe; der Tafelschwamm; das Hausaufgabenheft

Modul 5
Meine Lernzeit gut organisieren

Seite 20

Aufgabe 1
1 Eintragen des Prüfungstermins in einen Kalender
2 Zusammenstellen der zu lernenden Unterlagen
3 Erstellung eines Lernplans
4 Lernen der Inhalte in kleinen Portionen
5 Wiederholen des gelernten Stoffs
Aufgabe 2
Dringend und wichtig: meine Schultasche für den morgigen Tag vorbereiten; in meinem Hausaufgabenheft kontrollieren, ob ich alle Aufgaben für morgen erledigt habe; den Elternbrief unterschreiben lassen, den ich spätestens morgen in der Schule abgeben muss; einen Lernplan für den Test nächste Woche erstellen
Wichtig, aber nicht so dringend: das Referat fertigstellen, das ich in einem Monat halten muss; mir einen Schlafsack für den Urlaub in den Sommerferien kaufen; einen Termin für die Vorsorgeuntersuchung beim Zahnarzt vereinbaren
Weder besonders wichtig noch dringend: meine Freundin anrufen und ihr von meinem Wochenende erzählen; nachsehen, ob jemand von meinen Freunden eine neue Story gepostet hat; den neuen Film im Kino ansehen; die Möbel in meinem Zimmer umstellen

Seite 21

Aufgabe 6
Tätigkeiten, die für Lernpausen ungeeignet sind: den Highscore in meinem Computerspiel knacken; die Hausaufgaben für den nächsten Tag erledigen; einen Serienmarathon starten

Seite 22

Aufgabe 2

Infinitive; andere Verben

Wir möchten uns gut auf die Prüfung vorbereiten.
Ich empfehle dir, rechtzeitig zu beginnen.
Wir lassen dich jetzt in Ruhe lernen.
In Deutsch lernen wir, Texte zu schreiben.
Ich fange jetzt an, für die Prüfung zu lernen.
Wir müssen heute den Stoff wiederholen.
In Mathe lernen wir rechnen.
Ich gehe gleich einen Lernplan schreiben.

Aufgabe 3

Verb[1]; ohne[2]; Modalverben[3]; lassen[4]; lernen[5]; Infinitiv[6]; mit[7]

Aufgabe 4

Sie haben die Regel alle richtig angewendet.

Aufgabe 5 B + 5 C

Infinitive; andere Verben

Unser Biorhythmus

Manche Menschen stellen sich den Wecker gerne früh. Für sie ist es leicht, schon am Morgen zu lernen. Andere Menschen bleiben gerne länger ~~zu~~ liegen und wollen am liebsten bis Mittag ~~zu~~ schlafen. Sie können sich am Morgen nicht ~~zu~~ konzentrieren, haben aber kein Problem, in der Nacht zu lernen.
Es ist wichtig, seinen persönlichen Biorhythmus zu kennen. So können wir unsere Lernzeiten für uns passend ~~zu~~ planen und müssen nicht dann ~~zu~~ lernen, wenn unser Körper müde ist.

Modul 6
Lernstrategien entwickeln

Seite 23

Aufgabe 1

Spickzettel; Mindmaps; Zusammenfassungen; Karteikarten; Lern-Apps; Lerngruppen; Merksätze; Eselsbrücken

Aufgabe 2

Hilfsmittel

Mindmaps[1]; Zusammenfassungen[2]; Karteikarten[3]; Lern-Apps[4]; Spickzettel[5]; Lerngruppen[6]; Merksätze[7]; Eselsbrücken[8]

Seite 24

Aufgabe 3

1 Großschreibung von substantivierten Verben nach den genannten Wörtern
2 Hilfe bei der Zeitumstellung: Vorstellen der Uhren im Frühjahr, Zurückstellen im Herbst
3 Merkhilfe für die Himmelsrichtungen mit deren Anfangsbuchstaben
4 Unterscheidung der Schreibweise von „seid“ und „seit“

Aufgabe 5

- Schreibe nur sinnvolle Stichpunkte auf.
- Benutze Farben, um unterschiedliche Zusammenhänge zu markieren.
- Verwende Symbole wie zum Beispiel Folgepfeile.

Seite 25

Aufgabe 1

Adjektiven[1]; Endungen[2]; Wortstamm[3]; Artikel[4]; das Schöne[5]; Verben[6]

Aufgabe 2

- Nomen + -chen, -lein: das Heftchen
- männliche Person + -in: die Lehrerin
- Verbstamm + -er: der Lehrer
- Land + -er: der Österreicher
- Verbstamm + -ung: die Zusammenfassung
- Adjektiv + -heit: die Vergangenheit
- Adjektiv als Nomen: das Gute
- Infinitiv als Nomen: das Schreiben
- Adjektiv/Verbstamm + -nis: das Ergebnis
- Adjektiv + -keit: die Sauberkeit

Seite 26

Aufgabe 1

1 Klassenregeln; 2 Ordner; 3 Mitarbeit;
4 Handy; 5 Lernplan; 6 Karteikarten
Lösung: Auf dem Weg zum Lernerfolg!

Modul 7
Miteinander kommunizieren

Seite 28

Aufgabe 1

Gestik und Mimik	Mimik = Gesichtsausdruck, Gestik = Handbewegungen
Botschaft/ Nachricht	Inhalt des Gesagten, Sachinformation
non-verbal	ohne Worte
verbal	etwas mit Worten ausdrücken
Körpersprache	Körperhaltung und Bewegung

Aufgabe 3
(individuelle Lösung)
Die Aussage „Ich fürchte mich!" ist ein Ausdruck von Angst und wird durch den zusammengekniffenen Mund und die abwehrend gehobenen Hände noch betont.
Die Aussage „Keine Ahnung!" drückt Unwissen aus und wird hierzulande mit Schulterzucken begleitet.
Aufgabe 4
(individuelle Lösung)
Einige Gesten haben in verschiedenen Ländern unterschiedliche Bedeutungen.
z. B. Kopfnicken: In der Funktion als Bejahung wird Nicken auch häufig zur Bestärkung des Gesprochenen benutzt.
Auch wird Nicken hier manchmal zum (eher beiläufigen) Gruß verwendet.
In anderen Kulturen kann die Bedeutung der Geste abweichen:
In Bulgarien z. B. wird Nicken teilweise genau entgegen unserer Verwendung zur Ablehnung oder Verneinung gebraucht.
Das Kopfschütteln ist in Deutschland eine Geste der Ablehnung/Verneinung/Fassungslosigkeit. In anderen Ländern, wie z. B. Bulgarien, Palästina, Indien oder Sri Lanka, wird dagegen leichtes Kopfschütteln als Zustimmung verstanden.

Seite 29

Aufgabe 5

Verstehen, was der andere meint

Sender[1]; Empfänger[2]; Botschaft[3]; Missverständnissen[4]; Erfahrungen[5]; Gesprächsteilnehmer[6]; Auslegung[7]; Entschlüsselung[8]; Ironie[9]; Gefühl[10]; Empfänger[11]; Sender[12]

Aufgabe 6

Der Sender / die Senderin		**Der Empfänger / die Empfängerin**
sagt:	**meint:**	**verrsteht:**
Immer musst du arbeiten!	Du hast zu wenig Zeit für mich.	Vorwurf, zu selten zu Hause zu sein
Hier ist es aber frisch!	Mach mal das Fenster zu.	Hier ist schöne klare Luft im Raum.
Was gibt es zu essen?	Ich habe Hunger.	Das Essen ist immer noch nicht fertig.
Steht mir das Kleid?	Bin ich zu dick?	Soll ich das kaufen?
Die Nachbarn haben ein neues Auto.	Woher haben die das Geld?	Wir sollten uns auch eins kaufen.
Das hast du ja echt toll hingekriegt!	Das hast du falsch gemacht. (Ironie)	Ich bin richtig gut...

Seite 30

Aufgabe 1

1 Er schickt seiner Freundin morgens mit dem Handy eine Nachricht, um ihr etwas Wichtiges zu sagen.

Was tut die Person? Sie schickt etwas.
Wer ist die Person? Er
Wen oder was schickt die Person? Er schickt eine Nachricht.
Wem schickt er die Nachricht? Seiner Freundin
Wann schickt er die Nachricht? Morgens
Womit schickt er die Nachricht? Mit dem Handy
Wozu schickt er die Nachricht? Um ihr etwas Wichtiges mitzuteilen.

2 Leider versteht seine Freundin seine Nachricht in dem Moment falsch.
Was tut die Person? Sie versteht etwas falsch.
Wer ist die Person? Sie
Wessen Freundin ist sie? Seine
Wen oder was versteht sie falsch? Sie versteht die Nachricht falsch.
Wann versteht sie die Nachricht falsch? In dem Moment
Wie versteht sie die Nachricht? Leider falsch

Aufgabe 2
- auf seine Nachricht: Worauf reagiert sie?
- mit großem Ärger: Womit reagiert sie?
- zu ihrem letzten Gespräch: Wozu passt seine Nachricht eigentlich nicht?
- zum Alltag: Wozu gehören Missverständnisse?
- für ein Treffen: Wofür entscheiden sie sich?
- über seine Nachricht: Worüber wollen sie diskutieren?
- für seine missverständliche Formulierung: Wofür entschuldigt er sich?
- über diesen dummen Streit: Worüber lachen sie gemeinsam?

Aufgabe 3
Fragewörtern[1]; Person[2]; erste[3]; festen Ausdruck[4]; Präposition[5]

Modul 8
Sich selbst vorstellen

Seite 32

Aufgabe 2 A
(individuelle Lösung)

Alter	Adresse	Klasse	Name	Fähigkeiten	Familie/ Geschwister/ Herkunft	Begrüßung	Hobbies	Lieblings-Essen
3	4	5	2	6	8	1	7	9

Aufgabe 2 B
Die Reihenfolge oben ist sinnvoll, aber bis auf die Nummer 1 und 2 nicht verbindlich: Es gibt durchaus Situationen, in denen es wichtig sein kann, andere Informationen nach vorne zu stellen.

Aufgabe 3
(individuelle Lösung)
Begrüßung z. B. Guten Morgen! / Guten Tag!
Name z. B. Ich heiße ... / Mein Name ist ...
Adresse z. B. Ich wohne in der ... Straße, Nummer ..., hier in ...
Fähigkeiten z. B. Ich kann besonders gut ...

Aufgabe 4
(individuelle Lösung)
1 Name, Adresse, Alter
2 Hobbys, Lieblingsessen
3 Name, Adresse, Alter, Klasse, Hobbys, Fähigkeiten
4 Name, ggf. Familie/Herkunft

Seite 33

Aufgabe 1 A + 1 B
Relativsätze; Bezugswort

Aus meinem Bewerbungsschreiben

Ich suche einen Beruf, der mir liegt und der zu mir passt. Ich bin kreativ und habe keine Angst vor Arbeit. Außerdem habe ich viele Ideen, die ich gerne umsetzen möchte. Dazu verfüge ich über Kenntnisse, die ich in der Schule gelernt habe, vor allem Mathematik und Chemie. Das entsprechende „Know-how", das ich dazu auch noch brauche, werde ich an meinem Ausbildungsplatz sicherlich schnell lernen. Dafür brauche ich etwas Anleitung, die ich dann mit Praxiserfahrungen einüben kann.

Aufgabe 2
1 Ich komme aus der Republik Irland, die man auch die „grüne Insel" nennt.
2 Der Flug, der nur 1,5 Stunden dauerte, war angenehm.
3 Die Flugbegleiterin, die sehr gut Englisch, aber kaum Deutsch sprach, war sehr freundlich.
4 Meine Freundin, die schon seit sieben Jahren in Deutschland wohnt, holte mich am Flughafen ab.

Aufgabe 3
Nebensatz[1]; Komma(s)[2]; Satzende[3]; Relativsatz[4]; Zusammenhang[5]; identifiziert[6]; Relativpronomen[7]

Modul 9
Situationsgerecht kommunizieren

Seite 34

Aufgabe 2
richtig: Blickkontakt zum Sprecher; Kopf zuwenden; Nachfragen; Argument des Sprechers zusammenfassen
störend: Den eigenen Gedanken nachhängen; mit Handy daddeln; Zwischenrufe und Kommentare nebenbei lesen/essen
Aufgabe 3
(individuelle Lösung)
enorme Menge ⇒ große Anzahl an Aufträgen bearbeiten, viel Arbeit haben, sich sehr einsetzen;
zeitnah ⇒ so bald wie möglich, nächste Woche, in den nächsten Tagen;
herausragende Leistungen ⇒ wirklich gut gearbeitet, sich sehr eingesetzt, viel geschafft;
großes Entwicklungspotenzial ⇒ kann noch besser werden, kann sich noch entwickeln

Seite 35

Aufgabe 4 A
Situation: Deniz ruft bei Frau Klar, der Schulsekretärin, an, um sich krankzumelden.
Schülerin: Moin! Ich wollte nur sagen, dass ich heute krank bin und nicht in die Schule komme.
Sekretärin: Und kannst du mir auch sagen, wie du heißt und in welche Klasse du gehst?
Schülerin: Ach so, ja: Ich heiße Deniz Opal und bin in der 9 a. Mein Klassenlehrer ist der Hans.
Sekretärin: Du meintest sicherlich der Herr Hans-Peter Obenauf?
Schülerin: Ja, das sag ich doch. Also schreibst du das jetzt auf?
Sekretärin: Ich notiere das – und du hast mich nicht zu duzen!
Schülerin: Du oder Sie – das ist doch egal ...
Sekretärin: Nein, ist es nicht! Es ist respektlos und frech, fremde Erwachsene einfach zu duzen!
Aufgabe 5
Regeln: 1, 3, 4, 5, 8, 10
Hindernisse: 2, 6, 7, 9, 11, 12, 13
Aufgabe 6
Ja. Diese Regeln gelten in jeder Situation!

Seite 36

Aufgabe 1
1 Könntest/Würdest du bitte das Fenster schließen?
2 Könntest/Würdest du da bitte weggehen, sonst passiert dir noch etwas.
3 Könnest/Würdest du bitte die Akten ins Büro bringen, wenn du sowieso in diese Richtung gehst.
4 Könnest du etwas lauter sprechen, sonst verstehe ich nichts.
Aufgabe 2
1 Könnten/Würden Sie bitte mit mir ins Lager gehen?
2 Könnten/Würden Sie hier abbiegen?
3 Könnten/Würden Sie mir tragen helfen?
4 Hätten Sie einen Termin um 8 Uhr frei?
5 Könnten Sie lauter sprechen?
Aufgabe 3
nicht kennt[1]; höflich[2]; Aufforderungen[3]; Würden Sie (*vielleicht*)[4]; Freundeskreis[5]

Modul 10
Informationen weitergeben

Seite 37

Aufgabe 1 B
Zeile 3: Treppe hinuntergefallen, kann Fuß nicht bewegen.
Zeile 4: Notrufnummer 112
Zeile 9: Julia plötzlich gestürzt, Hilfe
Zeile 12: Firma Blockhaus in Neustadt
Zeile 14: Kirschallee, Lkw, 15
Zeile 15: Julia eben gestürzt
Zeile 17: ausgerutscht, hat sich am Fuß verletzt
Aufgabe 1 C
(individuelle Lösung)
Zeile 8: Kennen uns schon seit der Schule,
Zeile 13: stellen Möbel her, Ella, gr. Spielplatz,
Zeile 16: Putzfrau hat Treppe gewischt,
Zeile 18: Mein Bruder Paul liegt zurzeit im Krankenhaus

Seite 38

Aufgabe 2 B
(individuelle Lösung)

Guten Tag, ich möchte einen Unfall melden in der (1) Firma Blockhaus in Neustadt, Kirschallee 15.
(2 + 3) Meine Kollegin Julia ist die Treppe hinuntergestürzt und hat sich am Fuß verletzt.
(4) Mein Name ist Daria Maurer, ich bin hier vor Ort bei der Firma Blockhaus und rufe aus dem Büro an, Tel.-Nr. ... *(wird meist angezeigt).*
(5 Warten)

Seite 39

Aufgabe 1 A
Nebensätze

Der Notruf

Weil Julia nicht aufgepasst hatte, stürzte sie auf der Treppe. Nachdem ihre Freundin Daria den Unfall bemerkt hatte, wählte sie den Notruf. Da Tarik Müller, der junge Mann in der Notrufzentrale, gut geschult war, fragte er Daria nach den wichtigsten Informationen zum Unfallgeschehen. Sobald er alle Informationen hatte, schickte er einen Krankenwagen zum Unfallort in die Kirschallee 15. Weil alles so gut organisiert war, kam Julia schnell ins Krankenhaus und war bald wieder gesund.

Aufgabe 1 B
Weil; Nachdem; Da; Sobald; Weil
Aufgabe 2
(individuelle Lösung)
Bei vorangestelltem Nebensatz (Satz 1) steht das Verb des Nebensatzes vor dem Komma. Das Verb des Hauptsatzes steht nach dem Komma. Bei nachgestelltem Nebensatz (Satz 2) steht das Verb des Hauptsatzes auf Position zwei. Das Verb des Nebensatzes steht am Satzende.
Aufgabe 3
Konjuktionen[1]; Nebensatz[2]; treffen sich[3]; Komma[4]
Aufgabe 4
Obwohl es regnet, treffen sich Ahmet und Chantal im Park.
Da die Treppe nass und glatt ist, sollte man vorsichtig und langsam gehen.
Nachdem ein Unfall passiert ist, wählt Ahmed den Notruf.
Weil Chantals Arm verletzt ist, muss sie ins Krankenhaus.

Modul 11
Den eigenen Standpunkt gut vertreten

Seite 40

Aufgabe 2 A + 2 B
(individuelle Lösung)
These/Standpunkt: Eine Ausbildung im Handwerk lohnt sich
Argumente/Begründung:
Durch eine gute Ausbildung im Handwerk hat man die Chance, einen gut bezahlten Beruf zu ergreifen.
Ein guter Handwerker wird immer gebraucht und die Arbeit wird auch in Zukunft gut bezahlt.
Beispiel:
In den letzten Jahren ist die Nachfrage nach guten Handwerkern exponentiell gestiegen und die Einkommen von Handwerkern sind um 25 % gewachsen.
Außerdem konnten sich viele ausgebildete Handwerker selbständig machen und dadurch unabhängig werden. Das bedeutet auch, dass der Beruf Zukunft hat.
Schlussfolgerung:
Deshalb lohnt es sich auch finanziell, eine Ausbildung im handwerklichen Beruf zu absolvieren – lassen Sie uns die Voraussetzungen für Ihre Ausbildung gemeinsam durchgehen.

Seite 41

Aufgabe 4

Das kannst du so nicht sagen!	Das würde ich nicht so sehen!
Ich finde es super, dass ... / Aber dafür ist es unfair, dass ...	Ein großer Vorteil ist ... Andererseits ist es auch nicht gerecht, dass ...
Meinst du etwa, ich sollte ...?	Ihrem Argument entnehme ich, dass ich ...
Was du da sagst, ergibt keinen Sinn!	Ihre Darstellung zeigt einige Lücken.
Jetzt sagst du bestimmt, dass ...	Sie könnten jetzt sicherlich einwenden, dass ...
Das glaube ich nicht!	Sind Sie wirklich davon überzeugt, dass ...

Gut, dass du das sagst – das müssen wir ändern.	Vielen Dank für den Hinweis – wir werden entsprechende Maßnahmen ergreifen.

Seite 42

Aufgabe 1 + 2

Seit einer halben Stunde wartete er schon vor dem Büro.
Mit dem Mut der Verzweiflung wagte er es zu kündigen.
Nach seiner brillanten Rede hatte er die neue Stelle bekommen.
Von dem gelungenen Vortrag waren die Kunden begeistert.
Seit der letzten Woche hatte er an dem Vortrag gearbeitet.
Zu der Darstellung der Fakten nutzte er eine Präsentationswand.

Aufgabe 3

Transkript Hörtext

Der Motorradführerschein

Ella (17) sitzt mit ihrem Vater gemeinsam in der Küche beim Essen. Sie möchte heute etwas Wichtiges mit ihm besprechen. Ihr älterer Bruder Mats kommt dazu und mischt sich ein.

Ella: „Papa, ich möchte dich etwas fragen: Mein bester Freund Malte hat jetzt seit Neuestem ein Motorrad, ich durfte auch schon mitfahren und das macht wirklich großen Spaß! Deshalb habe ich mir überlegt, dass ich auch unbedingt einen Motorradführerschein machen möchte."

Mats: „Also, jetzt spinnst du doch echt komplett! Mädchen und Motorrad fahren ..."

Vater: „Was soll das, Mats? Ella, das ist ja wirklich eine große Sache, aber ich finde es gefährlich."

Ella: „Du weißt, dass ich sehr vorsichtig bin – und beim Motorradfahren wäre ich das natürlich auch! Ich sehe vor allem die Vorteile: Zunächst einmal müsste ich morgens nicht mehr so früh den Bus zur Schule nehmen. Darüber hinaus bin ich viel flexibler. Ich wäre unabhängiger von euch und nicht mehr darauf angewiesen, dass ihr mich mit dem Auto irgendwo hinbringt. Außerdem verbraucht ein Motorrad weniger Benzin als ein Auto."

Mats: „Als ob du in deinem Leben bisher je Benzinkosten bezahlt hättest! Du lässt dich doch immer nur chauffieren!"

Vater: „Mats! Jetzt hör aber auf! Ella, das klingt zwar gut, aber wo sollen wir das Motorrad unterbringen?"

Ella: „Ein Motorrad nimmt ja wenig Platz weg. Wir könnten es problemlos in der Garage ..."

Sie wird von Mats unterbrochen: „Und dann muss ich immer erst das Motorrad rausfahren, wenn ich das Auto brauche, was?! Vergiss es!"

Vater: „Mats, jetzt nimm dich bitte mal zusammen und lass Ella ausreden!"

Ella: „Außerdem werde ich viel auf den Landstraßen unterwegs sein und lerne die Umgebung besser kennen. Das nützt mir später auch beim Autofahren."

Vater: „Das stimmt. Aber hast du auch mal an die Kosten gedacht?"

Mats: „Das ist doch gar kein Problem – sie hat doch Daddy als Sponsor!"

Ella (ignoriert seine Bemerkung): „Weißt du, Papa, die Kosten sind gar nicht sooo hoch: Ich könnte den Führerschein von meinem ersparten Geld bezahlen – und mir dann ein gebrauchtes Motorrad kaufen. Und für die Versicherung und den Sprit reicht das Geld, das wir sonst für das Monatsticket zahlen! Insgesamt hat ein Motorrad gegenüber anderen Verkehrsmitteln einfach viele Vorteile."

Vater: „Du hast gute Argumente, Ella, ich werde es mir überlegen! Und Mats, du bist in Zukunft nicht mehr so gemein zu deiner Schwester!"

Aufgabe 4 A

Der Motorradführerschein 2

Ella ging langsam aus dem Raum. Bei der Diskussion hatte sie all ihre Argumente vorgetragen und sie hatte sich sehr bemüht, die Vorteile mit großer Genauigkeit darzustellen. Nach einigem Überlegen hatte ihr Vater sie gelobt und gesagt, dass sie sich den Kauf eines Motorrads ja offensichtlich genau überlegt hätte. Seit einem Jahr sparte sie jetzt für das Motorrad und legte einen großen Teil von dem Geld, das sie verdiente, beiseite. Wenn nur ihr Bruder nicht immer zu allem lautstark seine Meinung abgeben musste – am Ende verdarb er ihr noch die Chance ...?

Aufgabe 4 B
Im Dativ
Aufgabe 5
großer[1]; ihrem[2]; ihrer[3]; verschiedenen[4]; Fahrlehrern[5]; anderen[6]; Vätern[7]; einer[8]; Fahrschule[9]
Aufgabe 6
Kasus[1]; Präpositionen[2]; bei[3]; zu[4]; Dativ[5]

Seite 43

Aufgabe 1 + 2
Für eine gerechtere Welt lohnt sich jede Anstrengung.
Durch ihren unermüdlichen Einsatz hatte sie den Traumjob bekommen.
Ohne die gelungene Präsentation hätte das nicht so gut funktioniert.
Gegen so viele Fakten kamen ihre Konkurrenten nicht an.
Seit der letzten Woche hatte er an dem Vortrag gearbeitet.
Für eine junge Frau wie sie war das eine große Chance.
Aufgabe 4 A

Der Motorradführerschein 3

Ella ging langsam nach Hause. Für weitere Diskussionen ohne neue Argumente hatte sie einfach keine Energie mehr. Durch das viele Diskutieren fühlte sie sich jetzt ausgelaugt. Auch ohne die Sticheleien ihres Bruders Mats war es eine Menge Überzeugungsarbeit gewesen. Wenn ihr Vater dennoch gegen diesen Plan war, musste sie weiter Bus fahren. Ella würde sich dann um ein neues Projekt kümmern.

Aufgabe 3 B
Im Akkusativ
Aufgabe 4
den[1]; schlimmen[2]; einen[3]; diese[4]; nette[5]; ihrem[6]; ihre[7]; große[8]
Aufgabe 5
Kasus[1]; Präpositionen[2]; gegen[3]; um[4]; Akkusativ[5]

Modul 12
Sachlich diskutieren

Seite 44

Aufgabe 1
Andere Teilnehmer ausreden lassen; aktiv zuhören, gegebenenfalls nachfragen; sachlich und ruhig bleiben; schlüssig argumentieren und eigenen Standpunkt begründen
Aufgabe 2
Aufgaben der Diskussionsleiterin / des Diskussionsleiters:
- Verlauf der Diskussion lenken
- Fragen stellen und Teilnehmern das Wort erteilen oder das Wort entziehen
- auf das Einhalten der Regeln achten, wenn nötig beschwichtigen
- ruhig und freundlich bleiben können
- auch selbst mal einen Beitrag zum Thema leisten können
- sich durchsetzen können und Zeit einhalten
- laut und deutlich sprechen können

Seite 45

Aufgabe 4 B
Argumente FÜR den Termin nach den Ferien:
- Ferien genießen
- Urlaub nutzen, um für Klassenarbeit zu üben

Argumente GEGEN den Termin nach den Ferien:
- Ferien genießen ohne Lernen
- Arbeit hinter sich bringen

Aufgabe 5 C
Argumente FÜR den Termin nach den Ferien, z. B.

Zeile 6: Ferien sind dazu da, sich zu entspannen (Pauschalierung)
Zeile 8–11: Nicht jeder möchte in den Ferien lernen (Zustimmung, dann Erweiterung des Arguments)
Zeile 14–16: Um im Thema zu sein (Zustimmung unter Vorbehalt, eigene Motivation)
Zeile 17: Viel zu wenig Zeit (Kein Faktenargument)

Seite 46

Aufgabe 1
Im denn-Satz steht das Verb nach dem Subjekt (vor dem Objekt).
Im weil-Satz steht das Verb am Ende (hinter dem Objekt).

Aufgabe 2
1 Der Klassenausflug muss ausfallen, weil das Wetter viel zu schlecht ist.
2 Das Meer erscheint dunkel, weil es nicht von der Sonne angestrahlt wird.

Aufgabe 3
1 Der Klassenausflug muss ausfallen, denn das Wetter ist viel zu schlecht.
2 Das Meer erscheint dunkel, denn es wird nicht von der Sonne angestrahlt.

Aufgabe 4
1 Der Ausflug findet heute statt, denn das Wetter ist gut.
2 Chris kommt nicht mit, denn er ist krank.
3 Jan-Peter hat eine Regenjacke dabei, denn er traut der Vorhersage nicht.
4 Katharina freut sich, denn sie ist gerne am Meer.

Aufgabe 5
1 Der Ausflug findet heute statt, weil das Wetter gut ist.
2 Chris kommt nicht mit, weil er krank ist.
3 Jan-Peter hat eine Regenjacke dabei, weil er der Vorhersage nicht traut.
4 Katharina freut sich, weil sie gerne am Meer ist.

Aufgabe 6
weil[1]; warum[2]; Hauptsatz[3]; Komma[4]; am Ende[5];

Modul 13
Konflikte vermeiden

Seite 47

Aufgabe 1 + 2
(individuelle Lösung)

Aussagen	Ich-Botschaft	Du-Botschaft	Bild A / B
„Deine Unordnung nervt mich gewaltig!“	X		A
„Zieh endlich deine Arbeitskleidung an. (...)“		X	A
„Ich habe Angst alleine, darum will ich nicht, (...)“	X		B
„Nie bist du da, wenn ich dich brauche.“		X	A, B
„Die Werkzeuge auf dem Boden stören mich, (...)“	X		B
„Du lässt immer die Werkzeuge rumliegen.“		X	B
„Ich kann es nicht leiden, wenn du so schief pfeifst!“	X		A, B

Seite 48

Aufgabe 3
(individuelle Lösung)
1 Ich bin traurig, weil meine Arbeit nicht gesehen wird.
2 Ich fühle mich nicht gut, weil du mich immer unfreundlich begrüßt.
3 Ich würde mir wünschen, dass du mich nicht immer vor anderen bloßstellst.
4 Ich wünschte, du wärst nicht immer so aggressiv.
5 Ich bin traurig, weil du mir nicht/nie zuhörst.
6 Meine Sorge ist, dass du zu langsam bist.

Aufgabe 5
(individuelle Lösung)

ein Problem haben, ansprechen, lösen, vermeiden
die Ursachen finden, erklären
eine Auseinandersetzung haben, vermeiden
eine Diskussion provozieren, führen
einen Konflikt ansprechen, lösen, vermeiden
die Ursachen finden, klären
einen Streit provozieren, vermeiden
eine Lösung finden, haben
im Gespräch bleiben, klären

Seite 49

Aufgabe 1 A

Kann man Streit vermeiden?
Es kommt ganz darauf an, ob man es will – manchmal lässt sich Streit eben nicht vermeiden. Ganz wichtig ist es jedoch, darauf zu achten, dass man sich auch im Streit nicht unfair verhält und dass man den anderen nicht mit Worten beleidigt. Dabei macht es keinen Unterschied, ob man den anderen gut kennt oder nicht gut kennt. Wichtig ist es, nicht immer nur „du, du, du" oder „Sie, Sie, Sie" zu verwenden, sondern auch „ich". Man muss mit einer solchen „Ich-Botschaft" ja nicht gleich alle eigenen Gefühle aussprechen. Auch soll man dem anderen keine Vorwürfe machen. Es gibt keine richtige Meinung, nur unterschiedliche Perspektiven. Merke: Kein Streit sollte ungelöst bleiben!

Aufgabe 1 B

Negation mit kein
(es) macht keinen Unterschied
(man soll) keine Vorwürfe machen
(es gibt) keine richtige Meinung
Kein Streit sollte ungelöst bleiben!
Negation mit nicht
(es) lässt sich nicht vermeiden
(dass man sich) nicht unfair verhält
(dass man) nicht mit Worten beleidigt
(dass man den anderen) nicht gut kennt
nicht immer nur „du" oder „Sie" verwenden
(man muss) nicht alle Gefühle aussprechen

Aufgabe 2

Negationen[1]; kein[2]; nicht[3]; Nicht[4]; verneinen[5]; Kein[6]; Artikel[7]

Aufgabe 3

Nein, ich habe keine Zeit.
Nein, ich esse kein Fleisch.
Nein, ich habe keinen Hunger.
Nein, ich möchte keinen Tee.
Nein, ich habe keine Hobbys.
Nein, ich besitze keinen Laptop.
Nein, ich habe keine Fragen (mehr).

Seite 50

Aufgabe 1

1 Gestik; 2 Information; 3 Siezen; 4 Standpunkt; 5 Mimik; 6 Duzen; 7 Torte; 8 Meinung; 9 Konflikt; 10 Vorstellen
Lösung: Kommunikation

Modul 14
Zwischenüberschriften finden

Seite 53

Aufgabe 1 B
Der Text möchte über Zecken und die mögliche Übertragung des FSME-Virus aufklären.
Aufgabe 1 C
Zecken übertragen FSME-Virus; Lebensraum von Zecken; Schutz gegen Zecken; Gegenden in Deutschland mit FSME-Gefahr
Aufgabe 1 D

Aussagen	Textabschnitt und Zeilen
Feste Schuhe ...	Abschnitt 3, Z. 9–10
FSME kann zu Fieber ...	Abschnitt 1, Z. 3–4
Zecken leben ...	Abschnitt 3, Z. 8
Im Süden Deutschlands ...	Abschnitt 2, Z. 5–7

Aufgabe 1 E
Abschnitt 1: Zecken, Krankheiten, FSME, Fieber, Gehirnentzündung
Abschnitt 2: Süden, Gegenden, Mittelgebirge
Abschnitt 3: Wäldern, Gras, Büschen, Schuhe, Hosen, Ärmel, Zeckensprays, impfen
Aufgabe 1 F
1 Zeile 1–3: Zecken können FSME übertragen
2 Zeile 4–7: Gegenden mit FSME-Gefahr
3 Zeile 8–11: Lebensraum und Schutzmaßnahmen gegen Zecken

Seite 54

Aufgabe 1 A + 1 B + 1 C

	maskulin (männlich)	feminin (weiblich)	neutral (sächlich)
bestimmter Artikel: der/die/das	der geheimnisvolle Graf	die kleine Zecke	das helle Licht
unbestimmter Artikel: ein/eine/ein	einen durstigen Vampir; ein berühmter Blutsauger	eine böse Fantasiefigur; einer dunklen Burg	ein echtes Tier
kein Artikel = Nullartikel	feste Schuhe	lange Hosen	menschlichem Blut; religiösen Kreuzen

Aufgabe 2
Endung[1], passt[2]; Geschlecht[3]; Art[4]; Fall[5]; Anzahl[6]

Seite 55

Aufgabe 3

	maskulin (männlich)	feminin (weiblich)	neutral (sächlich)
Nominativ, Frage: wer oder was?	der klein**e** Vampir; ein klein**er** Vampir; mein klein**er** Vampir	die klein**e** Zecke; eine klein**e** Zecke; meine klein**e** Zecke	das klein**e** Schloss; ein klein**es** Schloss; mein klein**es** Schloss
Dativ, Frage: wem oder wo?	dem klein**en** Vampir; einem klein**en** Vampir; meinem klein**en** Vampir	der klein**en** Zecke; einer klein**en** Zecke; meiner klein**en** Zecke	dem klein**en** Schloss; einem klein**en** Schloss; meinem klein**en** Schloss

Aufgabe 4
Korrekte Sätze: Eine Spinne kann sehr giftig sein. Das Schloss gehört einem bissigen Vampir. Lange Hosen schützen vor giftigen Zecken. Ich habe einen schmerzhaften Wespenstich. Das Risiko eines kleinen Stiches ist hoch.
Aufgabe 5
Außer den Zecken gibt es in Europa kaum gefährliche[1], kleine[2] Tiere. Ganz anders ist es im fernen[3] Australien. Dort leben sehr giftige[4] Schlangen sowie Spinnen und Skorpione. Viele dieser tödlichen[5] Tiere finden sich nicht nur in tiefer[6] Wildnis, sondern auch in den menschlichen[7] Siedlungen. So kommt es immer wieder zu einem tragischen[8] Unglück, aber viele Betroffene können dank schneller[9] Hilfe gerettet werden. Allerdings ist auch so mancher schöne[10] Strand gefährlich. Denn vor Australiens beliebter[11] Küste gibt es auch zahlreiche[12] Wassertiere mit starkem[13] Gift.

Modul 15
Schlüsselbegriffe ermitteln

Seite 56

Aufgabe 1
(individuelle Lösung)
fröhlich, spaßig, bunt, lebensfroh, farbig

Seite 57

Aufgabe 2 B
Das Holi-Fest soll daran erinnern, dass das Gute über das Böse siegt.
Aufgabe 2 C

W-Fragewort	Frage	Antwort
WO/WANN	findet das Farbenfest jährlich statt?	Indien/ Frühling
WER	feiert das Holi-Fest?	Inder
WIE	bezeichnet man das Farbenfest?	Holi-Fest
WANN/WO	wird das Farbenfest gefeiert?	Frühling/ Indien
WELCHER	Religionsgemeinschaft gehören die Feiernden an?	Hinduismus
WAS	nehmen die Besucher mit auf die Straßen?	Trockenfarbe

Aufgabe 2 D
Indien[1]; Holi-Fest[2]; Frühling[3]; Hinduismus[4]; Trockenfarbe[5]
Aufgabe 3

Hinduismus	Feiernde des Holi-Festes gehören dem Hinduismus an.
Holi-Fest	Das Farbenfest in Indien nennt man Holi-Fest.
Farbbeutel	Mit Farbbeuteln gehen Feiernde auf die Straße und bewerfen sich damit.

Seite 58

Aufgabe 1
Unregelmäßige Formen siehe Aufgabe 2.
Regelmäßige Formen: lustig, lustiger, am lustigsten; schön, schöner, am schönsten; schnell, schneller, am schnellsten; selten, seltener, am seltensten; streng, strenger, am strengsten; laut, lauter, am lautesten
Aufgabe 2
Regelmäßige Adjektive: lustig, schön, schnell, selten, streng, laut
Unregelmäßige Adjektive mit ihren Steigerungsformen:

Grundform	Komparativ	Superlativ
teuer	teurer	am teuersten
gut	besser	am besten
gerne	lieber	am liebsten
nah	näher	am nächsten
gesund	gesünder	am gesündesten
hoch	höher	am höchsten
viel	mehr	am meisten

Aufgabe 3
1 meisten, nächsten; 2 höchsten, älteren, jüngeren; 3 lieber; 4 besser; 5 größte; 6 teurer, besseres; 7 kürzer

Modul 16
Fragen zu einem Text beantworten

Seite 59

Aufgabe 1
Sonne, Mond und Erde

Seite 60

Aufgabe 2 B + 2 C

	W-Fragen	Antworten
1 Z. 1–7	Was passiert bei einer Sonnenfinsternis?	Es kommt zu einem Schattenspiel. Der Mond schiebt sich von der Erde aus gesehen vor die Sonne. Je nachdem, wie viel von der Sonne verdeckt wird, kann es sogar richtig dunkel werden.

2 **Z. 8–12**	Warum kann der Mond die Sonne überdecken?	Dass der Mond die Sonne überdecken kann, liegt an der riesigen Entfernung der Sonne. Dass der nahe Mond genau die richtige Größe hat, um die ferne Sonnenscheibe auch mal ganz zu verdecken, ist reiner Zufall. Allerdings müssen sie genau in einer Linie stehen.
3 **Z. 13–17**	Welcher Schutz zum Zusehen wird benötigt?	Zur Beobachtung des Schattenspiels braucht man eine spezielle Sonnenfinsternis-Schutzbrille. Diese filtert die gefährlichen Anteile des Sonnenlichts. Eine normale Sonnenbrille oder gar ein Fernglas zum Hinaufsehen sind zu gefährlich und können im schlimmsten Falls sogar zur Erblindung führen.
4 **Z. 18–20**	Wann gibt es die nächste Sonnenfinsternis in Deutschland?	Die nächste Sonnenfinsternis kann man in knapp 60 Jahren in Deutschland beobachten, im Jahr 2081.

Aufgabe 2 D

Partielle Sonnenfinsternis: Die Sonne wird nur teilweise verdeckt und verfinstert sich nur zum Teil.

Ringförmige Sonnenfinsternis: Der Durchmesser der Sonne übertrifft den des Mondes, sodass der äußere Rand der Sonne bei einer Finsternis sichtbar bleibt.

Totale Sonnenfinsternis: Der Durchmesser des Mondes ist scheinbar größer als der der Sonne, so dass der Mond die Sonne vollständig verdeckt.

Seite 61

Aufgabe 1

1 Komparativ, als
2 Komparativ, als
3 Grundform des Adjektivs, genauso, wie
4 Grundform des Adjektivs, so, wie

Aufgabe 2

wie[1]; als[2]; als[3]; wie[4]; wie[5]

Aufgabe 3

vergleicht[1]; Vergleichswort[2]; braucht[3]; Grundform[4]

Aufgabe 4

1 Die Sonne leuchtet viel stärker als jede elektrische Lampe.
2 Die UV-A-Strahlen der Sonne sind gefährlicher für die Haut als UV-B-Strahlen.
3 Man kann mit Sonnenschutzcreme länger in der Sonne bleiben als ohne Schutz.
4 Menschen mit dunkler Haut bekommen nicht so schnell Sonnenbrand wie Menschen mit heller Haut.

Seite 62

Aufgabe 1

Alpakas leben auch in Deutschland. **richtig**
Alpakawolle ist nicht besonders wertvoll. **falsch**
Alpakas gehören zur Familie der Kamele. **richtig**

Seite 63

Aufgabe 2 C

1 Alpakawolle; 2 Lebensraum; 3 spuckt; 4 Gras; 5 Hoecker; 6 Deutschland
Lösungswort: Alpaka

Aufgabe 2 D

Alpakas gehören (...) **richtig**
Alpakas leben meist (...) **falsch**
Das Alpaka spuckt (...) **falsch**
In Deutschland können (...) **falsch**

Aufgabe 2 E

(individuelle Lösung)
Alpakas zählen mit ihrer kostbaren Alpakawolle zu der Ordnung der Paarhufer. Sie besitzen keine Höcker und werden 80 bis 100 Zentimeter hoch und 65 bis 80 Kilogramm schwer. Überwiegend leben sie in Südamerika, der Region der Anden, und sind den kalten Höhenlagen angepasst. Hauptsächlich ernähren sie sich von frischem Gras. Wenn sich Alpakas aufregen oder ihren Rang sicherstellen wollen, spucken sie. Mittlerweile leben sie auch in Deutschland, wo sie auch gezüchtet werden. Die Tiere leben in Herden und sind keine Einzelgänger.

Aufgabe 2 F

Warum spucken Alpakas?	Alpakas spucken vor Zorn, wenn sie sich bedroht fühlen oder wenn die Rangordnung geklärt wird.
Wie steht es um die Haltung (...)	Alpakas kommen mit dem Klima in Deutschland gut zurecht und können hier gehalten werden.

Seite 64

Aufgabe 1

1 D; 2 A; 3 E; 4 C; 5 B

Aufgabe 2

Im ersten Satzteil steht das Verb an letzter Stelle vor dem Komma, im zweiten Satzteil des Vergleiches steht das Verb nach dem Komparativ.

Aufgabe 3

Wirkung[1]; Sache[2]; Komparativ[3]

Aufgabe 4

1 Je mehr Kamele es gibt, desto/umso größer wird die Herde.
2 Je länger die Alpakas fressen, desto/umso satter werden sie.
3 Je größer die Wüsten sind, desto/umso besser sind Kamele an Hitze angepasst.
4 Je weiter das Kamel läuft, desto/umso durstiger wird es.
5 Je erfahrener ein Kamelführer ist, desto/umso sicherer verläuft eine Kamelreise.

Modul 18
Einen Text zusammenfassen

Seite 66

Aufgabe 2 C

Zwischenüberschrift	Textabschnitt und Zeile
Schwere Schäden bei Tieren	Abschnitt 4, Z. 12–20
Der Müllstrudel Pacific Garbage Patch	Abschnitt 1, Z. 1–5
Plastik gelangt in Lebensmittel	Abschnitt 3, Z. 9–11
Der Plastikmüll gelangt ins Meer	Abschnitt 2, Z. 6–8

Aufgabe 2 D

Titel des Textes	Plastik im Meer: Die Folgen der Vermüllung für Umwelt und Tiere
Autorin	Friederike Huth
Erscheinungsjahr	2022
Quelle	Peta = People for the Ethical Treatment of Animals, abgekürzt PETA, englisch für „Menschen für die ethische Behandlung von Tieren" (Homepage)
Thema	Der Text thematisiert die Folgen von Plastik im Meer und in der Umwelt und welche schweren Folgen dies für verschiedene Tiere, aber auch für den Menschen hat.

Aufgabe 2 E

(individuelle Lösung)

„Plasik im Meer: Die Folgen der Vermüllung für Umwelt und Tiere" von Friederike Huth erschien im Jahr 2022 auf der Homepage von Peta. Der Text thematisiert die Folgen von Plastik im Meer und in der Umwelt und welche schweren Folgen dies für verschiedene Tiere, aber auch für den Menschen hat.

Aufgabe 2 F

Wo spielt sich das Geschehen ab?	im Pazifischen Ozean, in den Weltmeeren, in den Flüssen, an Land
Wer steht im Mittelpunkt des Textes?	Lebewesen, Tiere, die unter der Vermüllung leiden
Was ereignet sich?	Fünf große Müllstrudel entstehen im Meer, davon der größte „Pacific Garbage Patch". Tiere nehmen Plastikteile über die Nahrung auf, so kommen sie auch beim Menschen an. Bis zu 135.000 Meeressäuger und eine Million Meeresvögel sterben jedes Jahr aufgrund der Vermüllung.

Seite 67

Aufgabe 2 B

AKKUSATIV		DATIV	
auf	**über**	**mit**	**zu**
achten auf; sich verlassen auf	informieren über; sich ärgern über	sich treffen mit; streiten mit	gehören zu; passen zu

Aufgabe 2
(individuelle Lösung)
Aufgabe 3
Verben[1]; Präposition[2]; übt[3]
Aufgabe 4
1 Beim Einkaufen achten wir sehr auf überflüssigen Plastikmüll. AKK
2 Wildtiere verwechseln Plastikmüll oft mit ihrer Nahrung und sterben qualvoll. DAT
3 Wir alle müssen uns mehr über den Umweltschutz informieren. AKK

Modul 19
Ein Diagramm auswerten

Seite 68

Aufgabe 1
das Kurvendiagramm; das Säulendiagramm; das Kreisdiagramm; das Balkendiagramm (im Uhrzeigersinn beginnend links oben)
Aufgabe 2 A
Im Schaubild geht es um das Thema Essgewohnheiten.

Seite 69

Aufgabe 2 B
Es wird dargestellt, wie oft die Menschen in Deutschland kochen.
Aufgabe 2 C
Befragt wurden rund 1000 Menschen ab 14 Jahren von Januar bis Februar 2021.
Aufgabe 2 D
Die Darstellung zeigt eine Auflistung von Lebensmitteln in Prozentsätzen, die Menschen in Deutschland täglich zu sich nehmen.
Aufgabe 2 E
52 % der Menschen in Deutschland kochen fast täglich.
Fisch und Meerestiere isst 1 % der Menschen in Deutschland täglich.
64 % der Menschen in Deutschland nehmen täglich Milchprodukte zu sich.
26 % der Menschen in Deutschland essen täglich Fleisch und Wurst.
8 % der Menschen in Deutschland kochen nie selbst.
30 % der Menschen in Deutschland kochen zwei- bis dreimal die Woche.

Seite 70

Aufgabe 1
1 10 % der Männer sind 65 Jahre und älter.
2 Mehr als 5 % der Kinder sind zwischen 6 und 13 Jahre.
3 18 % der Frauen sind zwischen 25 und 39 Jahre.
4 26 % des Obst- und Gemüseimports kommt aus Spanien.
5 36 % des Wasserverbrauchs in einem Haushalt dient der Körperpflege.
Aufgabe 2
die Pflege des Körpers; die Energie des Haushalts; das Alter des Lebens
Aufgabe 3
Zugehörigkeit[1]; neutral[2]; Nomen[3]; Apostroph[4]
Aufgabe 4 A
Emma Herzig, Annes, Maries und Dennis′ Mutter, kocht am liebsten Gerichte mit Gemüse und Fleisch. Robert Herzig, der Vater der Kinder, kocht lieber Gerichte mit Fisch. Annes Schwester Marie mag gern Kartoffeln, dagegen mag Maries Bruder Dennis lieber Nudeln. Alle essen gern Äpfel und Pfirsiche, die sie am liebsten in Ellas kleinem Obst- und Gemüseladen kaufen. Natürlich gibt es auch manchmal Süßes oder herzhafte Knabbereien von Jannis′ Kiosk.
Aufgabe 4 B
Emma, Anne, Marie, Dennis, Robert
Aufgabe 5
1 Maries Bruder; Dennis′ Schwester; Jannis′ Kiosk

Modul 20
Eine Tabelle auswerten

Seite 73

Aufgabe 2 B
Die Tabelle enthält 7 Spalten und 23 Zeilen.
Aufgabe 2 C
Die Tabelle bildet den Einsatzplan mit Einsatzbereichen und Uhrzeiten aller HelferInnen am „Tag der offenen Tür" ab.
Aufgabe 2 D

Wer ...	Namen
... ist von 12 bis 16 Uhr im Grillstand eingeteilt?	Sandro, Bastian
... erstellt die Veranstaltungsberichte?	Sandro, Paul
... unterstützt beim Aufbau?	Kevin
... sitzt von 8 bis 12 Uhr an der Kasse?	Zeynap
... ist von 8 bis 12 Uhr am Infostand?	Mona
... ist von 12 bis 16 Uhr bei den Getränken eingeteilt?	Merit, Gina
... sorgt für Fotos?	Merit, Theo, Sandra

Aufgabe 2 E
Ansprechpartner
Aufgabe 2 F
3 machen Fotos.
6 führen BesucherInnen durch das Schulhaus.
2 helfen beim Aufbau.
2 sind pro Schicht am Kuchen eingeteilt.
2 erstellen einen Veranstaltungsbericht.
4 haben sich für den Grillstand gemeldet.
21 haben sich insgesamt zum Helfen gemeldet.

Seite 74

Aufgabe 1
2 Die Veranstaltungsberichte werden von Sandro und Paul erstellt.
3 Der Kuchen wird von Anastasia verkauft.
4 Die Kasse wird von Zeynan gemacht.
5 Die Getränke werden von Mike verkauft.
Aufgabe 2
Aktion[1]; Passiv[2]; Partizip Perfekt[3]; bildet[4]

Aufgabe 3
(individuelle Lösung)
Folgende Passivformen sollen verwendet werden: wurden verkauft; wurden gegrillt; wurde kontrolliert; wurden gemacht; wurden unterstützt; wurde aufgeräumt; wurden angeboten

Modul 21
Einen argumentierenden Text verstehen

Seite 75

Aufgabe 2

Beispiel	Begründung	Behauptung
Zum Beispiel lassen sich meine Eltern (...)	weil man durch den logischen Aufbau (...)	Es ist wichtig, den Aufbau eines (...)

Seite 76

Aufgabe 3 C
Behauptung, Begründung, *Beispiel*

Chancen und Grenzen des Ehrenamtes

PRO: **Dein Selbstwertgefühl wird durch ein Ehrenamt gesteigert,** da du bei deinen ehrenamtlichen Tätigkeiten auch immer viel Dankbarkeit zurückbekommst und gleichzeitig das Gefühl hast, dass du etwas Sinnvolles tust. *Beispielsweise haben Umfragen gezeigt, dass Menschen, die sich ehrenamtlich einbringen, zufriedener mit sich selbst sind.*

Das Ehrenamt wird als „Kleber der Gesellschaft" bezeichnet, weil das gesellschaftliche Leben in vielen Bereichen zum Erliegen kommen würde, wenn alle Leistungen bezahlt werden müssten. *Zum Beispiel gilt das Ehrenamt des Wahlhelfers in Deutschland als staatsbürgerliche Pflicht.*

KONTRA: **Das Ehrenamt ist belastend,** weil man dramatische Erfahrungen machen oder dramatische Erlebnisse haben kann, *zum Beispiel wenn man Mitglied der Freiwilligen Feuerwehr ist und zu einem Autounfall gerufen wird.*

Das Ehrenamt ist zeitintensiv, weil die Aufgaben und Verpflichtungen neben Schule oder Berufstätigkeit ausgeübt werden. *Zum Beispiel finden Vereinstreffen immer am Nachmittag oder abends statt, also in der persönlichen Freizeit.*

Aufgabe 3 D

Behauptung	Beispiel
weil; da; deshalb	Zum Beispiel; Beispielsweise

Aufgabe 3 E
(individuelle Lösung)
Das Ehrenamt ist Ausdruck von Nächstenliebe, weil du dich für andere engagierst und dir für sie Zeit nimmst.
Zum Beispiel, wenn man bei der Essensausgabe der Tafel unterstützt oder Jugendwart in einem Verein ist.

Aufgabe 3 F
(individuelle Lösung)
Das Ausüben eines Ehrenamts bringt einem nichts, weil man kein Geld verdient.
Zum Beispiel werden Vereinstätigkeiten oder politisches Engagement in einer Partei nie bezahlt.

Seite 77

Aufgabe 1 A
Ohne die vielen freiwillig helfenden Menschen hätte die Gesellschaft viele Probleme. Ob es die Schwimmtraining gebende Übungsleiterin, der die Natur schützende Aktivist oder der Brand löschende Feuerwehrmann ist, sie alle leisten etwas Wichtiges für die Gemeinschaft. Diese sich für andere einsetzenden Menschen verdienen auf jeden Fall einen donnernden Applaus.

Aufgabe 1 B
Die Endungen der Partizipien verhalten sich wie die Endungen von Adjektiven.

Aufgabe 2
1 belastenden; 2 rettender; 3 tauchende;
4 verpflichtende

Aufgabe 3
2 Die arbeitenden Jugendlichen unterstützen das Tierheim.
3 Ein zeitlich forderndes Ehrenamt bringt wichtige Erfahrungen.
4 Viele mitwirkende ältere Menschen organisieren Veranstaltungen.

Aufgabe 5
Verb[1]; Adjektivendung[2]; nachfolgenden[3]; aktiv[4]

Modul 21
Einen Gesetzestext verstehen

Seite 78

Aufgabe 2
Rechte: Ausbildungsvertrag bekommen; Ausbildungsvergütung erhalten; Zeugnis erhalten;
Pflichten: Berichtsheft führen; Pausenzeiten einhalten; Betriebsgeheimnisse wahren; Anweisungen folgen; sorgsam mit Arbeitsmitteln umgehen

Aufgabe 3
(individuelle Lösung)
Es ist meine Pflicht, ein Berichtsheft zu führen.
Es ist mein Recht, ein Zeugnis zu erhalten.
Es ist meine Pflicht, sorgsam mit Arbeitsmitteln umzugehen.

Seite 79

Aufgabe 4 C
Berufliche Handlungsfähigkeit: das Ausüben einer beruflichen Tätigkeit
Ausbildungsziel: das erfolgreiche Ende der Ausbildung
Ausbildungsstätte: in der dualen Ausbildung die Berufsschule und der Betrieb
Weisung: ein Befehl
Ausbildungsnachweis: Bezeichnung für ein Berichtsheft während der Ausbildung

Aufgabe 4 D
Aufgetragene Aufgaben sollen sorgfältig ausgeführt werden. An Ausbildungsmaßnahmen müssen Auszubildende teilnehmen.

Seite 80

Aufgabe 5

Betriebliche Situation	**BBiG**
Lillis Chef möchte kontrollieren, was Lilli in den letzten beiden Wochen gearbeitet hat, (...)	§ 13 Verhalten während der Berufsausbildung [...] 7. einen schriftlichen oder elektronischen Ausbildungsnachweis zu führen.
Nach einem Streit mit seinem Ausbilder tritt Oliver verärgert gegen die Schleifmaschine (...)	§ 13 Verhalten während der Berufsausbildung [...] 5. Werkzeug, Maschinen und sonstige Einrichtungen pfleglich zu behandeln,
Lucas raucht in seiner Mittagspause im Lager, obwohl dort striktes Rauchverbot (...)	§ 13 Verhalten während der Berufsausbildung [...] 4. die für die Ausbildungsstätte geltende Ordnung zu beachten,

Aufgabe 6
(individuelle Lösung)
Vertrag: eine Abmachung zwischen zwei oder mehreren Partnern
Berufsausbildung: eine Grundbildung, die einen qualifiziert, eine bestimmte Tätigkeit auszuüben
Auszubildende: Personen, die einen bestimmten Beruf erlernen
Vertrag schließen: eine Abmachung unterschreiben

Seite 81

Aufgabe 1
1 Mann; 2 Man; 3 Mann; 4 man; 5 man; 6 man
Aufgabe 2
Formulierung[1]; direkt[2]; allgemeine Gültigkeit[3]; alle[4]; Satz[5]
Aufgabe 3
2 Man muss Schutzkleidung tragen. Schutzkleidung muss getragen werden.
3 Man muss das Handy ausschalten. Das Handy muss ausgeschaltet werden.
4 Pflichten muss man nachkommen. Pflichten muss nachgekommen werden.
5 Anweisungen muss man folgen. Anweisungen müssen gefolgt werden.

Seite 82

Lösung: Gut gemacht!
1 Zwischenüberschriften; 2 Text;
3 Schluesselbegriffe; 4 Balkendiagramm;
5 Paragraf; 6 Inhaltsangabe; 7 WFragen;
8 Argument

Modul 23
Einen Schreibplan entwickeln

Seite 84

Aufgabe 1
Schritt 1
1 Ich soll schriftlich etwas beschreiben.
2 Ich soll über meinen Berufswunsch schreiben.
3 (individuelle Lösung)
4 Ich schreibe für meine Mitschülerinnen.

Seite 85

Schritt 3
(individuelle Lösung)
Meine Gliederung
a) Der Beruf
b) Aufgaben im Beruf
c) Notwendige Fähigkeiten
d) Ausbildung und Weiterbildung
e) Gehalt
f) Mögliche Gefahren

Aufgabe 3
(individuelle Lösung)
Ich könnte mir gut vorstellen, als Zimmerer zu arbeiten. Als Zimmerer arbeitet man viel mit Holz. Man arbeitet sowohl draußen auf der Baustelle als auch drinnen in einer Werkstatt. Es gefällt mir sehr, dass man als Zimmerer Dinge bauen kann und am Ende des Tages sieht, was man gebaut hat. Man baut zum Beispiel Dachstühle, Treppen oder Fensterrahmen. Als Zimmerer muss man also handwerklich begabt sein und gut mit Werkzeugen umgehen können.
Die Ausbildung zum Zimmerer dauert drei Jahre. Das erste Jahr ist man die ganze Zeit in der Schule und macht ein BGJ. Da lernt man in der Schule alle wichtigen Grundlagen. Dann hat man zwei Jahre Unterricht und arbeitet in dem Betrieb mit. Die Ausbildung endet mit Prüfungen. Man kann dann als Geselle arbeiten oder sich zum Meister ausbilden lassen. Als Meister darf man einen eigenen Betrieb gründen und Zimmerer ausbilden.
Dann verdient man auch mehr. Als Zimmerer verdient man um die 2000 €, wenn man fertig ist. Der Beruf ist aber auch gefährlich, da man mit scharfen Werkzeugen wie Kreissägen und oft auch auf Gerüsten oder Dächern arbeitet.
Der Beruf gefällt mir trotzdem sehr gut.

Seite 86

Aufgabe 1
(individuelle Lösung)
abarbeiten; umarbeiten; verarbeiten; arbeitswütig; die Schichtarbeit; die Saisonarbeit

Aufgabe 2
1 der Backenbart; 2 die Seele; 3 die Lagune; 4 das Begehren

Aufgabe 3
(individuelle Lösung)
ziehen; anziehen; aufziehen; umziehen; einziehen; ausziehen; die Ziehung; ausziehbar; räumen; abräumen, aufräumen; ausräumen; die Räumung; räumlich; abräumbar

Modul 24
Formulare ausfüllen

Seite 87

Aufgabe 1
waagerecht: Familienstand; Konfession; Geburtsdatum; Staatsangehörigkeit; Nachname
senkrecht: Geschlecht; Wohnort

Aufgabe 2
Staatsangehörigkeit: deutsch
Familienstand: ledig
Wohnort: Berlin
Geburtsdatum: 11.04.2006

Seite 89

Aufgabe 1
Possessivartikel; Nomen; Bezugswort
1 Samuel füllt sein Anmeldeformular aus.
2 Die Kundin bezahlt ihre Rechnung.
3 Ich gebe Ihnen meine Telefonnummer.
3 Wir haben unsere neuen Ausweise beantragt.
4 Bitte senden Sie Ihren Antrag schnellstmöglich zurück.

Aufgabe 2
Besitz[1]; Bezugswort[2]; Nomen[3]; Endung[4]

Aufgabe 3
ihre[1]; ihren[2]; seinem[3]; ihr[4]; meinen[5]; meinen[6]; ihre[7]; deinem[8]; euren[9]

Aufgabe 4

ich	du	er	sie	es
mein	dein	sein	ihr	sein

wir	ihr	sie	Sie
unser	euer	ihr	Ihr

Modul 25
Eine E-Mail schreiben

Seite 90

Aufgabe 1

An	Empfänger
CC	2. Empfänger
Betreff	Betreff
Sehr geehrter Herr ...	Anrede
wir freuen uns, ...	Text
Freundliche Grüße	Grußformel
Banu Schmidt	Unterschrift

Aufgabe 2
- Ist der Text im Präsens (Gegenwartsform) geschrieben? JA
- Gibt die Verfasserin eine persönliche Meinung wieder? NEIN
- Ist der Text spannend geschrieben? NEIN

Seite 91

Aufgabe 3
1 CC bedeutet „Carbon copy": Man schickt die E-Mail in CC an eine weitere Person, die sie nur zur Kenntnis nehmen soll, aber nicht antworten muss.
2 Eine seriöse E-Mail-Adresse besteht aus Vornamen und Nachnamen bzw. Firmennamen. Sie ist bei einem seriösen E-Mail-Server zu finden.

Aufgabe 4
- Man bewirbt sich um ein Praktikum: Bewerbung um eine Praktikumsstelle
- Man hat Online-Tickets für ein Konzert bestellt, aber die falschen Tickets erhalten: Reklamation der Konzertkarten
- Man möchte mit dem Mitarbeiter einer Behörde telefonieren: Bitte um Anruf
- Man möchte die Mitgliedschaft im Sportstudio kündigen: Kündigung der Mitgliedschaft
- Man möchte einen Deutschkurs machen und bittet um weitere Informatioen: Bitte um Informationen zum Deutschkurs B2.

Aufgabe 5 B
1 fehlende Informationen: Name; Kundennummer; Betreff; Datum
2 Sprachstil: Max muss sachlich schreiben.
3 formale Regeln: nein, wurden nicht eingehalten

Aufgabe 5 C
(individuelle Lösung)

Kündigung des Abos „Halbgott"

Sehr geehrte Frau Schmidt,

ich habe das Abo „Halbgott" bei Ihnen abgeschlossen. Mein Name ist Max Musterhauser, meine Kundennummer finden Sie auf der Rechnung, die angehängt ist. Ich möchte das Abo zum nächstmöglichen Termin kündigen.
Bitte senden Sie mir eine Bestätigung zu.

Mit freundlichen Grüßen

Max Musterhauser

Seite 92

Aufgabe 1 + 2
Direkte Anrede: Z. 4; Z. 6; Z. 7; Z. 8, Z. 9
Verweis: Z. 6; Z. 7; Z. 9:

Aufgabe 3
Direkt[1]; Anrede[2]; groß[3]; dritten[4]; klein[5]

Aufgabe 4
Sie[1], Sie[2]; sie[3]; sie[4]; Sie[5]; sie[6]; sie[7]; Sie[8]; Sie[9]; Sie[10]; sie[11]

Modul 26
Einen Geschäftsbrief schreiben

Seite 93

Aufgabe 1 A

(Ihr Name
Ihre Straße und Hausnummer
Ihr Wohnort mit Postleitzahl)

Telefonia AG
Telefonistenstr. 13
88447 Bibelsberg 22.07.20xx

Kündigung des Handyvertrags

Sehr geehrte Damen und Herren,
ich möchte meinen Vertrag bei Ihnen kündigen, weil Sie viel zu teuer sind. Danke schön!

Mit freundlichen Grüßen

(Ihre Unterschrift)

Seite 94

Aufgabe 1 B
Name; Vorname; Kundennummer; Unterschrift; Datum der Kündigung
Aufgabe 1 C
(individuelle Lösung)
Sehr geehrte Damen und Herren,
hiermit kündige ich, Max Musterhauser, den Handyvertrag zum 12.12.20XX. Meine Kundennummer lautet XXX.
Mit freundlichen Grüßen
(Unterschrift)
Aufgabe 2
1 Rücktritt vom Kauf
2 Kündigung des Handyvertrags
3 Bitte um Informationen zum Vertrag
4 Kündigung
5 Stornierung der Buchung
Aufgabe 3
1 Können Sie mir bitte eine Buchungsbestätigung zusenden?
2 Ich habe gestern versucht, Sie/sie zu erreichen. Haben Sie von ihr gehört?
3 Die Hose sitzt leider nicht optimal, ich möchte sie doch zurückschicken.

Seite 95

Aufgabe 1
2 Partizip 2 von starten + hatte
3 Partizip 2 von ausgehen + war
4 Partizip 2 von auffallen + war
Aufgabe 2
Die Verbformen stehen im Präteritum.
Aufgabe 3
Vergangenheit[1]; sein[2]; haben[3]; Partizip[4]
Aufgabe 4
1 Ich konnte Ihren Auftrag prüfen, nachdem ich Ihre Anfrage erhalten hatte.
2 Nachdem ich das Gerät geprüft hatte, entschied ich mich für eine Rücksendung.
3 Nachdem wir die Details des Vertrags gelesen hatten, wollten wir Ihnen ...

Modul 27
Etwas bewerten und begründen

Seite 96

Aufgabe 1 B
Bewertung A hilft mehr, da sie genau beschreibt, was gut war und was einen in dem Praktikum erwartet.
Aufgabe 1 C
Meinung: Das Praktikum hat ihm gut gefallen.
Begründung: Man darf viel ausprobieren.
Beispiel: kleine Glaskugel blasen

Seite 97

Aufgabe 2 C
Der Chef war echt blöd. → nicht sachlich
Der Chef war streng, weil er kein Handy am Arbeitsplatz erlaubte → sachlich
Das Praktikum war super, weil ich voll viel lernen konnte → nicht sachlich
Weil man gut in die Arbeitsprozesse eingeführt wird → sachlich

Seite 98

Aufgabe 1

Das Praktikum

Das Praktikum im Gasthaus „Zur Post“ kann ich empfehlen, weil die Mitarbeiter ... Ich koche auch zu Hause viel, deshalb durfte ... Am Nachmittag gab es im Nebenzimmer eine Geburtstagsfeier, deshalb durfte ... Ich bekam dann auch Trinkgeld, weil ich ... Ich habe meine Arbeit gut gemacht, deshalb durfte ... Fleiß zahlt sich aus, deshalb habe ...

Aufgabe 2

Zusammen[1]; Folge[2]; darum[3]; deswegen[4]; Komma[5]; richtige Position[6]

Aufgabe 3

2 Ich habe bereits mehrere Praktika in diesem Berufsfeld gemacht, deshalb bin ich sicher, dass ich diesen Beruf nicht machen möchte.
3 Ich bin Frühaufsteher, deswegen werde ich nie zu spät kommen.
4 Ich möchte immer alles richtig machen, darum bin ich immer bemüht, alles so auszuführen, wie man es mir gezeigt hat.

Modul 28
Gesprächsnotizen anfertigen

Seite 99

Aufgabe 1 A + 1 B

1 Die Besprechung findet am Dienstag um 17:00 Uhr im Konferenzraum B statt.
2 Ich hätte gern zwei Portionen Pommes, eine Limo und einen Burger.
3 Ich möchte den Pulli, den ich gestern gekauft habe, umtauschen, weil er nicht zur Hose passt.
4 Sie können Frau Meißner am 05.09., wenn sie aus dem Urlaub zurück ist, wieder unter der Durchwahl 915 erreichen.
5 Weil Herr Özkul morgen nicht da ist, müssen Sie für ihn das Telefon besetzen und alle Anrufer an die zuständigen Kollegen weiterleiten.

Seite 100

Aufgabe 3 A

Transkript Hörtext

Praktikant: Kreativbüro Eikelsmann, mein Name ist Huber, wie kann ich Ihnen helfen?

Herr Klein: Guten Tag, mein Name ist Klein, Martin Klein. Ich muss mit Frau Kunz sprechen.

Praktikant: Es tut mir leid, Frau Kunz ist heute nicht erreichbar. Ich werde aber gern Ihr Anliegen an sie weiterleiten.

Herr Klein: Sehr gut, sehr gut, das freut mich. Es geht um den Auftrag für die Werbeplakate zu der neuen Kampagne, die ich für mein Möbelparadies starten möchte. Sie hat mir zwei Werbeslogans vorgeschlagen. Wir haben uns jetzt in der Firma für den Slogan „Schöner als auf Wolke 7 – trotzdem bezahlbar“ entschieden. Frau Kunz soll die passenden Plakate entwerfen und mir Anfang kommender Woche Muster präsentieren. Sie soll sich bitte bis morgen Nachmittag, spätestens 17 Uhr, bei mir melden.

Praktikant: Ich werde es weitergeben. Unter welcher Nummer kann Frau Kunz Sie denn erreichen?

Herr Klein: Ich bin unter der Nummer 0172-9973186 zu erreichen oder über das Büro unter der 030-23125 989. Ich erwarte den Rückruf. Auf Wiederhören!

Aufgabe 3 B

Anrufnotiz
Name des Anrufers (Wer?): Martin Klein
Termin/Rückruf (Wann?): Rückruf: morgen Nachmittag bis spätestens 17 Uhr
Nachricht für (Für wen ist die Nachricht?): Frau Kunz
Nachricht (Was will die Person?): Besprechung der Werbeplakate, v. a. der Slogans für Möbelparadies. Herr Klein hat sich für einen Slogan entschieden und will Rest besprechen
Nummer für Rückfragen (Wie erreichbar?) 0172-9973186
Gesprochen mit (Wer hat den Anruf angenommen?): Huber

Aufgabe 4

1 Ich notiere nur die Namen der Personen.
2 Ich bitte höflich um eine Wiederholung der Information.

Seite 101

Aufgabe 1

Ulrike Meindl: [...] Wofür sind Sie zuständig?

M. Lang: [...] Womit/Wie kann ich Ihnen helfen?

M. Lang: Wofür/Für welches Gerät brauchen Sie die Toner?

M. Lang: Wie sollen wir die Toner schicken?

Aufgabe 2

1 Wofür brauchen Sie die Toner?
2 Wohin sollen wir die Toner senden?
3 Wann kommt die Sendung?
4 Womit können wir Ihnen helfen?

Aufgabe 3

Fragewörter[1]; begleiten[2]; beginnt[3]

Modul 29
Eine Anleitung schreiben

Seite 103

Aufgabe 4

Schritt	Notiz
1	DIN-A4-Blatt längs 1 x falten und wieder öffnen
2 + 3	Linke und rechte obere Ecke so falten, dass in der Mitte eine Spitze entsteht
4 + 5	Schritt 2 noch einmal wiederholen
6	Blatt wieder längs falten
7	Auf der einen Seite das Blatt zur Hälfte nach unten falten. Mit der anderen Seite wiederholen
7 + 8	Hintere Ecken leicht aufbiegen

Aufgabe 6

(individuelle Lösung)

Zuerst faltet man das DIN-A4-Blatt längs. Man muss dabei beachten, dass die Ecken genau aufeinander liegen. Dann öffnet man das Blatt wieder.

Dann biegt man die linke obere Ecke des Blatts so, dass eine Seite auf der mittleren Linie des Blatts aufliegt und am oberen Rand des Blatts eine Ecke entsteht. Diesen Schritt wiederholt man mit der rechten Ecke noch einmal. Jetzt muss auf der oberen Blattseite eine Spitze sein. Anschließend wiederholt man den Schritt noch einmal, indem man die beiden Seiten noch einmal bis zur Mitte faltet. Das Blatt sieht nun aus wie ein Dreieck.

Damit der Papierflieger auch Flügel bekommt, dreht man das Blatt auf die Seite und knickt den „Flügel" ungefähr bis zur Hälfte des Blatts nach außen. Nun dreht man das Blatt um und wiederholt das Abknicken nach außen. Dadurch erhält der Papierflieger seine Flügel. Schließlich muss man an der breiteren Seite des Papierfliegers noch die Ecken ein wenig nach oben biegen. Dann ist der Papierflieger fertig.

Aufgabe 7

Für das Falten eines Papierfliegers benötigt man ein Blatt Papier in der Größe DIN A4.

Seite 104

Aufgabe 1 + 2

1 Wo ist die Farbe? Die Farbe steht im Regal. (Akkusativ)
2 Wohin soll ich den Pinsel bringen? Bring ihn zu der Werkbank. (Dativ)
3 Wo ist der alte Fensterrahmen? Er steht neben der Tür. (Dativ)
4 Wo ist die Schutzmaske? Sie hängt an dem Haken links. (Dativ)
5 Wohin gehört die Farbe? Die Farbe gehört in das Regal. (Akkusativ)
6 Wohin gehört die Schutzmaske? Sie gehört an den Haken links. (Akkusativ)

Aufgabe 3

Präposition + Nomen im Akkusativ (Richtung)
Präposition + Nomen im Dativ (Ort)

Aufgabe 4

(individuelle Lösung)

Aufgabe 5

2 auf dem Tisch (Dativ: Wo)
3 auf die offene Seite (Akkusativ: Wohin)
4 auf den offenen Seiten (Dativ: Wo)
5 in die Schachtel (Akkusativ: Wohin)
6 in der Schachtel (Dativ: Wo).

Modul 30
Einen Praktikumsbericht schreiben

Seite 105

Aufgabe 1 B
Bericht A besteht fast vollständig aus Wörtern und Sätzen, die Gefühle, Bewertungen oder Vermutungen ausdrücken. Im Bericht B sind keine Gefühle, Bewertungen oder Vermutungen zu finden.

Aufgabe 1 C

	ja	nein
eigene Meinung, Gedanken, Überlegungen		nein
Spannung		nein
knappe Darstellung	ja	
wörtliche Rede		nein
Präteritum (Vergangenheit)	ja	

Aufgabe 1 D
Nein, es werden nicht alle W-Fragen beantwortet. Es fehlen „Wann?“, „Wo?“ und „Was genau?“.

Seite 106

Aufgabe 2
Ich habe am 28.07.20xx mit dem Gesellen Herbert Wimmer zusammengearbeitet. Ich hatte die Aufgabe, Zementsäcke zu dem Haus zu tragen, an dem die Baustelle war.

Aufgabe 3 A
Am Dienstag, den 12.04.20xx, war ich im Rahmen meines Praktikums bei der Schreinerei Gladbeck von 7:30 Uhr bis 15:30 Uhr in der Werkstatt.

Aufgabe 3 B
Zuerst bekam ich die Aufgabe, die Fensterrahmen abzuschleifen.
Anschließend durfte ich ein Treppengeländer lasieren und dann zusammenbauen.
Am Ende des Arbeitstages musste ich die Werkstatt fegen.

Seite 107

Aufgabe 1 A

Praktikumsbericht

Ich trat mein Praktikum im Schmuckladen am 28. 07. 2023 an. Die Inhaberin Frau Merk machte den Laden pünktlich um 9:00 Uhr auf. Davor bereiteten wir den Verkaufsraum vor. Ich wischte die Schränke und die Verkaufsflächen ab. Dann legte ich neue Schmuckstücke in der Vitrine aus. Anschließend saugte ich den Teppich ab und öffnete die Tür. Am Vormittag kamen mehrere Kunden. Ich durfte Frau Merk beim Verkauf helfen. Sie gab mir eine Kette, die ich reinigen sollte. Dafür tauchte ich die Kette ein paar Sekunden in das Säurebad ein. Dann spülte ich die Kette mit Wasser ab und trocknete sie mit einem sauberen Tuch ab. Um 18 Uhr ging ich nach Hause und arbeitete meinen Praktikumsbericht aus.

Aufgabe 1 B
antreten – aufmachen – vorbereiten – abwischen – auslegen – absaugen – eintauchen – abspülen – abtrocknen – ausarbeiten

Aufgabe 1 C
(individuelle Losung)
annehmen; anfragen; aufessen; aufziehen; abholen; abgeben; austrinken; auslachen; eingraben; einziehen

Aufgabe 2
machte[1]; war[2]; arbeitete[3]; zusammen[4]; schliff[5]; ab[6]; baute[7]; zusammen[8]; trug[9]; auf[10]; räumte[11]; auf[12]; kehrte[13]; zusammen[14]

Seite 108

Aufgabe 1
1 Adressat; 2 Unterschrift; 3 sachlich;
4 Formular; 5 Betreff; 6 Anleitung;
7 **B**eispiel; 8 Argumentation; 9 Gliederung
Lösung: Schreiben

Modul 31
Ein Gedicht kennenlernen

Seite 110

Aufgabe 1 B
Der Text ist ein Gedicht, weil er sich reimt und in Strophen geschrieben ist.

Seite 111

Aufgabe 1 C + 1 E
Katze; *Maus*

Heinz Erhardt: Die polyglotte Katze

Die Katze sitzt vorm Mauseloch,
in das die Maus vor Kurzem kroch,
und denkt: „Da wart nicht lang ich,
die Maus, die fang ich!“
Die Maus jedoch spricht in dem Bau:
„Ich bin zwar klein, doch bin ich schlau!
Ich rühr mich nicht von hinnen,
ich bleibe drinnen!“
Da plötzlich hört sie – statt „miau“ –
ein laut vernehmliches „wau-wau“
und lacht: *„Die arme Katze,*
der Hund, der hatse!
Jetzt muss sie aber schleunigst flitzen,
anstatt vor meinem Loch zu sitzen!“
Doch leider – nun, man ahnt's *bereits* –
war das ein Irrtum ihrerseits.
Denn als die Maus vors Loch hintritt –
es war nur ein ganz kleiner Schritt –
wird sie durch Katzenpfotenkraft
hinweggerafft! – –
Danach wäscht sich die Katze die Pfote
und spricht mit der ihr eignen Note:
„Wie nützlich ist es dann und wann,
wenn man 'ne fremde Sprache kann ...!“

Quelle: **Erhardt, Heinz:** Die polyglotte Katze. In: ders.: Der große Heinz Erhardt; Lappan Verlag 2022, S. 39

Aufgabe 1 D
(individuelle Lösung)
1 Die Katze sitzt vor dem Mauseloch.
2 Die Maus bleibt im Mauseloch.
3 Die Maus glaubt, dass der Hund die Katze erwischt hat, weil sie ein Bellen hört.
4 Die Maus denkt, dass die Katze nicht mehr vor dem Loch sitzt, weil sie vor dem Hund fliehen muss.
5 Die Maus kommt aus dem Loch und wird von der Katze getötet.
6 Es ist hilfreich, Fremdsprachen zu sprechen.

Aufgabe 2
(individuelle Lösung)
Betonung der unterschiedlichen Sprachanteile von Maus und Katze; Variation der Lautstärke und des Tempos; Körperhaltung; Pausen einbauen

Aufgabe 5
Bessere Chancen auf dem Arbeitsmarkt; Firmensprache ist oft auch Englisch; ausländische Kundschaft der Firmen; Arbeit im Ausland; Kommunikation mit Menschen, die kein Deutsch sprechen

Seite 112

Aufgabe 1
1 Die Katze freut sich auf ihre Beute.
2 „Wo befindest du dich, kleine Maus?“
3 „Heute muss ich mich nicht beeilen.“
4 „Wenn ich dich habe, unterhalten wir uns schön!“
5 „Ihr Mäuse bewegt euch zu viel!“
6 Beide Tiere wundern sich über ihre Gedanken.

Aufgabe 2
sich freuen, sich befinden, sich beeilen, sich unterhalten, sich bewegen, sich wundern

Aufgabe 3
Reflexivpronomen[1]; im Akkusativ[2]; gebildet[3]; Form[4]

Aufgabe 4
mich[1]; uns[2]; sich[3]; sich[4]; uns[5]

Aufgabe 5
1 Ich habe mich auf unserem Ausflug erkältet.
2 Meine Schwester interessiert sich für gebrauchte Bücher.
3 Der Schnee fühlt sich kalt an.
4 Ich freue mich auf meinen Geburtstag.

Modul 32
Ein Gedicht verstehen

Seite 113

Aufgabe 1
1 Den Inhalt des Gedichts verstehen: Gedicht in eigenen Worten zusammenfassen
2 Aufbau des Gedichts analysieren: Anzahl der Strophen und Verse ermitteln
3 Sprache des Gedichts verstehen: sprachliche Bilder, besondere Formulierungen finden
4 Reimschema erkennen: Kreuzreim und Paarreim unterscheiden

Aufgabe 2 B + 2 C

Erich Kästner: Sachliche Romanze

1 Als sie einander acht Jahre kannten
(und man darf sagen: sie kannten sich *gut)*,
kam ihre Liebe plötzlich abhanden.
Wie andern Leuten ein Stock oder *Hut*.

2 Sie waren traurig, betrugen sich heiter,
versuchten Küsse, als ob nichts *sei;*
und sahen sich an und wussten nicht weiter.
Da weinte sie schließlich. Und er stand *dabei*.

3 Vom Fenster aus konnte man Schiffen
winken. Er sagte, es wäre schon Viertel nach
vier und Zeit, irgendwo Kaffee zu trinken.
Nebenan übte ein Mensch *Klavier*.

4 Sie gingen ins kleinste Café am Ort
und rührten in ihren *Tassen*.
Am Abend saßen sie immer noch dort.
Sie saßen allein und sprachen kein Wort
und konnten es einfach nicht *fassen*.

Quelle: **Kästner, Erich:** Sachliche Romanze. In: ders.: Lärm im Spiegel. Gedichte. Zürich: Atrium 2014, S. 7; Erstveröffentlichung: Curt Weller & Co., Leipzig 1929

Seite 114

Aufgabe 3
Gedicht hat 4 Strophen, die Strophen 1–3 haben 4 Verse, die Strophe 4 hat 5 Verse.

Aufgabe 4
Erich Kästner hat das Gedicht geschrieben. Der Titel des Gedichts lautet „Sachliche Romanze“.

Aufgabe 5 A
Das Gedicht beschreibt, wie zwei Menschen feststellen, dass sie sich nicht mehr lieben.

Aufgabe 5 B

Die Figuren ...	richtig	falsch
... sind sehr verliebt.		x
... gehen zusammen in ein Café.	x	
... haben sich nicht mehr viel zu sagen.	x	
... sind schon länger ein Paar.	x	
... treffen sich zufällig.		x
... sind nicht mehr glücklich miteinander.	x	
... verbringen eine schöne Zeit miteinander.		x

Aufgabe 6
(individuelle Lösung)
Der Widerspruch zwischen Romanze und dem Adjektiv „sachlich“; Liebe ist eigentlich nicht sachlich

Aufgabe 7
(individuelle Lösung)
Mir gefällt das Gedicht, weil die Stimmung zwischen den Personen gut beschrieben ist. Spannend finde ich, dass man die traurige Stimmung spürt.

Seite 115

Aufgabe 1
(individuelle Lösung)

Aufgabe 2
1 hätten; 2 Hättet; 3 wäre; 4 wären

Aufgabe 3
(individuelle Lösung)

Aufgabe 4
formuliert[1]; hätte[2]; irreale Bedingungen[3]; im Nebensatz[4]
Aufgabe 5
(individuelle Lösung)

Modul 33
Einen Romananfang lesen

Seite 116

Aufgabe 1

Romane ...	richtig	falsch
... sind längere Erzählungen.	x	
... werden in Versen verfasst.		x
... erzählen eine ausgedachte Geschichte.	x	
... sind meistens nur wenige Seiten lang.		x
... gehören zu den erzählenden Texten (Epik).	x	
... sind in Strophen unterteilt.		x
... haben mindestens eine Hauptfigur.	x	

Seite 117

Aufgabe 2 B + 2 C
Orte der Handlung; Namen
Aufgabe 3 A
Angaben über die handelnde Figur.

Andreas Steinhöfel: Die Mitte der Welt (Romananfang)

Eines nasskalten Aprilmorgens bestieg Glass, die linke Hand am Griff ihres Koffers aus abgewetztem Lederimitat, die rechte am Geländer einer wackeligen Gangway, einen Ozeanriesen, der im Hafen von Boston zum Auslaufen nach Europa bereitlag. Menschen wimmelten über den Pier, Wasser schlug aufgebracht gegen die Kaimauer. In der Luft hing ein stechender, Übelkeit erregender Gestank, eine Mischung von verbranntem Teer und faulendem Fisch. Glass legte den Kopf in den Nacken und betrachtete mit zusammengekniffenen Augen die dickbauchigen Wolkenbänke, die sich über der Küste von Massachusetts stapelten. Nieselregen jagte gegen den dünnen Mantel, der ihre unmöglich mageren Beine umschlackerte. Sie war siebzehn Jahre alt und im neunten Monat schwanger.
Abschiedsrufe erklangen, weiße Taschentücher flatterten im Wind, Motoren erwachten zum Leben. Inmitten der wogenden Menschenmenge, die sich am Pier versammelt hatte, um Verwandten und Bekannten Lebewohl zu winken, stand ein Kind. Lachend erhob es eine Hand und deutete in den grauen Himmel. Hoch oben, auf salzigem Wind, tanzten Möwen wie die Papierfetzen bei einer Parade zur Feier des Unabhängigkeitstages. Die unschuldige Geste rührte Glass und reichte beinahe aus, ihren Entschluss, Amerika zu verlassen, ins Wanken zu bringen. Doch plötzlich hatte der Dampfer es eilig. Mit einem wehmütigen Tuten legte er ab und ließ den Hafen hinter sich. Sein Bug drückte tief ins Wasser. Glass wandte dem Festland den Rücken zu. Sie schaute nie zurück.

Quelle: **Steinhöfel, Andreas:** Die Mitte der Welt (Romananfang): Carlsen Verlag, Hamburg 2004, S. 9 f. (*)

Aufgabe 2 D
1 Am Anfang des Romans „Die Mitte der Welt" wird der Hafen von Boston geschildert.
2 Im Textauszug geht es um das 17-jährige Mädchen Glass.
3 Am Anfang des Romans wird beschrieben, wie Glass im Hafen von Boston ein Schiff nach Europa besteigt. Auch die Umgebung und Stimmung des Hafens wird beschrieben.

Aufgabe 3 A
(siehe Text oben, Aufgabe 2 B + 2 C)

Aufgabe 3 B

Steckbrief	
Name:	Glass
Alter:	17 Jahre
Wohnort:	Boston, Amerika
Kleidung:	dünner Mantel
Situation:	ist schwanger, verlässt ihre Heimat Boston, fährt nach Europa
Reiseziel:	Europa

Aufgabe 4
(individuelle Lösung)
Warum ist Glass schwanger? Was will sie in Europa? Warum verlässt sie Amerika? Wer ist der Vater des Kindes? Ist er dabei und wenn nicht, warum nicht? Wie ist ihre persönliche Situation? Wo sind ihre Mutter und ihr Vater? Warum darf sie alleine nach Europa reisen? Ist sie vielleicht ausgerissen?

Seite 118

Aufgabe 1
1 Phil hat über einen kurzen Witz gelacht.
2 Phil hat über einen kurzen, aber lustigen Witz gelacht.
3 Phil hat über einen kurzen, aber lustigen Witz, den Dianne erzählt hat, gelacht.
4 Phil hat über einen kurzen, aber lustigen Witz, den Dianne erzählt hat, bevor der Bus gekommen ist, gelacht.
5 Phil hat über einen kurzen, aber lustigen Witz, den Dianne erzählt hat, bevor der Bus gekommen ist, der leider Verspätung hatte, gelacht.

Aufgabe 3
(individuelle Lösung)

Aufgabe 4
Kernaussage: Eines nasskalten Aprilmorgens bestieg Glass einen Ozeanriesen.
Wer macht etwas? Glass
Was macht die Person? Besteigt einen Ozeanriesen
Wann geschieht das? Eines nasskalten Aprilmorgens
Wie macht sie das? Die linke Hand am Griff ihres Koffers, die rechte am Geländer einer wackeligen Gangway
Was für eine Information gibt es zum Schiff? Ein Ozeanriese liegt im Hafen
Wo liegt das Schiff? In Boston
Wohin fährt das Schiff? Nach Europa
Was macht das Schiff in diesem Moment? Liegt zum Auslaufen bereit

Modul 34
Einen Romananfang zsammenfassen

Seite 119

Aufgabe 1 B
Zeile 1–10: Landung in Großbritannien; Drogenspürhund
Zeile 11–24: überraschende Zollkontrolle
Zeile 25–28: neues Zuhause
Zeile 29–33: Zollkontrolle
Zeile 34–41: stinkender Käse und keine Drogen

Aufgabe 1 C

Wer erzählt die Geschichte?	Eine 15-jährige Ich-Erzählerin erzählt die Geschichte.
Wo spielt der Romananfang?	Die Geschichte spielt in einem Flughafen in Großbritannien.
Wie sieht die Ich-Erzählerin aus?	Die Ich-Erzählerin hat blonde Haare und trägt einen Pferdeschwanz.
Was passiert am Flughafen?	Bei der Ankunft am Flughafen wird die Ich-Erzählerin vom Zoll kontrolliert, da ein Drogenspürhund angeschlagen hat.
Warum ist die Ich-Erzählerin am Flughafen?	Die Ich-Erzählerin kommt gerade aus der Schweiz und wird in Großbritannien in ein neues Zuhause ziehen.
Warum hat der Spürhund angeschlagen?	Im Koffer befindet sich ein Käse, der furchtbar stinkt. Der hat den Spürhund dazu gebracht, vermeintliche Drogen anzuzeigen.

Aufgabe 2
Einleitung: Im ersten Kapitel des Romans „Silber. (...)
Hauptteil: Der Roman beginnt mit der Ankunft eines Mädchens an einem Flughafen in Großbritannien. (...)

Schluss: Am Ende des Romanauszugs stellt sich heraus, dass der Hund Amber gar keine Drogen gerochen hat, (...)

Seite 121

Aufgabe 1
Der blasse Junge schaut in diesem Moment (wann) wegen der Zollkontrolle (warum) schadenfroh (wie) in meine Richtung (wohin).

Aufgabe 2
Lange[1]; Ergänzungen[2]; Merkwort[3]

Aufgabe 3
1 Dienstags fahre ich immer mit dem Fahrrad zur Arbeit.
2 Gestern ist Marko, obwohl er erkältet ist, lange schwimmen gegangen.
3 Nach dem Streit mit ihren Eltern ging Johanna beleidigt in ihr Zimmer.
4 Letzte Woche ist Ahmad wegen des Streiks zu spät zum Fußballtraining gekommen.

Seite 122

Aufgabe 1
waagerecht: Gedicht; Roman; Strophe; Vers; Autorin
senkrecht: Kapitel; Reim; Handlung; Epik; Erzaehler; Autorin
Lösungssatz: <u>Lies mehr!</u>

Modul 35
Wortarten kennen

Seite 124

Aufgabe 1

Nomen	Verb	Pronomen
Infusion Laborwerte Freitag	bekommen freue sind entlasse	Sie (zweimal) Ihre (zweimal) Ich (zweimal) mich

Adjektiv	Adverb	Präposition
letzte gut	heute	am

Aufgabe 2
Nomen

Seite 125

Aufgabe 3
sauber – schmutzig; tief – flach; billig – teuer; trocken – feucht; neu – alt; niedrig – hoch; breit – schmal

Aufgabe 4
1 verabreichen
2 übernehmen
3 informieren
4 dokumentieren
5 erledigen

Aufgabe 5 A + 5 B

Florence Nightingale

Die britische *Krankenschwester Florence Nightingale* **begründete** die moderne westliche *Krankenpflege*. Sie **engagierte** sich für *Notleidende* und *Kranke*, was sie letztendlich zu einer *Ausbildung* zur *Krankenschwester* **motivierte**. Dafür **ging** sie nach *Deutschland*, da in *England* zu der *Zeit* keine *Ausbildung* auf diesem *Gebiet* möglich **war**. Später **unterstützte** sie mit anderen *Krankenschwestern* die *Ärzte* in einem *Militärlazarett*. Die *Pflege* **erfolgte** unter einfachsten *Bedingungen*, hinzu **kamen** viele bürokratische Hürden. Dennoch **war** *Florence Nightingale* erfolgreich. Innerhalb weniger *Monate* **versorgte** sie mit den anderen *Krankenschwestern* etwa 10.000 *Soldaten*. Sie **war** der *Meinung*, dass es ein *Wissen* über die *Pflege* **geben sollte.** Dieses *Wissen* **schrieb** sie **auf.** Damit **legte** sie den *Grundstein* für die *Pflegetheorie*.

Seite 126

Aufgabe 1 + 2
Präpositionen
- Wegen seiner Krankheit war der Patient sehr schwach.
- Während der Untersuchung begleiten die Eltern das Kind.
- Trotz ihrer Schmerzen ging sie zur Arbeit.
- Außerhalb der Sprechzeiten war die Praxis geschlossen.
- Innerhalb des Krankenhauses müssen Besucher die Besuchsregeln beachten.

Aufgabe 3 A

Die Spanische Grippe

Während des Ersten Weltkriegs (1914–1918) brach die Spanische Grippe aus. Nicht nur innerhalb Europas starben sehr viele Menschen. Auch außerhalb dieses Kontinents gab es sehr viele Opfer. Wegen der großen Zahl an Kranken waren Ärzte und Pflegepersonal oft überfordert. Ihr Arbeitseinsatz war grenzenlos. Trotz vieler Versuche, die Krankheit in den Griff zu bekommen, konnte man erst 1920 eine Verbesserung feststellen.

Aufgabe 3 B
Die Wortgruppen stehen im Genitiv.

Aufgabe 4
Wegen seines[1] guten[2] Gesundheitszustandes[3] konnte der Patient früher nach Hause. Er war sehr froh darüber und bewegte sich gleich außerhalb seiner[4] Wohnung. Während seines[5] Krankenhausaufenthalts[6] schien es undenkbar, dass er solche Fortschritte machen würde. Dennoch machte er trotz seiner[7] Schmerzen täglich Bewegungsübungen und Spaziergänge.

Aufgabe 5
Kasus[1]; Präpositionen[2]; außerhalb[3]; wegen[4]; Genitiv[6]

Modul 36
Groß- oder kleinschreiben

Seite 127

Aufgabe 1
(individuelle Lösung)
Der Apotheker gibt dem Kunden Hinweise zur richtigen Einnahme von Medikamenten.
Der Zweiradmechaniker wartet mein Fahrrad.

Aufgabe 2 A + 2 B

Ausbildungsberufe in Deutschland

Mit einer Ausbildung stellen wir häufig die Weichen für unsere berufliche Entwicklung. Manchmal fällt es schwer, zu entscheiden, welchen Weg man einschlagen möchte, denn es gibt wirklich eine Vielzahl von interessanten Berufen. Ca. 300 anerkannte Ausbildungsberufe gibt es in Deutschland! Das sind sehr viele, die verschiedenen Berufsfeldern zugeordnet werden, wie z. B. Elektro, Metall, Soziales oder Wirtschaft und Verwaltung. Wenn man zunächst ein interessantes Berufsfeld auswählt und sich dann vom Großen zum Kleinen oder vom Groben zum Feinen orientiert, wird man erstaunt sein, welche Berufe es gibt.

Seite 128

Aufgabe 3
(individuelle Lösung)

-heit	-keit	-ung
die Gesundheit, die Freiheit, die Schönheit	die Gemeinsamkeit, die Heiterkeit, die Einsamkeit	die Umleitung, die Haltung, die Verbesserung

-schaft	-nis	-tum
die Freundschaft, die Herrschaft, die Wissenschaft	das Gefängnis, das Zeugnis, das Erlebnis	der Reichtum, der Irrtum, das Brauchtum, das Bauerntum

Aufgabe 4
Bei Nomen mit den Endungen -heit, -keit, -ung, -schaft steht der Artikel „die".
Bei der Endung -nis steht der Artikel „das".
Nomen mit der Endung -tum haben den Artikel „der" oder „das".

Aufgabe 5 A

Ich[1] habe Ihr[2] Schreiben erhalten. Gerne komme ich[3] zu dem von Ihnen[4] vorgeschlagenen Termin bei Ihnen[5] vorbei. Meine Schwester wird mich[6] begleiten, da sie[7] Sie[8] sicherlich auch tatkräftig unterstützen kann.

Ihre[9] Rosita Müller

Aufgabe 5 B
(individuelle Lösung)
Sehr geehrte Frau Müller,
vielen Dank für Ihre E-Mail und die Bestätigung des Termins.

Seite 129

Aufgabe 1 A

Rund um das **Bewerben**

Ich bewerbe mich um einen Ausbildungsplatz. Das **Bewerben** nimmt einige Zeit in Anspruch. Zunächst mache ich mich ans **Lesen** von Online-Stellenbörsen und Zeitungsanzeigen. Ich will mich nicht ins **Blaue** bewerben. Wenn ich etwas **Passendes** gefunden habe, mache ich mich ans **Schreiben** eines aussagekräftigen Lebenslaufs und Anschreibens. Meine Freundin hilft mir beim **Schreiben**. Mein **Schreiben** sieht jetzt richtig gut aus. Dann bereite ich mich auf das Vorstellungsgespräch vor. Beim **Vorbereiten** überlege ich mir Antworten auf häufig gestellte Fragen. Meine Freundin wünscht mir jetzt schon alles **Gute**. Wenn alles geklappt hat, werde ich sie zum **Essen** einladen.

Aufgabe 1 B
Blaue (Z. 3); Passendes (Z. 3); Gute (Z. 7)

Aufgabe 1 C
das Bewerben – das; Lesen – ans; Schreiben – beim; Blaue – ins; Passende – etwas; Schreiben – ans; Schreiben – beim; Schreiben – mein; Vorbereiten – beim; Gute – alles; Essen – zum

Aufgabe 2
Adjektive[1]; Artikel[2]; Präpositionen[3]; mit einem Artikel[4]; Pronomen[5]; groß[6]

Aufgabe 3
1 Seine Arbeiten sind gut.
2 Das Knüpfen vieler Kontakte ist hilfreich.
3 Ihr Argument ist überzeugend.
4 Das lange Überlegen hat uns geholfen.
5 Ihr lautes Reden stört die Nachbarn.

Modul 37
Zeiten kennen und verwenden

Seite 130

Aufgabe 1
finden – fand – gefunden
arbeiten – arbeitete – gearbeitet
anbieten – bot an – angeboten
bewerben – bewarb – beworben
entfernen – entfernte – entfernt
beginnen – begann – begonnen
helfen – half – geholfen

Seite 131

Aufgabe 2
ist[1]; weiß[2]; hatte[3]; dauert[4]; gehört[5]; säubern wird[6]; wird herausstellen[7]; zogen[8]; legten[9]

Aufgabe 3 A

Elena berichtet ihrer Freundin aus ihrem Alltag als Gebäudereinigerin:

Um 8 Uhr habe ich mit meiner Arbeit begonnen. Zuerst habe ich meinen Einsatzplan gelesen. Die Aufgaben sind vielfältig gewesen. Für eine Baustellenreinigung habe ich die entsprechenden Materialien aus dem Lager geholt und mich dann mit Kollegen auf den Weg gemacht. Im Laufe des Vormittags haben wir alles gesäubert und anschließend den Müll entsorgt. Nach der Mittagspause sind wir zu einem kleinen Büro gefahren. Dort habe ich alle Tische abgewischt, die Schränke abgestaubt und die Papierkörbe geleert. Ein Kleber auf dem Boden hat sich zu einer echten Herausforderung entwickelt. Endlich ist es mir gelungen, diesen zu entfernen.

Aufgabe 3 B
Im Perfekt

Aufgabe 3 C
Um 8 Uhr begann ich mit meiner Arbeit. Zuerst las ich meinen Einsatzplan. Die Aufgaben waren vielfältig. Für eine Baustellenreinigung holte ich die entsprechenden Materialien aus dem Lager und machte mich dann mit Kollegen auf den Weg. Im Laufe des Vormittags säuberten wir alles und entsorgten anschließend den Müll. Nach der Mittagspause fuhren wir zu einem kleinen Büro. Dort wischte ich alle Tische ab, staubte die Schränke ab und leerte die Papierkörbe. Ein Kleber auf dem Boden entwickelte sich zu einer echten Herausforderung. Endlich gelang es mir, diesen zu entfernen.

Aufgabe 3 D
(individuelle Lösung)
Elena wird die Teppichböden saugen. Sie wird das Treppenhaus nass wischen. Dann wird sie die Waschräume putzen. Elena wird das verbrauchte Material auffüllen.

Seite 132

Aufgabe 1

	Futur	Präsens Passiv	Die Handlung steht im Mittelpunkt.	Die ausführende Person steht im Mittelpunkt.
Das Gesundheitsamt wird die Hygienestandards überprüfen.	x			x
Die Hygienestandards werden überprüft.		x	x	

Aufgabe 2
1 Ich werde das Desinfektionsmittel benutzen.
2 Ich werde neue Seife kaufen.

Aufgabe 3
(individuelle Lösung, z. B.)
1 Die Handtücher werden regelmäßig gewechselt.

2 Die Arbeitsflächen werden von uns desinfiziert.
3 Die Anzahl der Milben wird in einer sauberen Umgebung minimiert.
4 Hoffentlich werden die Hygienevorschriften von dir ausgedruckt.

Aufgabe 4

allein[1]; Passiv[2]; Zukunft[3]

Modul 38
Das Verb regiert den Satz

Seite 133

Aufgabe 1

Vorfeld	Verb	Mittelfeld	Verb
Die Ausbildung zum Berufskraftfahrer im Personenverkehr	dauert	drei Jahre	
Drei Jahre	dauert	die Ausbildung zum Berufskraftfahrer im Personenverkehr.	
Stellen als Busfahrer	gibt	es bei Verkehrsbetrieben oder Reiseveranstaltern.	
Busfahrer	können	Personen von Ort zu Ort	befördern.
Von Ort zu Ort	können	Busfahrer Personen	befördern.
Die Busfahrerin	stellt	das Ticket	aus.
Das Ticket	stellt	die Busfahrerin	aus.

Seite 134

Aufgabe 1 A

-ge-: sind eingestiegen, ist losgefahren,
~~-ge-~~: haben erkundigt, hat beraten, hat missachtet, hat erschwert

Aufgabe 1 B

Vorfeld	Verb	Mittelfeld	Verb
Viele Fahrgäste	sind	an der Bushaltestelle	eingestiegen.
Dennoch	ist	der Bus an allen Haltestellen pünktlich	losgefahren.
Einige Touristen	haben	sich bei dem Busfahrer nach passenden Verbindungen unterstützend	erkundigt.
Diese	hat	er	beraten.
Später	hat	ein unhöflicher Fahrgast einige Regeln	missachtet.
Er	hat	damit dem Fahrer die Arbeit	erschwert.

Aufgabe 2
be-[1]; er-[2]; miss-[3]; untrennbar[4]; Perfekt[5]; ge-[6]
Aufgabe 3
1 ausgegeben; 2 ausgestellt; 3 bekommt; 4 verkauft; 5 abgefahren; 6 bestellt; 7 zerlegt; 8 erholt; 9 mitbekommen/mitgekommen
Aufgabe 4
(individuelle Lösung, z. B.)
Ich habe gestern wenig Geld ausgegeben. Die Künstlerin hat ihre Werke ausgestellt. Wir haben ein gutes Feedback bekommen. Schon um 6 Uhr hat der Bäcker seine Brötchen verkauft. Unser Zug nach Hamburg ist pünktlich abgefahren. Für das Wochenende haben wir Brötchen bestellt. Der Kellner hat den Fisch wunderbar zerlegt. Wir sind sehr froh, dass du dich von den Strapazen deiner Reise sehr gut erholt hast. Wir sind nicht mehr mitgekommen, da es schon sehr spät war.
Aufgabe 7
Mona ist eine gute Busfahrerin, denn sie fährt aufmerksam und konzentriert.
Mona ist eine gute Busfahrerin, denn sie kennt sich in der Fahrzeugtechnik aus.
Mona ist eine gute Busfahrerin, denn sie ist kommunikativ, freundlich und höflich.
Mona ist eine gute Busfahrerin, denn sie kann auch stressige Verkehrssituationen meistern.

Modul 39
Haupt- und Nebensätze verbinden

Seite 135

Aufgabe 1 A
(individuelle Lösung)

Fliesenlegen

Wenn[1]; weil[2]; Nachdem[3]; Damit[4]

Aufgabe 1 C + 1 D
Wenn[1] man sich für eine Ausbildung zum Fliesenleger / zur Fliesenlegerin entscheidet, sind die Einsatzorte vielfältig. Man kann auf Baustellen, in Wohnhäusern oder im Freien arbeiten. Häufig muss man die Kundschaft auch beraten, weil[2] sie zum Beispiel wissen will, welche Fliesenarten sich für den jeweiligen Bereich eignen. Nachdem[3] sich die Kundin oder der Kunde für Fliesen entschieden hat, kann es losgehen. Damit[4] später die Fliesen richtig liegen und der Belag nicht uneben oder schief ist, lernt man in der Ausbildung auch, wie man den Untergrund bearbeitet.
Aufgabe 1 E
Im Hauptsatz steht das gebeugte/finite Verb an zweiter Position des Satzes.
Im Nebensatz steht es an letzter Stelle.

Seite 136

Aufgabe 2 + 3
1 Nachdem Archäologen 1852 ein großes römisches Bodenmosaik freigelegt hatten, nutzte man dieses als Vorlage für moderne Fliesen.
2 Obwohl Mosaikfliesen heute sehr gefragt sind, sind sie keine Erfindung der Neuzeit.
3 Fliesen des 17. Jahrhunderts aus den Niederlanden werden meist Delfter Fliesen genannt, obwohl Delft als Fliesenproduzent ab 1650 an Bedeutung verlor.
Aufgabe 4
1 Man nutzte ein großes römisches Bodenmosaik als Vorlage für moderne Fliesen, nachdem Archäologen dieses 1852 freigelegt hatten.
2 Mosaikfliesen sind keine Erfindung der Neuzeit, obwohl sie heute sehr gefragt sind.
3 Obwohl Delft als Fliesenproduzent ab 1650 an Bedeutung verlor, werden Fliesen des 17. Jahrhunderts aus den Niederlanden meist Delfter Fliesen genannt.

Seite 137

Aufgabe 1
Das erste Beispiel besteht aus einem Nebensatz und einem Hauptsatz, das zweite Beispiel besteht aus einem Hauptsatz.
Aufgabe 2
1 Wegen meiner guten Noten bekomme ich einen Ausbildungspatz bei der Firma Fliesenfantasien.
2 Vor meiner Ausbildung (vor Beginn meiner Ausbildung) will ich noch einen Monat reisen.
3 Während meiner Reise will ich die Zeit zum Entspannen nutzen.

Aufgabe 3
Nebensatz[1]; präpositionalen Ausdruck[2]; Kasus[3]; schriftlichen[4]; mündlichen[5]
Aufgabe 4
1 Bevor ich mich entschieden habe, Fliesenleger zu werden, habe ich mich intensiv mit diesem Handwerk auseinandergesetzt.
2 Seitdem der Betrieb zugesagt hat, bin ich glücklich und aufgeregt zugleich.

Modul 40
Kommas richtig setzen

Seite 138

Aufgabe 1

Tierpfleger/-innen können (...)	Komma bei Aufzählung
Tierpfleger/-innen sind (...)	Komma zwischen Haupt- und Nebensatz
Tierunterkünfte müssen (...)	Kein Komma vor „und“
Es ist klar, dass eine (...)	Komma zwischen Haupt- und Nebensatz; kein Komma vor „und“
Während der Ausbildung (...)	Komma bei Aufzählung; Komma bei „um ... zu“ und Infinitiv

Aufgabe 2 A + 2 B + 2 C
- Anna arbeitet als Tierpflegerin in einer Tierklinik, in der viele Tiere behandelt werden. (Komma zwischen Haupt- und Nebensatz; Punkt am Satzende)
- Zuvor hat sie eine dreijährige Ausbildung gemacht, bei der sie vieles gelernt hat. (Komma zwischen Haupt- und Nebensatz; Punkt am Satzende)
- Sie versorgt kranke oder verletzte Tiere und unterstützt bei Behandlungen und Eingriffen. (Kein Komma vor „oder“ sowie „und“; Punkt am Satzende)
- Heute wird ein Hund eingeliefert, der seit mehreren Tagen an Durchfall leidet. (Komma zwischen Haupt- und Nebensatz; Punkt am Satzende)
- Eine wichtige Aufgabe ist das Gespräch mit den Besitzerinnen und Besitzern, um Ängste zu nehmen. (Komma bei „um ... zu“ und Infinitiv; Punkt am Satzende)
- Wenn die vierbeinigen Patienten gesund entlassen werden, freuen sich alle. (Komma zwischen Haupt- und Nebensatz; Punkt am Satzende)

Seite 139

Aufgabe 1 + 2
(individuelle Lösung)
1 Ich will als Tierpfleger arbeiten, um mich um Tiere kümmern zu können.
2 Anstatt über die Situation gequälter Tiere zu lesen, helfe ich im Tierheim aus.
3 Manche Menschen kaufen Tiere, ohne über die Konsequenzen nachzudenken.
Aufgabe 3
1 Wir gehen dorthin, um die exotischen Tiere anzuschauen.
2 Wir gehen nicht dorthin, ohne unsere Eintrittskarten im Voraus zu kaufen.
3 Wir gehen am Wochenende in den Zoo, anstatt zu Hause zu bleiben.
Aufgabe 4 A + 4 B

Im Zoo

Viele Besucher kommen in die Zoos, um die Tiere anzuschauen und etwas über sie zu erfahren. Jedes Mal kann man etwas Neues entdecken, ohne sich zu langweilen. Die Tierpfleger beobachten das Verhalten der Tiere, ohne sie zu stören. Sie lassen sich auch einiges einfallen, um die Tiere durch abwechslungsreiche Tagesabläufe anzuregen und zu beschäftigen. Um den Tieren eine möglichst natürliche Umgebung zu bieten, wird die Gestaltung der Tiergehege gut geplant. In vielen Zoos werden bedrohte Arten gezüchtet. So ist ihr Überleben gesichert, anstatt in der Natur auszusterben. Jeder Einzelne kann sich einbringen, um bedrohte Tierarten zu schützen. Respekt vor der Umwelt und der Natur sind von entscheidender Bedeutung, um die Vielfalt unseres Planeten zu erhalten.

Aufgabe 5
anstatt[1]; Ende[2]; zu[3]; Komma[4]; Hauptsatz[5]

Modul 41
Das oder dass?

Seite 140

Aufgabe 1
senkrecht: meinen; berichten; bedauern
waagerecht: vermuten

Aufgabe 2
1 Meine Freundin Marie hat mir das Profil einer Influencerin empfohlen, das mir aber überhaupt nicht gefällt.
2 Ich bin mir sicher, dass sie es sich häufig anschaut.
3 Die Influencerin macht Werbung für ein Produkt, das überteuert ist.

Seite 141

Aufgabe 3
(individuelle Lösung)
erklären; sprechen; befehlen; erwähnen; mitteilen; gestehen; erwidern; antworten

Aufgabe 5
1 Sie behauptet, dass ich immer recht haben will.
2 Aleyna versichert, dass sie das auch so sieht.
3 Er missbilligt, dass ich so viel Zeit im Internet verbringe. Das gefällt ihm überhaupt nicht.

Aufgabe 6
1 Die Influencerin sichert sich die Aufmerksamkeit der Klatschpresse dadurch, dass sie sich permanent in Szene setzt.
2 Sie ist dadurch erfolgreich, dass sie Geduld und Ausdauer mitbringt.
3 Josiah Wedgwood, ein englischer Unternehmer aus dem 18. Jahrhundert, kann dadurch, dass er das englische Königshaus begeisterte und als Fürsprecher für seine Produkte gewann, als Wegbereiter der heutigen Influencer gesehen werden.

Seite 142

Aufgabe 1 A + 1 B
1 Ich finde es gut, für Produkte zu werben. Ich finde es gut, neue Kaufinteressenten zu gewinnen. Ich finde es gut, mich inspirieren zu lassen.
2 Ich habe keine Lust mehr, meine Zeit mit Werbung zu verbringen. Ich habe keine Lust mehr, ständig mein Privatleben zeigen zu müssen. Ich habe keine Lust mehr, die Konkurrenz auszukundschaften.
3 Die Influencerin empfiehlt mir, das Produkt zu kaufen. Die Influencerin empfiehlt mir, den Rabatt zu nutzen. Die Influencerin empfiehlt mir, das Rezept nachzukochen.

Aufgabe 2
Infinitiv[1]; Subjekt[2]; unterschiedlichen[3]; dass[4]

Aufgabe 3
1 Er hat mir geraten, mein Profilbild auszutauschen. Er hat mir geraten, dass ich mein Profilbild austausche. Ich hoffe, dass meine Freundin mir dabei hilft.
2 Ich finde es gut, dass er mir Tipps gibt. So habe ich die Chance, mein Profil interessanter zu gestalten. So habe ich die Chance, dass ich mein Profil interessanter gestalte.

Modul 42
Aussagen von anderen wiedergeben

Seite 143

Aufgabe 1 + 2
- Tarik zu Sven: Ich habe mich als Fachlagerist beworben.
- Sven zu Ayla: Tarik sagt, dass er sich als Fachlagerist beworben hat.
- Sven zu Dilek: Tarik sagt, er habe sich als Fachlagerist beworben.

Aufgabe 3
Pronomen/Personalpronomen

Aufgabe 4
1 Tarik sagt, dass man während der Ausbildung die Prozesse in der Logistik kennenlernt.
2 Tarik meint, man arbeite manchmal auch mit gefährlichen Gütern.
3 Tarik meint, dass Lieferungen auf Vollständigkeit zu prüfen sind.

Seite 144

Aufgabe 5 B

Dies erkennt man an den Zeichen der direkten Rede, den Anführungszeichen.

Aufgabe 5 C

Tariks Praktikum

Tarik hat bereits ein Praktikum in diesem Bereich gemacht. Dazu hat ihm seine Berufsberaterin geraten.

Sein Praktikumsanleiter zeigte ihm vieles. „Das Lager befindet sich dort", sagte er und deutete auf einen großen Bereich des Betriebs. „Hier wird die Ware angenommen und dort wird sie gelagert. Mit einer entsprechenden Software behalten die Mitarbeiter den Überblick. So fällt es ihnen auch leicht, Lieferungen für andere Abteilungen im Betrieb oder für den Versand zusammenzustellen."

Aufgabe 5 D

Tariks Praktikumsanleiter sagt, dass hier die Ware angenommen wird und dort gelagert wird. Er erklärt, dass die Mitarbeiter mit einer entsprechenden Software den Überblick behalten. Er erläutert, dass es ihnen so auch leichter fällt, Lieferungen für die anderen Abteilungen im Betrieb oder für den Versand zusammenzustellen.

Oder:
Tariks Praktikumsanleiter sagt, die Ware werde hier angenommen und dort gelagert. Er erklärt, die Mitarbeiter behielten mit einer entsprechenden Software den Überblick. Er erläutert, es fiele ihnen so auch leichter, Lieferungen für die anderen Abteilungen im Betrieb oder für den Versand zusammenzustellen.

Aufgabe 6

- Tarik sagt, dass er bei der Arbeit im Lager Sicherheitsschuhe tragen muss.
  Oder: Tarik sagt, er müsse bei der Arbeit im Lager Sicherheitsschuhe tragen.
- Tarik sagt, dass der Betrieb ihm diese zur Verfügung stellt.
  Oder: Tarik sagt, der Betrieb stelle ihm diese zur Verfügung.
- Er sagt, dass seine Sprachkenntnisse ihm in dem internationalen Betrieb helfen.
  Oder: Er sagt, seine Sprachkenntnisse würden ihm in dem internationalen Betrieb helfen.
- Er sagt, dass viele seiner Kollegen zwei Sprachen sprechen.
  Oder: Er sagt, viele seiner Kollegen würden zwei Sprachen sprechen.

Seite 145

Aufgabe 1 + 2

Direkte Rede	Indirekte Rede = Konjunktiv 1
Tarik erzählt von seiner Arbeit:	Ersin berichtet von Tarik. Tarik sagt,
„Ich arbeite gut mit meinen Kollegen zusammen."	er arbeite gut mit seinen Kollegen zusammen.
„Die Firma hat 50 Beschäftigte."	die Firma habe 50 Beschäftigte.
„Die Arbeitszeit ist ziemlich lang."	die Arbeitszeit sei ziemlich lang.
„Ich finde das Praktikum gut."	er finde das Praktikum gut.
„Die Mittagspause ist sehr kurz."	die Mittagspause sei sehr kurz.
„Wir sind ein gutes Team."	sie seien ein gutes Team.

Aufgabe 3

Tarik berichtet: „Der Ausbildungsleiter sagt, wir seien nun Teil des Teams in der Lagerbranche. Das Lagerwesen könne manchmal herausfordernd sein, aber es sei auch sehr lohnend. Hier gebe es immer etwas zu tun. Alle seien für einen reibungslosen Ablauf der Prozesse entscheidend. Eine erfolgreiche Ausbildung biete viele Chancen, einen guten Arbeitsplatz zu finden."

Aufgabe 4

Aussagen[1]; gesagt[2]; Anführungszeichen[3]; indirekte Rede[4]; Personalpronomen[5]

Modul 43
Schwierige Wörter trainieren

Seite 146

Aufgabe 2

ä/äu	e/eu
das Gebäude • kräftig • gräulich • ärgerlich • die Säure • äußerlich • aufwärts • die Fähre • abwägen	die Eule • minderwertig • ehrlich
r	**rr**
heraus • herein • der Star • die Ware • die Schnur • die Voraussetzung	die Herren • der Verrat • das Geschirr • der Irrtum • starr • störrisch

Seite 147

d	t
der Rand • der Spind • der Befund • endlich • mild • wütend • dringend	bekannt • der Entwurf • das Gerät • entschuldigen • dicht
tz	**z**
trotzdem • plötzlich • der Witz	die Ärztin • das Herz • der Kranz • stürzen • einpflanzen • die Schnauze • abwälzen • die Schweiz • die Heizung
k	**ck**
das Paket • der Haken • der Makler • zwinkern • der Architekt • direkt • schaukeln • die Werkstatt	versickern • das Lackmuspapier • der Druckknopf • zwicken

Seiten 148/149

Aufgabe 1 A

-e	-er
Großstädte, Parkplätze, Sportvereine, Betriebsräte, Parkplätze, Feiertage	Arbeitsämter, Werbeschilder, Fließbänder, Passbilder, Krankenhäuser
-(e)n	**-s**
Bäckereien, Brezeln, Kopien, Kopfschmerztabletten, Überweisungen	Jobs, Handys, Büros, Fußballtrikots, Teams
ohne Endung	
Arbeitszimmer, Inder, Arbeitgeber, Päckchen, Äpfel	

Aufgabe 1 B
(individuelle Lösung)
-e: Protokolle, Stifte, Pakete, Urlaubstage, Berufe, Arbeitsschuhe
-er: Ausbilder, Lehrbücher, Wörter, Männer
-(e)n: Auszubildenden, Lagerhallen, Firmen, Themen, Museen, Taschen
-s: Bewerbungsfotos, Restaurants, Autos, Kinos, Hobbys
ohne Endung: Amerikaner, Zeichen, Kuchen, Fahrer, Lebewesen

Aufgabe 2
die

Aufgabe 3

-nis	-in
die Zeugnisse, die Verhängnisse, die Ergebnisse, die Erlebnisse	die Blutspenderinnen, die Patientinnen, die Rumäninnen, die Verkäuferinnen

Aufgabe 4
Nomen mit der Endung -nis bilden den Plural mit -nisse. Nomen mit der Endung -in bilden den Plural mit -innen.

Aufgabe 5 A

nur Singular	nur Plural
das Obst, die Polizei, das Eis	die Masern, die Ferien, die Eltern, die Geschwister, die Kosten

Aufgabe 5 B
(individuelle Lösung)
Dieses Jahr wächst viel Obst in unserem Garten. Die Polizei sucht den Täter. Das Eis in unserer Eisdiele schmeckt wunderbar. Die Masern sind ansteckend. Die Ferien kommen mir immer sehr kurz vor. Unsere Eltern kümmern sich sehr um uns. Meine Geschwister Marie und Yannic sehen sich ziemlich ähnlich.

Die Kosten für die Reparatur unseres Autos sind höher ausgefallen als gedacht.

Aufgabe 6

Handwerker haben viel zu tun, ihre Auftragsbücher sind häufig sehr voll. Für Schulabgänger und Schulabgängerinnen lohnt es sich, einen Ausbildungsplatz in einem der vielen Bereiche des Handwerks zu erlernen. Dann hat man beste Aussichten auf dem Arbeitsmarkt. Bei Startschwierigkeiten gibt es sogar Unterstützungsangebote. Später kann man sich durch Fortbildungen weiterqualifizieren und sogar den Meister oder Techniker machen.

Maschinen und Werkzeuge werden von den Handwerkern sorgfältig gepflegt, um die Arbeitsabläufe sicherzustellen. Sicherheitsausrüstungen wie zum Beispiel Arbeitsschuhe und Handschuhe müssen in vielen Bereichen getragen werden. Auch die Azubis lernen dies. Durch die Arbeit und den Austausch mit den erfahrenen Kollegen entwickeln sie ihre Fähigkeiten weiter.

Seite 150

Aufgabe 1

1 Adjektiv; 2 Aufzaehlung; 3 seien; 4 letzter; 5 beworben; 6 Hauptsatz; 7 Woerterbuch; 8 Plusquamperfekt

Lösungssatz: Grammatik macht Spass!

Modul 44
Meine Interessen und Stärken

Seite 152

Aufgabe 1

Freizeitbeschäftigung	Berufliches Interesse
Kerim backt gern Kuchen und probiert neue Rezepte aus.	Zubereiten und Kochen
Marie verkauft gern ihre Kleidung, die sie nicht mehr anzieht, auf dem Flohmarkt. Sie berät gern die Kunden.	Bedienen und Verkaufen
Büsra kümmert sich gern um die Organisation von Partys.	Planen und Organisieren
Lukas geht in seiner Freizeit gern für seine Nachbarin einkaufen.	Pflegen, Helfen und Erziehen
Hussein repariert gern Dinge wie Fahrräder oder kleinere Maschinen.	Montieren und Reparieren
Lisa hat alle Dokumente immer ordentlich abgelegt und erstellt gern neue Ordner auf ihrem Tablet.	Dokumentieren und Verwalten
Kevin fotografiert gerne auf Hochzeiten und gestaltet Fotobücher.	Fotografieren und Gestalten

Seite 153

Aufgabe 3

1 die Belastbarkeit, 2 das Einfühlungsvermögen, 3 die Hilfsbereitschaft, 4 die Kritikfähigkeit, 5 die Teamfähigkeit, 6 die Sorgfalt, 7 das Verantwortungsbewusstsein, 8 die Kreativität

Aufgabe 4

Beschreibung	Kompetenz
Ich kann gut damit umgehen, wenn mich jemand auf meine Fehler aufmerksam macht.	die Kritikfähigkeit
Ich arbeite gern mit anderen Menschen zusammen.	die Teamfähigkeit
Ich meistere schwere Aufgaben.	die Belastbarkeit
Ich bin ordentlich.	die Sorgfalt
Auf mich ist Verlass!	das Verantwortungsbewusstsein
Ich helfe gern anderen Menschen.	die Hilfsbereitschaft
Ich spüre es, wenn jemand traurig ist.	das Einfühlungsvermögen
Ich probiere gern Neues aus.	die Kreativität

Modul 45
Sich und andere einschätzen

(individuelle Lösungen für Seiten 154–156)

Modul 46
Stellenanzeigen lesen und verstehen

Seite 157

Aufgabe 1

(individuelle Lösung)
Onlineportale im Internet; Agentur für Arbeit; Tageszeitung; Informationsbrett Supermarkt

Aufgabe 2

Die Ausbildung beginnt am 01.09.xxxx.
Es handelt sich um einen Ausbildungsplatz als Verkäufer/-in.
Die Bewerbung soll an den Biomarkt Natur, Herrn Reinhold, Brücker Str. 47, 36789 Osnabrück geschickt werden.
Der Betrieb bietet einen Ausbildungsplatz und die Möglichkeit zur Weiterbeschäftigung.
Die Anforderungen sind: Interesse an unseren Produkten; ein guter Hauptschulabschluss; Freude am Ein- und Ausräumen von Waren und an der Beratung von Kunden; kaufmännisches Denken; Kommunikationsfähigkeit und Kontaktbereitschaft; Teamgeist und Belastbarkeit

Seite 158

Aufgabe 4

	Stellenanzeige 1	Stellenanzeige 2	Stellenanzeige 3
Beruf	Verkäufer/-in	Fachkraft im Gastgewerbe	Fahrzeuglackierer/-in
Ab wann	1.9.20xx	01.08.20xx	01.08.20xx
Anforderungen	Interesse an Produkten, guter Hauptschulabschluss, Freude am Ein- und Aufräumen von Waren und an der Beratung von Kunden, kaufmännisches Denken, Kommunikationsfähigkeit, Kontaktbereitschaft, Teamgeist und Belastbarkeit	Hauptschulabschluss, Kontaktfreudigkeit, Teamfähigkeit, Belastbarkeit, gut im Organisieren und Rechnen, Bereitschaft zur Wochenendarbeit	Mindestens Hauptschulabschluss, gute Noten in Mathematik und Technik, Kreativität, Sorgfalt, Geschicklichkeit
Tätigkeiten	Ein- und Ausräumen von Waren, Beratung von Kunden, Verkauf der Waren (zusätzlich)	Arbeit in der Küche oder am Büfett, Dekorieren von Speisen oder Räumen, Zubereiten einfacher Gerichte	Beurteilen und Beheben von Lackschäden, Gestaltung und Beschichtung von Fahrzeugen mit Lacken, Bedienen einer modernen computergesteuerten Lackierstraße
Benefits	Innovativer Arbeitsplatz, Übernahme nach Bestehen der Ausbildung	Moderne Kurklinik, dynamisches und freundliches Team	Moderne computergesteuerte Lackstraße
Kontaktdaten	Biomarkt Natur, Herr Reinhold, Brücker Str. 47, 36789 Osnabrück	Kurklinik Bad Meeresbergen, Frau Anya Schicker, Meeresberger Landstraße 87, 37522 Bad Meeresbergen	Autolackiererei Schmucke, Frau Schmucke, Becker Landstraße 67, 65422 Berghausen

Seite 159

Aufgabe 5

Michelle: Fahrzeuglackiererin. Sie interessiert sich für Autos, ihre Lieblingsfächer passen zu den Anforderungen. Sie sprüht gern Graffitis und ist kreativ.
Sara: Fachkraft im Gastgewerbe. Sie probiert gern Rezepte aus, ist kontaktfreudig und arbeitet gern im Team. Hat schon öfter im Restaurant ausgeholfen.
Simon: Verkäufer. Er hat einen Hauptschulabschluss, ist kontaktfreudig und hat bereits ein Praktikum im Supermarkt absolviert, was ihm gefallen hat.
Oder Fachkraft im Gastgewerbe. Er hat einen Hauptschulabschluss, ist kontaktfreudig und kocht gern mit Freunden gesundes Essen.
Achmed: Verkäufer. Er hat einen Hauptschulabschluss, ist kontaktfreudig und kommt schnell mit Menschen ins Gespräch. Empfehlung zur Diskussion: Verkäuferausbildung in einem Autohandel.

Modul 47
Die telefonische Bewerbung

Seite 161

Aufgabe 1

(individuelle Lösung)
Telefonische Bewerbungen: Praktikumsplatzsuche, Probearbeiten
Schriftliche Bewerbungen: Ausbildungsplatzsuche, Aushilfsjobsuche
Online-Bewerbungen: Ausbildungsplatzsuche

Seite 162

Aufgabe 3

Nicos Praktikumsplatzsuche: das Telefongespräch

Nico ist spät dran. Bereits in zwei Wochen beginnt sein schulisches Betriebspraktikum und er hat sich bisher um nichts gekümmert. Jetzt passt es gut, weil er heute nur fünf Stunden hat. Sein Onkel hat ihm eine Telefonnummer von einem Altenpflegeheim gegeben.

Da ruft er jetzt gleich mal an. Er muss ja sowieso gerade auf den Bus warten. Die Nummer hat er im Telefon gespeichert. „Ist zwar ein bisschen laut hier, aber wird schon gehen", denkt er sich.

„Hallo, ich bin auf der Suche nach einem Praktikumsplatz. Haben Sie einen?", fragt er die Dame am anderen Ende der Leitung, deren Namen er leider nicht verstanden hat.

„Mit wem spreche ich bitte? Ich verstehe Sie nur schlecht, es ist sehr laut bei Ihnen!", sagt die Dame.

„Ich bin Nico. Ich bin auf der Suche nach einem Praktikumsplatz. Haben Sie einen?"

„Leider habe ich gerade kaum Zeit. Es ist Essenszeit. Ja, wir nehmen Schulpraktikanten. Wann müssen Sie das Praktikum denn machen?", fragt die Dame.

„Äh, weiß nicht genau, das habe ich mir irgendwo aufgeschrieben. Moment, bitte!" Er fängt an, in seinem Rucksack zu kramen, und findet schließlich den Zettel mit den Praktikumsdaten.

„Vom 19.02. bis 09.03.", antwortet er.

Die Dame wirkt ungeduldig. „Ja, das ginge. Da haben wir noch keinen Praktikanten hier in der Küche."

„Oh ne, in die Küche will ich aber überhaupt gar nicht. Wollte eigentlich in den pflegerischen Bereich", sagt Nico leicht genervt.

„Warum sagen Sie das denn nicht gleich?", erwidert die Dame. „Dafür ist Frau Meyer zuständig. Die ist gerade im Urlaub. Schicken Sie ihr doch einfach Ihre Bewerbungsunterlagen. Auf Wiedersehen."

„Vielen Dank auch", sagt Nico gereizt.

„Na, toll. Das hat ja mal wieder *super* geklappt", denkt sich Nico. Trotzdem wird er die Unterlagen fertig machen. „Aber wie hieß diese Frau doch gleich? Mist, hätte ich doch nur mitgeschrieben."

Aufgabe 5
(individuelle Lösung)
Worauf muss ich vor dem Telefonat achten?
Ich lege mir Zettel und Stift bereit.
Ich kenne den Praktikumszeitraum.
Ich achte darauf, dass ich ungestört telefonieren kann.
Wie beginne ich das Telefonat?
„Guten Tag, mein Name ist ... Ich bin Schüler/-in an der... Schule. Auf der Suche nach einem Praktikumsplatz bin ich auf Ihren Betrieb aufmerksam geworden. Bieten Sie Praktikumsplätze an?"
„Guten Tag, mein Name ist ... Ich besuche die 10. Klasse an der ... Schule und suche noch einen Praktikumsplatz vom ... bis ... als ...
„Haben Sie einen Praktikumsplatz im Zeitraum vom ... bis ...?"
„Welche Abteilungen gibt es bei Ihnen?"
„An wen soll ich die Bewerbungsunterlagen schicken?"
Was sage ich am Ende des Telefonats?
„Vielen Dank für das Gespräch."
„Ich danke Ihnen für die Information."
Wie sollte ich mich im Telefongespräch verhalten?
Ich bin freundlich.
Ich spreche langsam und deutlich.

Seite 163

Aufgabe 8
Lösungswort: Ausbildung

Modul 48
Die schriftliche Bewerbung

Seite 164

Aufgabe 1

Lebenslauf

Persönliche Daten

Name: Yannis Dehaan

Anschrift: An der Mühle 7, 08739 Berlin

Telefon: 030-23125 989

Mobil: 0172-9973186

E-Mail: Yannis.Dehaan@beispiel.de

Geburtsdatum/-ort: 27.05.2006 in Berlin

Familienstand: ledig

Schulbildung

08/2013–07/2017 Grundschule an der Havel

08/2017–07/2023 Brandenburger Tor Hauptschule

voraussichtlich im Sommer 2023 Hauptschulabschluss (Berufsbildungsreife)

Praktika

November 2022 4-wöchiges Praktikum in der Autolackiererei Marker, Berlin

Besondere Kenntnisse: MS Office

Hobbys: Fußball, Fahrradfahren, Musik

Unterschrift: Yannis Dehaan

Seite 165

Aufgabe 2

Lebenslauf

Persönliche Daten

Name: Sara Winkler

Anschrift: Göttingen

Telefon: xxxxx

Mobil: xxxxx

E-Mail: xxxxx

Geburtsdatum/-ort: 27.03.2005 in Kiel

Familienstand: ledig

Schulbildung

08/2011–07/2015 Grundschule in Wuppertal

08/2015–07/2021 Hauptschule in Göttingen

voraussichtlich im Sommer 2021 Hauptschulabschluss

Praktikum

2020 Praktikum im Restaurant meines Vaters

Lieblingsfächer: Deutsch und Sport

Hobbys: Kochen

Seite 166

Aufgabe 6

(der Absender)

Sara Winkler
Baumstr. 8
51789 Göttingen
Mobil: 0174-9091317
E-Mail: Sara-Winkler@beispiel.de

(Ort/Datum) Göttingen, 01.03.20xx

(der Empfänger)
Kurklinik Bad Meeresbergen
Frau Anya Schicker
Meeresberger Landstr. 87
37522 Bad Meeresbergen

(der Betreff) Bewerbung um einen Ausbildungsplatz als Fachkraft im Gastgewerbe

(die Anrede) Sehr geehrte Frau Schicker,

(die Textabschnitte) mit großem Interesse ...

(die Grußformel) Mit freundlichen Grüßen

(die Unterschrift) Sara Winkler

Seite 168

Aufgabe 10
Foto, Name, Adresse, Berufsbezeichnung
Aufgabe 11
Foto 1 und Foto 4
Aufgabe 14
1 Deckblatt; 2 Anschreiben; 3 Lebenslauf; 4 Zeugnisse; 5 Praktikumsnachweis

Modul 49
Die Online-Bewerbung

Seite 169

Aufgabe 1
(individuelle Lösung)
1 Ich muss das Anschreiben und den Lebenslauf in PDF-Dokumente umwandeln.
2 Ich muss Zeugnisse und Bescheinigungen scannen.
3 Meine E-Mail-Adresse sollte aus meinem Vor- und Nachnamen bestehen.
4 Ich muss alle nötigen Unterlagen mitschicken.
5 In der Betreffzeile der E-Mail steht der gleiche Betreff wie im Anschreiben. In die E-Mail schreibe ich eine kurze Information zum Grund des Schreibens und den Anhängen.

Aufgabe 2

Sehr geehrte Frau Schmucke,

anbei übersende ich Ihnen meine Bewerbungsunterlagen für die ausgeschriebene Ausbildungsstelle zur Fahrzeuglackiererin ab dem 01.08.20xx. In der Anlage befinden sich das Anschreiben, mein Lebenslauf, meine letzten beiden Schulzeugnisse und ein Praktikumsnachweis. Über eine Einladung zum Vorstellungsgespräch würde ich mich freuen.

Mit freundlichen Grüßen
Sara Winkler

Seite 170

Aufgabe 5
Vorteile für den Bewerber / die Bewerberin:
Kostenersparnis (Keine Druck-, Kopier- und Portokosten) sowie keine Kosten für die Bewerbungsmappe; Zeitersparnis; Status-Check möglich; man vergisst nichts
Vorteile für das Unternehmen:
Kostenersparnis (keine Papier- und Portokosten bei Absagen); schnelle Einschätzung; gute Vergleichbarkeit; schnelle Bearbeitung

Modul 50
Das Vorstellungsgespräch

Seite 171

Aufgabe 1
Erscheinungsbild: Kleidung; Frisur; Styling; Hygiene; Parfüm; Make-up
Körpersprache: freundliche Ausstrahlung; Blickkontakt; Hände und Arme unverschränkt; Sitzhaltung; offener Gesichtsausdruck; Mimik und Gestik
Aufgabe 2
Mimik: Blickkontakt; offener Gesichtsausdruck; lächeln
Gestik: Hände und Arme unverschränkt; Mitbewegen der Hände beim Sprechen
Aufgabe 3
Elif: Kleidung links
Paul: Kleidung links

Seite 172

Aufgabe 4
Casual-Stil: T-Shirt, bequeme Hose, unauffällige Jeans; außerdem Turnschuhe, Sneaker
Business-Casual-Stil: Bluse, unauffällige Jeans; außerdem Stoffhose, Rock, Hemd, Blazer, schickes T-Shirt
Business-Stil: Krawatte, Kostüm, Anzug; außerdem: Hemd, Lederschuhe, Sakko, Blazer, Absatzschuhe
Aufgabe 5
Ich würde Paul den Business-Casual-Stil empfehlen, weil es beim Friseur-Handwerk viel Kundenkontakt gibt und ein gepflegtes Erscheinungsbild wichtig ist.
Ich würde Elif den Casual-Stil oder den Business-Casual-Stil empfehlen, weil im Handwerk bei Tischler/Tischlerinnen die Kleidung praktisch und nicht modisch sein sollte.

Seite 173

Aufgabe 7

1 Der Arbeitgeber fragt oder erzählt etwas ...
2 Der Arbeitgeber stellt den Betrieb vor ...
3 Sie stellen sich vor ...
4 Sie haben die Möglichkeit, Fragen ...
5 Das Gespräch wird vom Arbeitgeber ...

Seite 174

Aufgabe 11 + 12

Fragen, die gestellt werden dürfen:
Wie sind die Aussichten, übernommen zu werden?
Wie lange dauert die Probezeit?
Mit wem arbeite ich zusammen?
Fragen, die nicht geeignet sind:
Wann darf ich das erste Mal Urlaub nehmen?
Sind wir jetzt fertig?

Aufgabe 14

1 Ich habe mich auf mögliche Fragen vorbereitet und kann mich vorstellen.
2 Ich habe mich über den Betrieb informiert.
3 Ich weiß, wie lange ich unterwegs bin und zu welcher Uhrzeit ich (...)
4 Ich kenne die Namen meiner Ansprechpartner im Vorstellungsgespräch.
5 Ich habe alle Unterlagen bereitgelegt, (...)
6 Ich weiß, warum ich mich auf diese Ausbildung bewerbe und kann das auch gut begründen.
7 Meine Kleidung ist sauber und ordentlich.
8 Ich bin geduscht und gekämmt.

Seite 175

1 Schwaeche; 2 Staerke; 3 Anschreiben;
4 Gestik; 5 Mimik; 6 Lebenslauf; 7 Betrieb;
8 online; 9 organisatorisch; 10 Qualifikation
Lösung: Ausbildungsplatz